THORPE · MOTORRAD-REPARATUR-HANDBUCH

HONDA

John Thorpe

Motorrad-Reparatur-Handbuch

in Farbe

Motorbuch Verlag Stuttgart

Einbandgestaltung: Siegfried Horn
unter Verwendung eines Bildes des englischen Originals

Die englische Originalausgabe ist erschienen
bei Orbis Publishing, London, unter dem Titel
›Be Your Own Motor Cycle Mechanic‹

Die Übersetzung ins Deutsche besorgte
Günter Thomas

Bildquellen: Champion 1, C. Gorman/Orbis 2, Harlequin Studio/Orbis 3, James Neill 1, Motorcycle Mechanics Magazine 2, Orbis 51, F. & M. Papetti 126, J. Spencer Smith/Orbis 1, J. Thorpe/Orbis 6.

ISBN 3-87943-916-8

1. Auflage 1983

Satz und Druck: Verlagsdruckerei Carle, 7143 Vaihingen/Enz.
Bindung: Großbuchbinderei E. Riethmüller, 7000 Stuttgart.
Printed in Germany.

Inhalt

Vorwort

Was ist ein Motorradfahrer? Oder sollte man besser fragen, *wer* ist ein Motorradfahrer? Die so Genannten – ob wir uns zu ihnen zählen oder nicht – bevölkern in einer unglaublichen Vielfalt menschlicher Typenschattierungen, eingekleidet nach den unterschiedlichsten Geschmacksrichtungen – bei Anorak und Gummistiefeln angefangen bis zu Lederkombi und Rennstiefeln – unsere Straßen. Wir sind Motorradfahrer, weil wir ein kleinvolumiges Zweiradfahrzeug als das sparsamste Alltags-Verkehrsmittel betrachten, und wir sind es ebensogut, weil wir uns auf einem ›Superbike‹ als sprichwörtlicher ›King of the Road‹ fühlen wollen. Tatsächlich gibt es Situationen, in denen die zwei Räder, auf denen wir sitzen, das einzig Gemeinsame zwischen uns sind, vor allem dann, wenn wir durch eine Panne lahmgelegt sind.

Wenn die Maschine – ganz gleich ob 50 cm^3 Moped oder 1000 cm^3 Donnerbolzen – ihre letzten Töne von sich gibt und stehenbleibt, sind wir zumeist auf uns selbst angewiesen, und guter Rat ist teuer. Die Störung ausfindig zu ma-

Ein Blick auf die elektrische Anlage einer Honda ›GOLDWING‹ – der Benzintank liegt unter der Sitzbank.

chen – egal, ob Sechs- oder Einzylinder – ist jedenfalls dann besonders problematisch, wenn man nicht einmal weiß, wo man mit der Suche anfangen soll.

In seinem Beruf als Motorrad-Journalist hat John Thorpe, gelinde gesagt, alles schon einmal erlebt. Als Testfahrer bei der renommierten englischen Zeitschrift ›*Motor Cycling*‹, als Tester von Kleinkrafträdern für ›*Cycling*‹ oder als Herausgeber der ›*Motor Cycling Monthly*‹ . . . , es gibt sicherlich nicht viele Zweiräder, bei denen der Autor dieses Buches noch nicht am Gasgriff gedreht hätte, um seinen Lesern später von seinen Eindrücken und Erfahrungen berichten zu können.

Das Grundwissen für die Arbeit an der Maschine, das Einrichten einer Werkstatt und den richtigen Umgang mit dem Handwerkszeug ist vielseitig anwendbar und nicht auf einen bestimmten Motorrad-Typ beschränkt. John Thorpe versteht es, in diesem Buch vieles aus seinem schier unerschöpflichen Fundus an Erfahrungen aus der Welt des Zweirades an den Leser weiterzugeben.

Wir haben es vielleicht selbst schon einmal erlebt: plötzlich verstummt der Motor, man hält an, steht entgeistert am Straßenrand und fragt sich, was man nun wohl als Erstes tun muß, um den Fehler zu finden. Wenn man für künftige Pannen besser gewappnet sein will, ist dieses Buch genau das Richtige; seine Lektüre vermittelt uns eine Ahnung davon, wie es die alten Pioniere der frühen Jahre des Motorradrennsports fertigbringen konnten, ein Rennen trotz der Defekte, die unterwegs auf der Strecke behoben werden mußten, am Ende doch noch für sich zu entscheiden. Die Diagnose von Störungen ist in den meisten Fällen – insbesondere, wenn die Elektrik im Spiel ist – ein Problem. Die im vorliegenden Buch gegebenen Anleitungen zur systematischen Fehlersuche – ob an Vergaser, elektrischer Anlage, Motor oder Getriebe – sind so leicht verständlich, daß auch der völlig unerfahrene Anfänger sie leicht nachvollziehen kann.

Alle erdenklichen Arten von Zwei- und Viertaktmotoren,mit einem, zwei, drei, vier und sogar noch mehr Zylindern sind in der heutigen Zweirad-Szene durchaus alltägliche Erscheinungen. Angesichts der Kosten, die heutzutage für die Haltung eines Motorrades aufgewendet werden müssen, lohnt es sich, sein Wissen über die eigene Maschine zu erweitern und in der Lage zu sein, Wartung und Reparaturen selbst bewältigen zu können. John Thorpes ›Do-it-yourself‹-Handbuch ist das Ergebnis jahrelang zusammengetragener praktischer Erfahrungen und daher für den Anfänger wie für den routinierten Fahrer gleichermaßen wertvoll. Anschauliche Erklärungen zum komplizierten Innenleben von Motoren und wertvolle Ratschläge zur Vorgehensweise bei besonders heiklen Arbeiten machen dieses Buch für jeden ›Heimwerker‹ ebenso unentbehrlich wie gutes Werkzeug.

CHARLES E. DEANE
Herausgeber von ›*Motor Cyling*‹

Einführung

Angesichts der manchmal astronomisch hohen Werkstattkosten erhebt sich wirklich die Frage, warum man nicht endlich zur Selbsthilfe greift und Wartung und Reparaturen der eigenen Maschine nicht selbst durchführt. Früher war ein Motorrad die günstigste Möglichkeit der individuellen Fortbewegung; inzwischen haben jedoch eine immer kompliziertere Mechanik und ständig steigende Kosten für Ersatzteile und Betriebsstoffe an den finanziellen Vorteilen eines Motorrades merklich gezehrt.

Das ›Do-it-yourself‹-Prinzip kehrt diesen Trend um. Bei den einfachsten Maschinen – mischungsgeschmierten Einzylinder-Zweitaktern – sind Wartungsarbeiten so simpel, daß sich sogar ein Anfänger ohne weiteres heranwagen kann. Die wesentlichen Voraussetzungen dafür sind eine gute Grundausstattung mit Werkzeug, die nötigen Kenntnisse über seine Handhabung und verläßliches Wissen über die Maschine selbst. Dies bedeutet nicht unbedingt die Anschaffung eines ›offiziellen‹ Werkstatthandbuchs. Die meisten dieser Handbücher, wie sie vielleicht von größeren Vertragshändlern angeboten werden, sind für die Arbeit in der eigenen Heim-Werkstatt nutzlos. Sie sind eher als Gedächtnisstütze für professionelle Mechaniker gedacht, die bereits Werkslehrgänge absolviert haben, und denen ein Sortiment von Spezialwerkzeugen zur Verfügung steht, welches eine Standardisierung und Rationalisierung der entsprechenden Arbeitsgänge erlaubt. Für den ›Heimwerker‹ ist es besser (und zudem viel billiger), ein Handbuch anzuschaffen, das speziell für ›Do-it-yourself‹-Zwecke geschrieben worden ist. In manchen Motorradzeitschriften erscheinen gelegentlich Artikelserien über Arbeiten an bestimmten Motorradmodellen; es lohnt sich, beim Verlag nachzufragen, ob es solche Artikel auch für die eigene Maschine gibt und ob die entsprechenden Nummern noch erhältlich sind.

Es gibt keinen Grund, sich abschrecken zu lassen, nur weil etwa das eigene Motorrad technisch etwas komplizierter ist als andere. Für die Arbeit an einem Vierzylinder muß man als Mechaniker nicht viermal besser qualifiziert sein als für die Arbeit an einem Einzylinder. Im Grunde genommen sind alle Motoren einfach nur ›Vervielfältigungen‹ eines Einzylinder-Vier- bzw. -Zweitakters. Natürlich dauert das Einstellen von 16 Ventilen länger als das von zwei Ventilen. Wenn man jedoch ein einziges Ventil einstellen kann, schafft man das bei den restlichen auch. Wenn man fähig ist, einen einzigen Kolben zu entkohlen, kann man sich auch drei davon vornehmen.

Und man hat dabei die Genugtuung, daß man damit drei- oder viermal soviel Geld spart.

Als Anfänger sollte man mit den einfachsten Arbeiten, etwa der routinemäßigen Wartung, beginnen. Ausgestattet mit dem geeigneten Werkzeug kann man die ganze Arbeit selbst machen. In der Praxis findet man es manchmal vielleicht wenig sinnvoll, für irgendein ›exotisches‹ Spezialwerkzeug Geld auszugeben. In diesem Fall ist es besser, nur die am häufigsten anfallenden Routinejobs selber zu machen und die Maschine für spezielle Servicearbeiten, wie z.B.die Abstimmung einer Mehrvergaserbatterie oder die Zündungseinstellung, zu einem Vertragshändler zu bringen.

Während die Herstellertabelle für die Wartungsintervalle nach Kilometerleistung die Grundlage bilden sollte, ist es zusätzlich ratsam, die Maschine einer ständigen Kontrolle zu unterziehen.

Die erste eindringliche Empfehlung dafür mag zwar etwas überflüssig anmuten, dennoch wird sie aber von den Betreibern großer Fahrzeugparks, wie z.B. der Polizei, als lebenswichtiger Bestandteil aller Servicearbeiten angesehen: die regelmäßige Reinigung der Maschine – möglichst jede Woche. Der Witz dabei ist weniger die Erhaltung des chromblitzenden Aussehens der Maschine – es sei denn, man trägt sich mit Verkaufsabsichten, wofür dies natürlich ein zusätzlicher Vorteil wäre – sondern um sicherzugehen, daß es kein Teil an der Maschine gibt, mit dem man nicht absolut vertraut ist, kein Teil, das nicht mindestens einmal im Monat angefaßt und überprüft wird. Mehr zu diesem Punkt steht im Kapitel über die routinemäßigen Wartungsarbeiten (S. 54).

Beim Reinigen der Maschine beginnt man vorn und arbeitet sich dann systematisch zum Heck hin vor. Zunächst kontrolliert man die Spannung jeder einzelnen Speiche. Das geht am einfachsten, wenn man ein Speichenpaar am Kreuzungspunkt faßt und gegeneinanderdrückt, jedes fühlbare Spiel zeigt, daß eine von beiden locker ist. Mit einer Taschenlampe leuchtet man auf die Bremsklötze und vergewissert sich, daß sie nicht etwa gefährlich abgenutzt sind. Man überprüft die Steckachse samt Mutter, sieht nach, ob die Öldichtringe der Telegabel noch in Ordnung sind und kontrolliert jede Schraube und Mutter.

In der Umgebung des Motors hält man Ausschau nach Ölnebeln, undichten Stellen und verfärbtem Aluminiumstaub, der auf irgendwelche Scheuerstellen zwischen benachbarten Teilen hinweist, eventuell hervorgerufen durch gelockerte Befestigungsteile. Jeden Bowdenzug auf brüchige oder rostige Stellen am Seilzug kontrollieren. Auch die zahlreichen elektrischen Anschlüsse und Stecker, wie man sie an modernen Motorrädern findet, sollten geprüft werden. Ein einziges loses Kabel kann zum Durchbrennen der Hauptsicherung führen, und man bleibt im dichtesten Verkehr unversehens mit ausgefallenem Motor ohne Licht liegen.

Hinter dem Motor – wenn man nicht

zu den glücklichen Besitzern einer Kardanmaschine gehört – läuft die Antriebskette. Sie ist das empfindlichste und langfristig gesehen kostspieligste Teil am ganzen Motorrad, weil sie normalerweise immer zusammen mit Ritzel und Kettenrad ersetzt werden sollte; es sei denn, man ist darauf aus, sich die neu angeschaffte Kette von den alten Kettenrädern zerkauen zu lassen. Wenn die Kette in den üblichen Intervallen abgenommen wurde – drei- bis viermal pro Jahr ist empfehlenswert –, dabei gründlich in einem Petroleumbad gereinigt und anschließend mit heißem Kettenfett getränkt wurde, genügt eine Sichtkontrolle und Nachspannen; falls sie jedoch trocken aussieht, sollte sie auf jeden Fall ausgebaut, gereinigt und geschmiert werden. Eine Ausnahme bilden O-Ring-Ketten, die, ohne Ausbau, mit einem Spezialspray geschmiert werden können.

Während sich die Kette im Reinigungsbad oder im heißen Fett befindet, überprüft man genau jeden einzelnen Zahn an Ritzel und Kettenrad. Keiner darf gesplittert sein, und falls an den Zähnen eine beginnende ›Sägezahnbildung‹ feststellbar ist, wird der Austausch von Kette, Ritzel und Kettenrad unumgänglich sein; es gibt keinen anderen Ausweg. Im übrigen wartet man mit dem Wiederauflegen der Kette solange, bis das Fahrzeug gewaschen, mit klarem Wasser abgespritzt und getrocknet ist. Es ist unsinnig, die Kette zuerst einzufetten und anschließend wieder mit Reinigungsmittel dranzugehen.

Ein weiterer guter Tip, der ebenfalls zu den Servicepraktiken von Polizei und Behörden zählt, ist eine genaue Rundumkontrolle jedesmal, bevor man zu einer Fahrt, gleich über welche Entfernung, starten will. Sie muß nicht übertrieben peinlich ausfallen; eine rasche Sichtinspektion genügt vollauf, um sicherzustellen, daß alles o. k. aussieht; dazu noch Licht, Bremsen und Hupe testen – und es kann losgehen. Manche Leute haben sich zur festen Angewohnheit gemacht, bei Tankpausen beiläufig um die Maschine herumzuschlendern, um Ausschau nach sichtbar lockeren Befestigungsteilen, fehlenden Sicherungssplinten an Achsmuttern oder gelösten Kabel-Steckverbindungen zu halten. Sogar die Gemischeinstellung der Vergaser kann mit einem kurzen Blick auf die Auspuff-Endrohre gecheckt werden. Wenn eine Öffnung schwarz und verrußt,die andere dagegen matt weiß eingebrannt ist, bedeutet dies ein fettes Gemisch in einem oder mehreren Zylindern und ein mageres in dem oder den restlichen Zylinder(n).

Die routinemäßige Wartung, die solche regelmäßigen Kontrollen mit den empfohlenen Servicearbeiten verbindet, macht den Hauptanteil an der Kostenersparnis durch ›Do-it-yourself‹ aus. Der Rest ergibt sich aus den sehr wesentlichen Einsparungen, die bei einer fälligen Überholung möglich sind. Der zusätzliche Vorteil des Selbsthilfeprinzips ist jedoch, daß Überholungen sowieso erst nach viel höheren Kilometerleistungen notwendig werden.

Eine Überholung ist erst dann angebracht, wenn Teile sich abgenutzt haben, und vorzeitige Abnutzung ergibt sich nur, wenn die Teile unter ungünstigen Bedingungen arbeiten müssen. Von Pech oder Unfallschäden einmal abgesehen: je besser die Wartung der Maschine durch Gründlichkeit im Detail, desto weniger Notwendigkeit für größere Schraubereien wird entstehen. Und noch eins – als Warnung: es gibt nicht den geringsten Grund, Teile abzuschrauben oder zu zerlegen, die unvermindert gut funktionieren. Jemand, der seinen Motor jeden Winter auseinandernimmt, obwohl er vielleicht nicht mehr als 1500 km gelaufen ist, handelt unklug. Vom Standpunkt des Mechanikers aus muß er sich sogar Unwissenheit vorwerfen lassen, da ja die Oberflächen aller miteinander eingelaufenen Teile sich wieder neu aneinander anpassen müssen; möglicherweise hat der Motor gerade dann wieder seine volle Effizienz erreicht, wenn ihm die nächste Demontage bevorsteht.

Die meisten Motorüberholungen an Motorrädern lassen sich ohnehin auf Zylinder, Kolben und Zylinderkopf beschränken; üblicherweise ist die häufigste Arbeit das Entkoken. Bei Zweitaktern reinigt man den Kolbenboden, die Ringe und Ringnuten, die Ein- und Auslaßkanäle und die Auspuffanlage. Beim Viertakter kommt noch die Überprüfung der Ventile und Führungen, das Ventileinschleifen und das Auswechseln der Ventilfedern hinzu.

Eine Überholung des Kurbeltriebs ist bei Maschinen mit rollen- oder kugelgelagerten Motoren selten notwendig; im allgemeinen halten solche Motoren Kilometerleistungen von 150 000 km und mehr durch. Viertakt-Mehrzylinder mit Gleitlagern laufen normalerweise ca. 45 000 km, bevor neue Lagerschalen fällig sind, obwohl sie ohne weiteres auch die doppelte Laufleistung erreichen können, sofern immer peinlich korrekt die Öl- und Filter-Wechselintervalle eingehalten wurden.

Unfall- bzw. Sturzschäden sind eine andere Sache. Hier möchte man natürlich die Kosten so niedrig wie möglich halten – solange das Motorrad nicht läuft, ist man gezwungen, teure öffentliche Verkehrsmittel in Anspruch zu nehmen, man möchte den Schadensfreiheitsrabatt bei seiner Versicherung nicht strapazieren, und dann bleiben noch die eigentlichen Reparaturkosten.

Unter dem Aspekt des Selbsthilfeprinzips bleiben zwei Möglichkeiten. Man kann entweder die Reparaturarbeit in der eigenen Werkstatt in Angriff nehmen, alles selber machen und ist am Ende nur mit der Ersatzteilrechnung konfrontiert; oder – um zumindest den Hauptteil der Kosten zu sparen – man baut die beschädigten Teile selbst aus, bringt sie zur Vertragswerkstatt und läßt die restliche Arbeit dort ausführen. Man bedenke, daß allein der Aus- und Einbau eines Motors eine beträchtliche Summe kosten kann – wenngleich sich ein solcher Arbeitsgang oft auch leicht zu Hause mit einem Minimum an Werkzeug bewältigen läßt.

PLUS-GAS
ROMAC
JAP

In der Werkstatt

Wenn man Gelegenheit hat, einen Blick ins Innere einer erstklassigen Motorradwerkstatt zu werfen, ist man als unvorbereiteter Besucher meist sehr beeindruckt, vor allem von der allgemeinen Sauberkeit. Die Tage der Hinterhofwerkstätten mit verölten Fußböden und vollgepfropften Werkbänken sind zwar noch nicht ganz vorbei, aber dennoch gezählt. Motorräder sind heute groß im Geschäft, und die Herstellerfirmen verlangen Maßstäbe für den Service, die vor noch nicht allzu langer Zeit nur für ihre eigenen Entwicklungs- oder Rennabteilungen reserviert waren.

Heute arbeitet der professionelle Mechaniker an einer Werkbank, deren Oberfläche zum sauberen und ölfreien Arbeiten mit Blech verkleidet ist. Für die Servicearbeiten steht das Motorrad auf einer Arbeitsbühne. Der Fußboden besteht immer noch aus Beton, er ist jedoch farbig beschichtet und zum Schutz gegen Staubbildung versiegelt. Der gesamte Arbeitsbereich wird von Leuchtstoffröhren schattenfrei ausgeleuchtet, meist mit mobilen Kabelanschlüssen versehen, damit auch in abgelegene Ecken Licht gelangen kann.

Ob Veteranen-Motor oder moderne Mehrzylinder-Maschine: die Werkbank sollte immer sauber und aufgeräumt sein.

Jeder Mechaniker hat seinen eigenen Werkzeugkasten, meist in Form eines Wagens, so daß jedes gängige Handwerkszeug in greifbarer Nähe untergebracht ist. Spezialwerkzeuge sind üblicherweise an Wandbrettern angebracht; ein farbig aufgemaltes Umrißbild macht für jedermann auf einen Blick erkennbar, ob das Werkzeug an seinem Platz oder gerade irgendwo anders in Gebrauch ist.

Dies ist eine Idealvorstellung, nach der man sich jedoch – freilich in kleinerem Maßstab – auch als ›Heimwerker‹ durchaus richten kann. Die meisten Werkstatträume sind mit Betonböden versehen, und es ist keine große Sache, sie ebenso ölbeständig zu machen, wie es bei gewerblichen Betrieben der Fall ist. In jedem Fachgeschäft ist eine geeignete Versiegelung erhältlich; sie kann mit einem Pinsel aufgetragen werden.

Sobald sie trocken ist, ergibt sie eine zähe und glänzende Oberfläche, mit der man den Staub ein für alle Mal besiegt hat; Ausfegen mit einem Mop genügt, um sie sauberzuhalten. Nachdem der Fußboden versiegelt worden ist, legt man den Standort der Werkbank fest. Erst im Anschluß daran bestimmt man die Lage der Lichtquellen und Steckdosen. Über der Werkbank selbst sollte eine 1,20 m lange (40 Watt) Leuchtstoffröhre angebracht werden, der Rest des Raumes kann mit einer 1,50 m Röhre (65 Watt) ausgeleuchtet werden. Wenn möglich, placiert man die Werkbank in der Nähe eines Fensters, um sich den Vorteil von Tageslicht zu verschaffen. Bei der Stromversorgung sind mindestens zwei mit 16 Amp. abgesicherte Steckdosen nötig. Eine davon sollte sich in Reichweite der Werkbank befinden, die andere bleibt für den allgemeinen Arbeitsbereich. Auf diese Weise bleiben die benötigten Kabellängen auf ein Minimum begrenzt. Es ist sicherlich das beste, wenn man die Elektroinstallationsarbeiten von einem Fachmann ausführen läßt, insbesondere, wenn eine externe Zuleitung angebracht werden muß. Die normale Netzspannung kann tödlich sein, und man sollte bei einer solchen Sache, die ohnehin nur mäßige Kosten verursacht, durch falsche Sparsamkeit kein Risiko eingehen. Wo Elektrizität als Energiequelle nicht in Frage kommt, ist Gasbeleuchtung eine vernünftige Alternative. In diesem Fall ist es jedoch ausgeschlossen, Kraftstoff in der Werkstatt zu lagern. Selbst ein leerer Benzintank enthält noch genügend Dämpfe, die im Falle einer Entzündung beträchtliche Schäden anrichten können (nur eine Tasse voll Benzin hat die Sprengkraft einer Stange TNT), und Gasbeleuchtung ist schließlich eine Form offenen Feuers. Wo auch immer diese Art von Beleuchtung verwendet wird, müssen am Motorrad Tank und Schwimmerkammern abgenommen werden, bevor es in die Werkstatt geschoben wird.

Gasbeleuchtung als solche ist leistungsfähig. Eine Lampe mit einer 190 Gramm Butan-Kartusche entspricht in der Leuchtstärke einer 80 Watt-Birne und brennt sechs Stunden lang. Da der Glühstrumpf leicht zerbrechlich ist, sollte die Lampe in angemessener Höhe angebracht werden, außerhalb der Reichweite von Hammerschlägen. Angesichts der beträchtlichen Hitzeentwicklung sollte sie jedoch nicht zu nahe an Holzteilen montiert werden.

Für Arbeiten dicht an der Maschine sind Gaslampen ungeeignet. Dafür benutzt man besser eine batteriebetriebene Lampe. Für schnelle Arbeiten gibt es Lampen, die direkt an der Fahrzeugbatterie angeschlossen werden, aber sie sollten nicht länger als eine Stunde brennen, weil sonst die Batterie zu sehr entladen wird.

Nach der Verlegung von Licht und Strom gilt die nächste Überlegung der Werkbank selbst. Für die Arbeit am Motorrad braucht sie nicht sehr groß zu sein – eine Arbeitsfläche von 1,25 m Länge und 0,5 m Breite genügt. Ein kastenförmiger Rahmen aus roh bearbeitetem, etwa 100×50 mm starkem Bauholz, der mit alten, ca. 20 mm starken Fußbodenbrettern abgedeckt wird, reicht aus. Auch eine alte Tür kann als Arbeitsplatte verwendet werden.

Mit einer Lage dünnen Aluminiumblech deckt man die Platte ab. Es wird an den Kanten umgebördelt; anschließend wird der Bördelrand mit einer Reihe von Bohrungen versehen, die zur Aufnahme der Befestigungsschrauben angesenkt werden. Falls mehrere Blechtafeln verwendet werden müssen, läßt man diese stumpf aneinanderstoßen und nimmt wiederum Senkkopfschrauben, um eine glatte und ebene Oberfläche zu erhalten. Mit der Anbringung eines Ablagebodens in etwa halber Höhe des Rahmens, möglichst in Länge und Breite durchgehend und mit einer Kunststoff-Folie überzogen, ist der Bau der Werkbank beendet.

So entsteht eine saubere und praktische Ablage für große Teile.

Auf fast genau die gleiche Weise kann man eine mit einer Rampe versehene Arbeitsbühne herstellen. Hierfür sollte etwas festeres Bauholz verwendet werden, damit sie das Gewicht des Motorrades trägt; man gibt ihr etwa einen halben Meter Höhe. Als Überzug dafür eignet sich gut ein Stück kräftiger PVC-Fußbodenbelag, wie er z. B. in der Industrie verwendet wird.

Nun sollte man an den Wänden seiner Werkstatt noch Werkzeugbretter anbringen (mit Haken versehen); man setzt sie auf einen eingedübelten leichten Holzrahmen, streicht sie mit einer matt glänzenden abwaschbaren Dispersion und kann anschließend mit der Zusammenstellung der Werkzeugausstattung beginnen.

Schraubenschlüssel

Gewöhnlich hat ein professioneller Mechaniker immer sein eigenes Werkzeug, und sein Sortiment umfaßt Schraubenschlüssel in so reichhaltiger Auswahl, daß es recht selten vorkommt, daß der passende Schlüssel nicht zur Hand ist und eine Arbeitspause eingelegt werden muß. Glücklicherweise braucht – angesichts der Kosten von etwa DM 1200,– und mehr für ein solches Werkzeugsortiment – der Heimwerker in diesem Punkt nicht mit dem Fachmann zu konkurrieren. Es genügt eine eher bescheidene Zusammenstellung, vorausgesetzt, sie richtet sich nach dem Spektrum an Typen und Größen, die für das jeweilige Motorrad benötigt werden.

Am weitesten verbreitet sind Gabelschlüssel, auch Maulschlüssel genannt. Sie sind schmal und mit einem schräg angestellten Kopf versehen, der durch Wenden auch noch auf engstem Raum Bewegung zuläßt; sie sind die Allround-Bestandteile des Sortiments. Dort wo Ring- oder Steckschlüssel nichts mehr ausrichten können, sind Gabelschlüssel noch einsetzbar (obgleich es darüberhinaus noch speziell geformte Spezialschlüssel für besonders unzugängliche Stellen gibt).

Trotz ihrer Vielseitigkeit haben Maulschlüssel auch ihre Nachteile. Jeder Schlüssel hat eine vorgegebene Hebellänge, die dem normalerweise benötigten Anzugsmoment der passenden Schraubengröße entspricht. Werden größere Hebelkräfte auf ihn ausgeübt, rutscht er möglicherweise von der Mutter ab; auch die Beschädigung des Schlüssels selbst durch Auseinanderbiegen der Klauen kann die Folge sein. Nur geringfügiges Aufbiegen reicht aus, um einen Schraubenschlüssel von einem Präzisionswerkzeug in ein Sechskant-Vernichtungsinstrument zu verwandeln. Deshalb setze man sich zur Regel, *niemals* mehr als die normale Körperkraft auf einen Gabelschlüssel mit normaler Hebellänge auszuüben. Sogar das häufig praktizierte Schlagen mit dem Gummihammer auf das freie Ende des Schlüssels kann schon zu einer Verbiegung führen – schließlich gibt es andere Mittel, zu fest angezogene Schrauben und Muttern zu lockern.

Gestanzte Blechschlüssel sind im allgemeinen zu schwach für den ernsthaften Werkstattgebrauch; auf sie wird daher hier nicht weiter eingegangen. Betrachten wir als Nächstes den Ringschlüssel: sein Kopf besteht aus einem geschlossenen Ring mit einem Innenzwölfkant, der an allen sechs Kanten einer Schraube oder Mutter angreift, im Gegensatz zum Gabelschlüssel, der nur an zwei Flanken faßt. Ebenso wie der Gabelschlüssel ist der Ringschlüssel für nicht mehr als eine bestimmte Standard-Hebellänge konzipiert. Mit ihm sind oft noch Muttern zu lösen, an denen der Gabelschlüssel versagt, teils deshalb, weil er besser greift, teils, weil er an sechs Punkten Kraft auf die Mutter überträgt. Die meisten Ringschlüssel sind jedoch gekröpft, was ihre Anwendung an engen Stellen einschränkt; außerdem haben sie von Haus aus die Unzulänglichkeit einer abgerundeten Einschlupfkante auf beiden Seiten des Rings, wodurch er nicht auf der vollen Kantenbreite der Mutter trägt. Daher kann es passieren, daß , ebenso wie durch einen schlecht passenden Gabelschlüssel, die äußeren Kanten eines Schraubenkopfes abgerundet werden. Aus diesem Grund schleifen Profis häufig diesen Einschlupfradius einseitig ab, bis der Ring völlig scharfkantig ist – ein Vorgehen, das sich auch für Stecknüsse eignet.

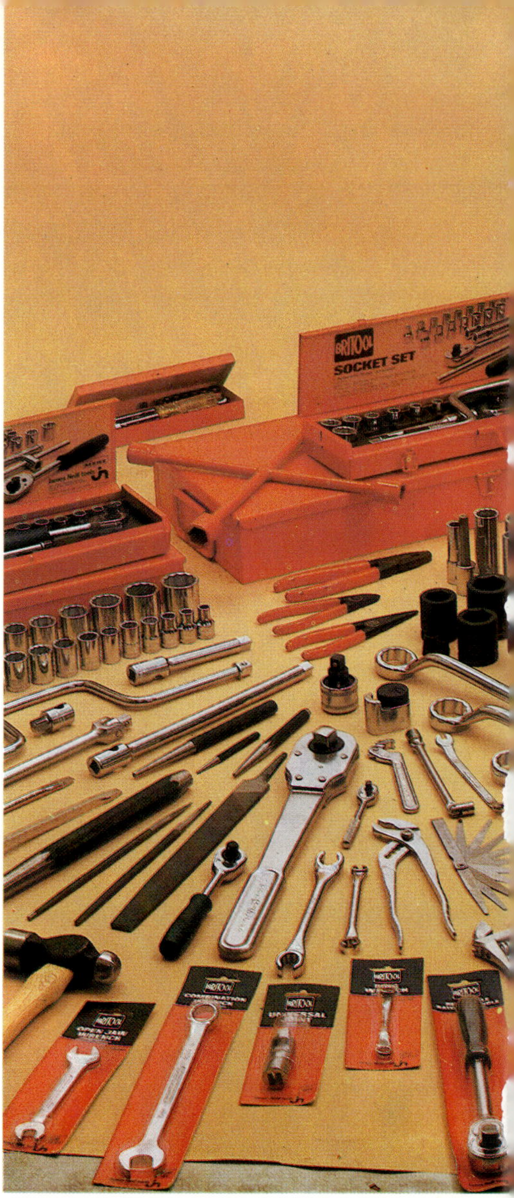

Mit einem solchen Werkzeug-Sortiment ist man für praktisch alles gerüstet.

eine ganze Reihe von Steckschlüsselgrößen verwendet, was natürlich bedeutet, daß man die damit mögliche Hebelkraft behutsam einsetzen muß. Mit der gleichen Kraft, die eine 22 mm Mutter schadlos übersteht, würde man u. U. den Kopf einer 8 mm Schraube glatt abreißen. Jedoch können Steckschlüssel mit einem hohen Maß an Fingerspitzengefühl gehandhabt werden, einmal dank ihres spielfreien Sitzes auf Schrauben und Muttern, zum anderen dank der Festigkeit des T-Griffs.

Ein hochwertiger Steckschlüsselsatz hat allerdings noch einiges mehr zu bieten. Mit Sicherheit enthält er Verlängerungsstücke in unterschiedlichen Längen, um mit den Stecknüssen auch an tief liegende Muttern heranzukommen. Zu manchen Schlüsselkästen gehört auch ein Gelenkstück, mit dem der Aufnehmer in abgewinkelter Stellung eingesetzt werden kann.

Ein Arbeiten ›um die Ecke‹ ist damit zwar nicht ganz, aber doch beinahe möglich. Die Arbeit wird beträchtlich erleichtert, wenn man die Stecknüsse in Verbindung mit einer Ratsche benutzt. Ratschen sind entweder beidseitig verwendbar, oder sie haben eine Umschaltung, so daß Schrauben und Muttern mit einfachen Schwenkbewegungen ausgedreht oder angezogen werden können. Dies ist bei eingeschränktem Bewegungsspielraum besonders vorteilhaft. Mit dem starren T-Stück muß man oft in einem großen Bogen arbeiten; mit einer Ratsche braucht man nur einige Zentimeter Platz, um eine Schraube zu lockern.

Eine dritte Form des Aufnehmers – wenn auch vielleicht in Motorradwerkstätten weniger gebräuchlich – ist eine Kurbel (oder »Schwungwinde«), die häufig auch in Steckschlüsselkästen enthalten ist. Sie sieht aus wie die stromlinienförmige Abart einer Brustleier für Laubsägearbeiten und funktioniert auch nach dem gleichen Prinzip. Man setzt eine Stecknuß auf, steckt sie über den Schraubenkopf und dreht die Kurbel. Im Bruchteil der mit anderen Werkzeugen benötigten Zeit hat man die Schraube oder Mutter herausgedreht.

Ein Steckschlüsselkasten bietet noch eine weitere Möglichkeit: die Aufnahme eines Drehmomentschlüssels. Er sieht fast wie ein verfeinerter Radmutternschlüssel oder wie eine etwas größere Ratsche aus. In der Tat ist es ein Präzisionswerkzeug, mit dem es möglich ist, Schrauben und Muttern mit exakt dem Drehmoment anzuziehen, das der Hersteller vorschreibt. Es gibt zwei gängige Ausführungen. Die preiswertere Version besteht aus einem Vierkantaufnehmer mit langem, federnden Handgriff. Auf dem Handgriff befindet sich eine Skala, und mit dem Vierkant ist ein fest angeschweißter Zeiger verbunden. Übt man nun Druck auf den Handgriff aus, biegt sich der Arm und bewegt die Skala gegenüber dem Zeiger. Das benötigte Anzugsmoment erreicht man, indem man solange zieht, bis der Zeiger auf dem entsprechenden Skalenwert steht. Bei der etwas teureren Ratschen-Version kann das Anzugsmoment vorgewählt und so eingestellt werden, daß die Rat-

Steckschlüsselsätze machen eine Werkstatt vielseitig. Die Grundlage eines Steckschlüsselsatzes bildet ein Vierkantaufnehmer mit T-Griff. Wenn der Knebel des T-Griffs verschiebbar ausgeführt ist, ermöglicht er damit das Arbeiten mit variabler Hebelkraft, angepaßt an die jeweiligen Erfordernisse: Für eine widerspenstige Mutter steh
die volle Hebellänge zur Verfügung; i
die Mittelstellung gebracht und mit bei
den Händen gepackt, kann man hinge
gen die volle Körperkraft auf das T
Stück ausüben.

Der Vierkantaufnehmer (in ½"-Au
führung am gebräuchlichsten) wird f

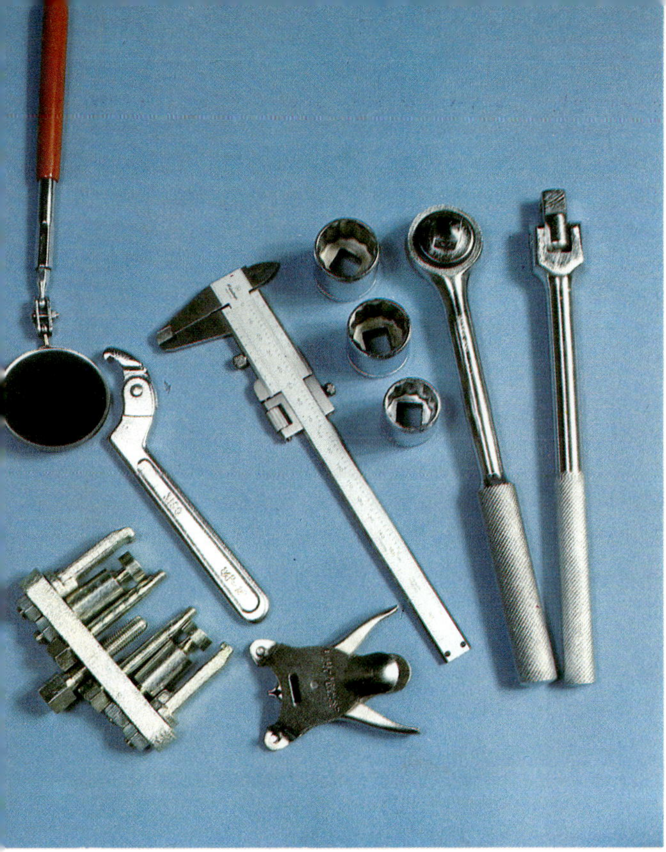

Ein handlicher Spiegel, ein Universal-Abzieher, ein Hakenschlüssel, eine Kolbenringzange, eine Schieblehre (Meßschieber) und einige Stecknüsse

sche durchrutscht, sobald es erreicht ist; somit kann keine größere Hebelkraft ausgeübt werden. Das Einhalten der vorgeschriebenen Drehmomentwerte bewahrt vor Schäden sowohl an Verschraubungen als auch an Bauteilen – und man kann sicher sein, daß die Schrauben und Muttern später auch wieder zu lösen sind!

Ratschenschlüssel sind eine Weiterentwicklung des Ringschlüssels. Sie besitzen meist einen Sechskanteinsatz, der Schrauben und Muttern perfekt umschließt. Wie bei jeder Ratsche genügen Schwenkbewegungen, um die Verschraubung zu lösen bzw. anzuziehen. Dieser Schlüsseltyp ist recht teuer, aber er kombiniert weitgehend die Vorteile von Gabelschlüsseln und Ringschlüsseln, und deshalb lohnt es sich, einige davon für spezielle Zwekke anzuschaffen.

Seitdem die größeren japanischen Hersteller nach und nach die ungeliebten Kreuzschlitzschrauben zurückziehen, die früher sehr zahlreich an ihren Motorrädern verbaut waren, gewinnen Innensechskantschlüssel gegenwärtig zunehmend an Bedeutung. Sie bestehen lediglich aus einem rechtwinklig umgebogenen Stück Stahl mit Sechskantprofil, das genau in die Vertiefung des entsprechenden Schraubenkopfes paßt. Sie sind beidseitig verwendbar. Um angezogene Schrauben zu lösen, setzt man das kurze Ende des Schlüssels in den Innensechskant des Schraubenkopfes ein und benutzt das lange Ende als Hebel. Zum schnellen Einschrauben steckt man die Schraube auf das lange Ende und dreht, bis sie handfest sitzt. Zum endgültigen Festziehen wird der Schlüssel erneut umgedreht. Manche Fachleute stellen solche Schlüssel folgendermaßen selbst her: ein Stück Sechskantprofil, auf etwa 25 mm abgelängt, wird in den Schraubenkopf eingesetzt. Mit dem passenden Steckschlüssel darauf können alle Anschlußteile des Steckschlüsselkastens verwendet werden.

Weitere Schlüssel für spezielle Zwecke sind Hakenschlüssel, Stirnlochschlüssel und Auspuffmutternschlüssel. Hakenschlüssel werden an den in Längsrichtung genuteten Ringmuttern verwendet, z. B. an der Einstellmutter für das Lenkkopflager. Hakenschlüssel zum Verstellen der Hinterradfederbeine sind in der Regel für andere Zwecke ungeeignet.

Stirnlochschlüssel sind mit eingelassenen runden Stahlstiften versehen, mit denen sie in auf der Oberseite von Gewinderingen eingebrachte Bohrungen eingreifen können. In den Tauchrohren von Vorderradgabeln sitzen oft solche Gewinderinge, die ohne den passenden Schlüssel nicht ohne Schaden zu lösen sind. An Motor und Getriebe kommen solche Muttern recht selten vor; eine Ausnahme bildet die spezielle Kronenmutter, die bei bestimmten Kupplungen und Ölfiltern der Marke Honda eingebaut ist. Den passenden, nach Art eines Auspuffmutternschlüssels rundum mit rechteckigen Einkerbungen versehenen Spezialschlüssel stellt man sich am besten aus einem alten, nicht mehr verwendeten Steckschlüssel mit einer Feile selbst her. Das kostet zwar Zeit, spart aber Geld.

Dem Fachmann am meisten vertraut ist wahrscheinlich der Kerzenschlüssel – ein Werkzeug für das es angesichts der an modernen Maschinen meist tief sitzenden Zündkerzen keinen Ersatz gibt. Er hat die Form eines Rohrsteckschlüssels, an dessen oberem Ende ein Stab durchgesteckt werden kann, mit dem man den Schlüssel dreht. Raffiniertere Ausführungen besitzen ein bewegliches Innenteil, das die ausgeschraubte Kerze festhalten soll und einen eingebauten, mit Kugelgelenk versehenen Drehstab.

In Fachbetrieben wird oft ein ähnlicher Kerzenschlüssel verwendet, der jedoch aus einem Steckschlüsselsatz stammt, allerdings wird ein Hobbymechaniker so etwas meist als Luxus ansehen, insbesondere deshalb, weil er sich nicht fürs Bordwerkzeug eignet. Mit diesen stabileren Schlüsseln passiert es leicht, daß man die Kerze zu fest anzieht; dabei besteht die Gefahr, daß das Gewinde überdreht wird.

Welche Schlüssel soll man also kaufen? Das hängt völlig davon ab, welche Maschine man fährt, aber man kann generell sagen, daß ein Schlüssel mit weniger als 8 mm Schlüsselweite selten benötigt wird, und daß die meisten Routinearbeiten zu machen sind, ohne über 17 mm Schlüsselweite hinaus zu müssen. Die meisten gängigen Schlüsselweiten an japanischen und europäischen Motorrädern, die zusammen 99% des Marktes ausmachen, liegen bei 10, 11, 12, 14 und 17 mm. Darüberhinaus ergibt sich gelegentlich die Notwendigkeit, Spezialschlüssel für ganz bestimmte Zwecke anzuschaffen. Es wird oft übersehen, daß auch Spezialschlüssel im Fachhandel erhältlich sind, und ein umfassendes Werkzeugsortiment kann durchaus ohne größere Opfer während eines Zeitraums von zwölf Monaten oder so zusammengestellt werden.

Es mag sein, daß man sich, um die Sache zu vereinfachen, zum Kauf von verstellbaren Schlüsseln hinreißen läßt. Das sollte man nicht tun; ein verstellbarer Schlüssel im Bordwerkzeug mag zwar ein nützlicher Beistand bei einer Panne sein, aber als Werkzeug in der Werkstatt ist er nicht lebensfähig. Das beste Mittel, Schrauben und Muttern zu ruinieren, besteht darin, sie mit einem verstellbaren Schraubenschlüssel zu attackieren.

Schraubendreher

Wenn man nur nach seiner äußeren Erscheinung geht, könnte man meinen, daß ein Schlagschraubendreher für normales Arbeiten an Leichtmetallgußteilen zu schwer sei. Lassen Sie sich eines Besseren belehren! Wenn man ein Motorrad besitzt, an dem das Gehäuse und die Gehäusedeckel mit Schlitzschrauben befestigt sind, wird man einen Schlagschraubendreher irgendwann brauchen, und man wird sich noch oft nachträglich zu dem Kauf beglückwünschen.

Vom Aussehen her ist es ein respektgebietendes Werkzeug; am unteren Ende des zylindrischen Schafts befindet sich ein Vierkantaufnehmer, am oberen Ende eine Fläche. Separate Schraubendreher-Einsätze (›bits‹) werden mitgeliefert, die über ein Adapterstück mit dem Aufnahmevierkant verbunden werden. Man setzt den Schlagschrauber mit dem passenden Einsatz auf den Schraubenkopf auf, versetzt ihm einen kräftigen Hammerschlag und – o Wunder – die Schraube löst sich sofort. Zum Herausdrehen der Schraube benutzt man den Schlagschrauber wie einen normalen Schraubendreher. Manchmal funktioniert das auch *ohne* Hammerschlag, der dicke stabile Schaft ermöglicht herzhaftes Zupacken, und die Schraube kann von Hand gedreht werden.

Die Alternative zum Schlagschraubendreher ist ein Schraubendreher mit T-Griff, jedoch wird man damit bei besonders widerspenstigen Schrauben auch nicht weiterkommen. Auch hat er nicht die vielfältigen Kombinationsmöglichkeiten eines Schlagschraubers mit all seinen Adaptern und Einsätzen – welche ja auch mit der Kurbelwinde eines Steckschlüsselsatzes zum beschleunigten Ausdrehen von Schrauben verwendbar sind. Obwohl auch der T-Griff-Schraubendreher schnelle Drehbewegungen zuläßt, so braucht man doch immer mehrere davon, je nach Schraubengröße und -typ.

Gewöhnliche Schraubendreher sind für leichtere Arbeiten – für die Klemmschrauben an Schlauchschellen beispielsweise – durchaus brauchbar, je-

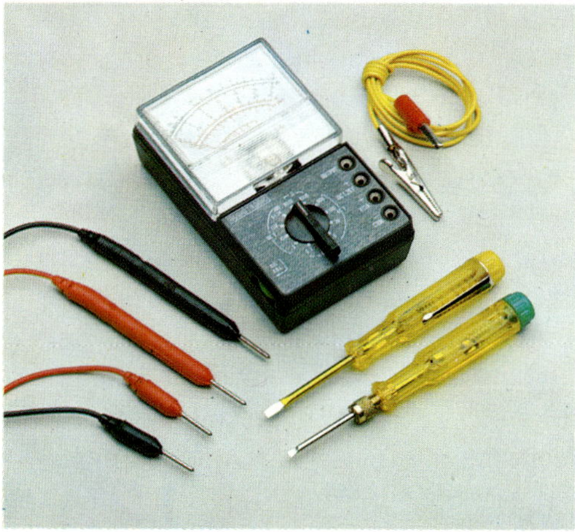

Ein Meßgerät und ein Satz Prüflampen mit Schraubenzieherklinge

doch nahezu nutzlos für Überholungsarbeiten. Für solche einfachen Zwecke ist jedoch auch der T-Griff-Schraubendreher geeignet, vorausgesetzt, er ist genügend lang für Arbeiten an unzugänglichen Stellen.

Die meisten Schlitzschrauben an einem modernen Motorrad sind Kreuzschlitzschrauben; normale Schlitzschrauben sind vergleichsweise selten geworden, man sollte dennoch für sie gewappnet sein. Sie tauchen beispielsweise an der Grundplatte einiger Zünd-Unterbrecherkontakte auf, ebenso als Vergaser-Einstellschrauben und an manchen Kupplungen im Nachstellmechanismus der Kupplungsdruckstange. An einigen Maschinen finden sich geschlitzte Ventil-Einstellschrauben; daher braucht man schon einige Schraubendreher mit gerader Klinge. Man geht am besten von der universellen 5 mm Klingenbreite aus und ergänzt die Sammlung je nach Bedarf.

Ein sehr praktisches Instrument ist eine kleine elektrische Prüflampe in Form eines Schraubendrehers, in dessen Griff eine Glimmlampe eingebaut ist, die dann aufleuchtet, wenn die Schraubendreherklinge spannungsführende Teile berührt. Sie sind für Batteriespannung (6/12 V) und Netzspannung (220/240 V) erhältlich, jedoch sind beide im Aufbau völlig unterschiedlich. *Niemals* darf man die 6/12-V-Lampe für Netzspannung verwenden.

Zangen

Abgesehen vom Sonderfall der Sicherungsringe (›Seegerringe‹) und Sprengringe sind Zangen zum Festhalten irgendwelcher Werkstücke selten notwendig. Arbeiten an der Elektrik sind durch Seitenschneider und Abisolierzangen weitgehend abgedeckt, deshalb darf man bei der Anschaffung von Zangen getrost zurückhaltend sein. Eine herkömmliche Flachzange mit Isoliergriffen, eine langschnäblige Flachrundzange, gleichfalls mit Isoliergriffen, dazu noch eine verstellbare Universalzange (Wasserpumpenzange) – und man ist für alle Eventualitäten perfekt ausgestattet. Für eine Motordemontage wird man allerdings noch Sicherungsringzangen brauchen.

Letztere werden mit ihren entsprechend gerundeten Spitzen in die Löcher des Sicherungsrings eingesetzt, der dann je nach Ausführung durch Zusammen- oder Auseinanderdrücken

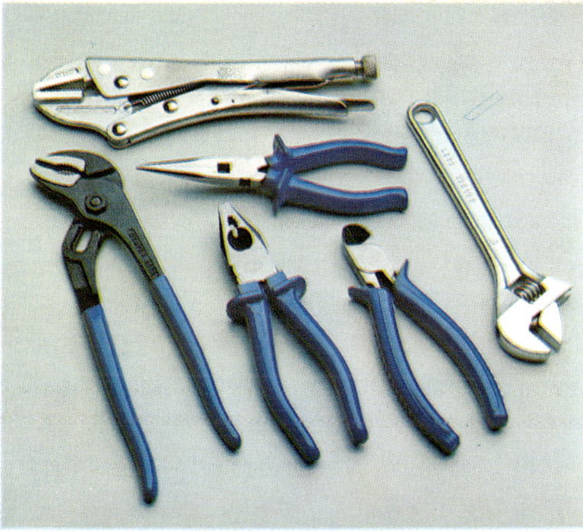

Einige Zangen, eine Gripzange, ein Seitenschneider und ein verstellbarer Schlüssel

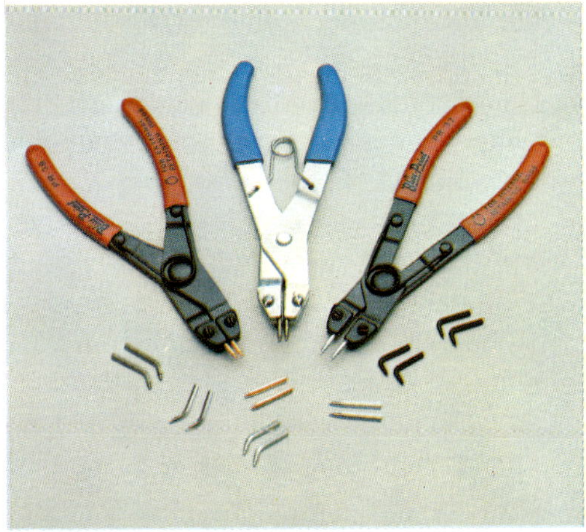

Sicherungsring-Zangen in verschiedenen Ausführungen mit auswechselbaren Einsätzen

aus seinem Sitz herausgehoben werden kann. Daher wird eine Zange für Außenringe (Wellen) und eine für Innenringe (Bohrungen) benötigt. An modernen japanischen Motoren sind beide Typen gleicherweise zahlreich vertreten. Neben ihrer Verwendung als Kolbenbolzensicherung tauchen sie an einigen Kupplungen auf, sichern Ölpumpenwellen, verhindern seitliches Ausweichen von Schaltwellen, halten den Sperrklinkenmechanismus bei manchem Kickstarter und fixieren Getriebezahnräder in ihrer Lage.

Gripzangen

Eine Gripzange ist so vielseitig, daß sie quasi als dritte Hand fungieren kann, mit einstellbaren Klauen, die in ihrer Spannweite von null bis 3o oder 4o mm reichen. Sie arbeiten nach dem Knickhebelprinzip und ihre gezackten Greifklauen halten jedes Werkstück bombenfest. Gerade aus diesem Grund ist die exakte Einstellung der Spannweite wichtig. Ist das Werkstück nur geringfügig zu groß für die eingestellte Spannweite, sind eventuell schwere Beschädigungen der Werkstückoberfläche die Folge. Richtig angewandt ist eine Gripzange für den Werkstattgebrauch ein unschätzbar wertvolles Instrument, dessen Vielseitigkeit sogar durch Anbringung einer Spezialhalterung an der Werkbank noch gesteigert werden kann; sie ist dann nämlich wie ein leichter Schraubstock zu benutzen.

Schraubstöcke

Für fachgerechtes Arbeiten braucht man allerdings etwas Massiveres als eine Gripzange. Am besten einen auf die Werkbank montierten Schraubstock – je größer, desto besser. Für die Arbeiten am Motorrad sollte er eine Backenbreite von mindestens 125 mm haben. Er sollte mit der Werkbank durchgehend verschraubt sein und mit dem hinteren Spannbacken – falls dieser feststehend ausgeführt ist – zur Werkbankvorderkante etwa bündig stehen, vorzugsweise über einem Pfosten. Auf diese Weise können auch lange Werkstücke senkrecht eingespannt werden.

So ein Schraubstock ist ein kräftiges Werkzeug – er kann sogar als Presse benutzt werden – und wird normalerweise mit geriffelten, gehärteten Stahlbacken geliefert. Empfindliche Motorradteile würden, wenn man sie in solche Backen einspannt, an der Oberfläche stark in Mitleidenschaft gezogen werden; für solche Teile braucht man zusätzlich ein Paar Schutzbacken als Zwischenlage. Solche können der Einfachheit halber aus leichtem Aluminiumblech selbst hergestellt werden; sie werden mit dem Hammer umgeschlagen, bis sie winklig auf den Schraubstockbacken anliegen. Als Notbehelf können sogar Klötze aus Hartholz zwischengelegt werden, wenn auch die professionelle Lösung aus einem Satz auswechselbarer Schutzbacken besteht, je nach Verwendungszweck aus unterschiedlichem Material.

Für gröbere Arbeiten wie Hämmern und Nieten kann der Schraubstock als Amboß verwendet werden. Eigens für diese Zwecke haben manche Schraubstöcke eine angegossene Fläche.

Hämmer

Der Hammer gehört zu den praktischsten Werkzeugen in einer Werkstatt – vorausgesetzt, er wird richtig benutzt. Ein herkömmlicher Schlosserhammer, Gewicht 1000 g, hat an der Vorderseite (Hammerbahn) eine gehärtete, leicht ballige Fläche, während die Rückseite (Finne) sich verjüngt und an ihrem – ebenfalls gehärteten – Ende abgerundet ist. Für Arbeiten verschiedenster Art ist ein Hammergewicht von 1000 g gerade richtig. Eine Variante des Schlosserhammers, der »englische« Hammer, ist auf der Rückseite für Metalltreibarbeiten halbkugelförmig ausgeführt. Der kleinere 800 g – Hammer ist schon wieder zu leicht, wenn es darauf ankommt, ein Werkstück mit möglichst wenigen Schlägen zu traktieren, während ein 2 kg – Fäustel (ein massives, beidseitig verwendbares Werkzeug wie ein Miniatur-Vorschlaghammer) vor allem für Arbeiten gedacht ist, die wuchtiges Zuschalten erfordern, und somit eher für Autos als für Motorräder geeignet ist.

Das Werkzeugsortiment eines Hobbymechanikers muß jedoch für einige spezielle Arbeiten mehrere Hämmer in den entsprechenden Variationen bereithalten. Ein Kupfer- oder Plastikhammer ist für solche Zwecke unentbehrlich, wo Schläge ausgeführt werden müssen, aber die Gefahr der Oberflächenbeschädigung besteht, während das einzig wahre Werkzeug für hartnäckige Fälle (z. B.) wenn ein Zylinderblock mit festgebackener Dichtung vom Gehäuse getrennt werden muß) ein Gummihammer ist. Einige Hämmer gibt es mit austauschbaren Einschraubköpfen aus Gummi oder Kunststoff zu kaufen. Damit hat man zwei Werkzeuge in einem.

Durchschläge und Meißel

Wo schon von Hämmern die Rede ist, darf auch eine Auswahl Durchschläge, Treibdorne, Körner und Meißel nicht fehlen. Mit einem Körner z. B. können punktförmige Markierungen auf Werkstücken (für Bohrlöcher etc.) angebracht werden, ineinandergepaßte Bauteile gegeneinander gesichert werden (z. B. eine auf einem Wellenstumpf sitzende Mutter), etc.. Um die Durchschlagskraft des Hammers an einer bestimmten Stelle zu konzentrieren, benutzt man Durchschläge oder Treibdorne in verschiedenen Ausführungen und Größen: solche aus gehärtetem Stahl zum Austreiben von Lagern u. ä. und eine gleiche Anzahl aus Weichmetall für ungehärtete Bauteile.

Meißel sind Schneidwerkzeuge und haben an Motorrädern weniger Anwendungsmöglichkeiten als an Autos, an denen mehr Blechteile vorkommen. Dennoch ist ein Meißel dort am besten angebracht, wo z. B. das an einer Mutter anliegende Sicherungsblech abgelöst werden oder das Seil eines Bowdenzuges durchtrennt werden muß, vorausgesetzt, die Adern wurden vorher zwecks besserer Bündelung verzinnt. So vorbereitet, ergibt ein Meißel mit einem kurzen, herzhaften Hammerschlag auf einer metallenen Unterlage einen saubereren Schnitt als eine Kneifzange oder Blechschere.

Bohrmaschinen

Wo Netzanschluß vorhanden ist, kann man mit einer elektrischen Zweigang-Bohrmaschine, ausgestattet mit 10 mm Bohrfutter, den Wirkungsbereich seiner Werkstatt beträchtlich erweitern. Der Hauptzweck einer Bohrmaschine ist die Herstellung von Löchern. Hierfür gibt es eine Reihe, verschiedenartiger Bohrer für die unterschiedlichsten Anwendungsgebiete. Hochleistungschnellstahlbohrer (HSS) sind für härtere Metalle bestimmt. Man fährt sie am besten mit einer niedrigen Drehzahl – üblicherweise 900¹/min – um Überhitzung der Schneide zu vermeiden. Außerdem sind sie relativ spröde und brechen bei Mißhandlung leicht ab. Für leichtere Arbeiten in Weichmetallen genügen auch gewöhnliche Werkzeugstahlbohrer (WS).

Jeder größere Bohrmaschinenhersteller bietet die verschiedensten Zusatzgeräte zur Erweiterung des ›Maschinenparks‹ an. Ein Säulenbohrständer gibt dem Bohrer eine genau senkrechte Führung dem Werkstück gegenüber; ein Hebelsystem garantiert, daß der Vorschub des Bohrers mit einem hohen Maß an Fingerspitzengefühl erfolgt. Mit einem horizontalen Aufspannfuß kann man die Bohrmaschine in einen Schleifbock verwandeln; setzt man die entsprechende

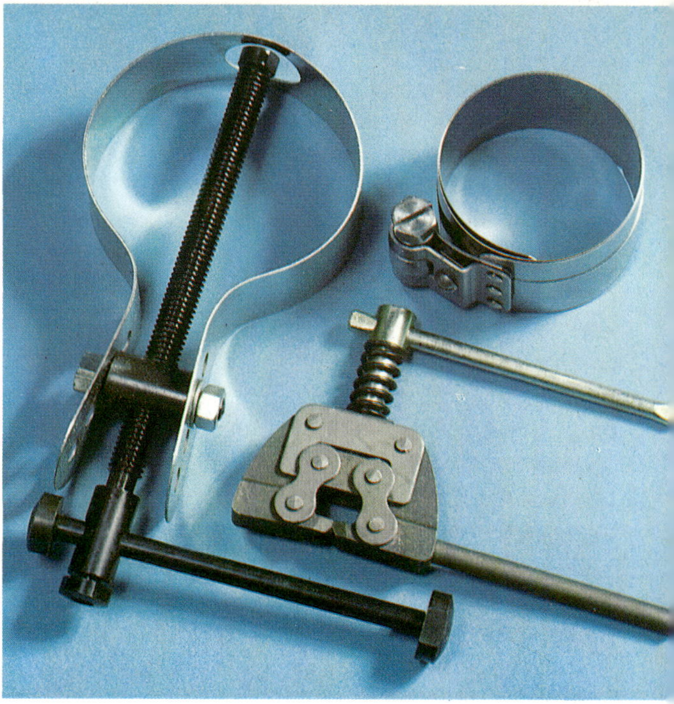

Ein Kolbenbolzen-Auszieher, ein Kettentrennwerkzeug und ein Kolbenring-Spannband

Scheibe ein, wird sie zum Trennschleifer. Biegsame Wellen, mit Spezialfräsern und Drahtbürsten bestückt, versetzen uns in die Lage, Ein- und Auslaßkanäle zu bearbeiten und sauber zu polieren – Arbeitsgänge, bei denen man die höhere Drehzahl von vielleicht 2400 ^{1}/min schätzen lernt. Mit einer gewöhnlichen rotierenden Stahlbürste wird das Entkohlen von Kolbenböden und Ventilschäften im Handumdrehen erledigt. Weniger praktisch, aber bei fehlendem Netzanschluß durchaus willkommen, haben batteriebetriebene Bohrmaschinen den Vorteil völliger Unabhängigkeit von jeglicher festen Installation; zudem sind sie fast ebenso leistungsfähig wie 220-V-Maschinen. Eine klare Einschränkung ist natürlich die begrenzte Ladekapazität der Batterie. Wo jedoch eine Autobatterie mit hoher Ladekapazität zur Verfügung steht, ist eine Bohrmaschine mit externer Batterieversorgung (mit Verlängerungskabel) eine bessere Alternative als eine mit eingebauter, jedoch weniger starker Batterie.

Eine weitere Lösung ist eine handbetriebene Bohrmaschine, kräftig genug für die einfacheren Arbeiten, wenn auch mit viel geringerer Geschwindigkeit. Solche Maschinen gibt es auch mit Zweiganggetriebe, mit dem man im kleinen Gang ein beachtliches Drehmoment erzielen kann.

Feilen

In einer Motorradwerkstatt werden Feilen meist für abschließendes, sauberes Bearbeiten von grob vorbehandelten Teilen benötigt.

Für unsere Zwecke genügt eine Feile mit mittlerem Hieb zum Universalgebrauch, dazu noch zwei oder drei Feilen mit feinem Hieb (Schlichtfeilen) in verschiedenen Größen für diffizilere Arbeiten wie z. B. Glätten von Unterbrecherkontakten oder Zündkerzenelektroden, oder zum vorsichtigen Erweitern des Kolbenringstoßes. Eine typische Anwendung der gröberen Feile ist z. B. das Entgraten der Schnittstelle an einer frisch abgesägten Schraube. Für die Vergrößerung runder Löcher in Kunststoffteilen (etwa Verkleidungen) eignet sich eine Dreikantfeile besser als eine Rundfeile; der letzte Schliff erfolgt mit Schmirgelpapier.

Feilen haben zumeist ein spitz auslaufendes Endstück (›Angel‹). Aus Sicherheitsgründen ist es unerläßlich, jede Feile in der Werkstatt mit einem Heft zu versehen, das an der Angel aufgesteckt wird. Manchmal hakt die Feile auf dem Werkstück, wodurch sie, falls kein Heft aufgesteckt ist, schwerwiegende Verletzungen hervorrufen kann.

Sägen

Zwei Arten von Sägen sind in einer Motorradwerkstatt nützlich – eine Handbügelsäge und eine Universal-Stichsäge. Erstere ist für das Sägen von Metallen bestimmt und besitzt auswechselbare Sägeblätter, welche mit einer Flügelmutter gespannt werden. Die Spanabnahme erfolgt nur bei der Vorwärtsbewegung. Zwei Handbügelsägen – eine größere zur allgemeinen Verwendung und eine kleinere für Feinarbeiten – sind ausreichend, jedoch sollte man immer einen angemessenen Vorrat an Sägeblättern für jede Säge bereithalten, weil sie ziemlich leicht zerbrechlich sind.

Eine Universal-Stichsäge besteht schlicht aus einem Handgriff mit einer Befestigungsschraube zur Aufnahme der verschiedensten Sägeblätter. Anders als bei der Bügelsäge ist bei ihr das Sägeblatt nur an einem Ende befestigt, wodurch die verschiedenartigsten Schnitte durch das Werkstück hindurch möglich sind. Für diese Art Säge sind spezielle Sägeblätter erhältlich, je nach dem zu schneidenden Material; viele Hobbymechaniker heben zudem noch die Bruchstücke von Sägeblättern der Bügelsäge auf, weil sie für die Bearbeitung relativ weicher Werkstoffe mit der Stichsäge noch gut geeignet sind.

Sägeschnitte hinterlassen in der Regel eine scharfkantige Gratbildung; deshalb sollten die Werkstücke vor ihrer Weiterverwendung mit einer geeigneten Feile entgratet werden.

Diverse Spalt- und Trennwerkzeuge

Als Alternative zum Aufsägen blockierter Muttern bietet sich die schnellere und einfachere Lösung des Aufsprengens mit Hilfe eines Mutternsprengers an. Er ist konstruiert wie eine äußerst massive Schraubzwinge, mit der die Mutter von zwei Seiten gepackt wird und deren Spindel – auf der Innenseite mit einer kräftigen Schneide versehen – mit einem Schraubenschlüssel angezogen wird. Manche Ausführungen sind sogar noch mit einer zweiten, entgegengesetzten Festschneide versehen.

Auch Kettentrenner funktionieren mit einer Gewindespindel. Mit federbelasteten Klauen wird das Kettenglied fest umschlossen. Am Ende der Spindel befindet sich ein Druckstück, das exakt auf dem auszupressenden Kettenniet aufliegt, welches nun mühelos zu entfernen ist. Solche Kettentrenner sind für normal dimensionierte Ketten gut geeignet, möglicherweise versagen sie jedoch bei den besonders kräftigen Nieten von endlos hergestellten Super-Bike-Ketten, für welche dann ein Spezialwerkzeug des Herstellers benötigt wird.

Schraubenausdreher

Er besteht aus gehärtetem Stahl und ist an seinem kegelförmig verjüngten Ende mit einem mehrgängigen Steilgewinde (linksgängig) ausgestattet. Er ist so beschaffen, daß er in den – vorher hohlgebohrten – Rest der abgebrochenen Schraube hineingedreht werden kann und gehört zu den praktischsten Werkzeugen für das Arbeiten an Motorrädern. Sobald das konische Endstück tief genug in den Schraubenstumpf eingedrungen ist und entsprechend festsitzt, wird das Reststück durch vorsichtiges Weiterdrehen mit dem Ausdreher zusammen herauskommen. Solche Schraubenausdreher werden meist satzweise verkauft, passend für verschiedene Schraubengrößen.

Feder-Vorspannwerkzeuge

Wenn man von Arbeitsgängen absieht, bei denen sehr hohe Belastungen auftreten – z. B. beim Ausbauen der Stoßdämpferfeder auf der Antriebswelle der CX 500 (wofür ohnehin ein modellgebundenes Spezialwerkzeug verwendet werden muß) –, dann ist der einzige relativ universell verwendbare Federvorspanner der Ventilfeder-Ausheber. Er besteht aus einem U-förmig gebogenen Bügel mit geteiltem Fuß oder einem Ring am einen und einer Knebelschraube am anderen Ende. Der Fuß wird auf dem Ventil-Federteller aufgesetzt, die Schraube am Ventilteller selbst (Brennraumseite). Beim Zusammendrehen wird die Ventilfeder zusammengedrückt und man kann die Ventilkeilchen herausnehmen. Beim Zusammenbauen wird das Werkzeug in der gleichen Weise benutzt.

Die Verstellmöglichkeiten des Ventilfeder-Aushebers sind jedoch – und damit auch seine universelle Verwendbarkeit – auf einen bestimmten Bereich beschränkt. Was bei einer 50 cm^3-Maschine paßt, ist bestimmt zu klein für die Ventile einer 850 cm^3 Twin und umgekehrt. Einige ›Universal‹-Ausheber haben noch eine zusätzliche Verstellmöglichkeit und passen bei einer ganzen Reihe von Motorrädern, aber eine gut ausgerüstete Werkstatt sollte über zwei oder drei solcher Werkzeuge verfügen, um für mehr als ein Modell disponiert zu sein.

Einige Motorradmodelle verlangen eine spezielle Spannvorrichtung für den Ausbau der Federn aus den hinteren Federbeinen, was jedoch nicht in allen Fällen notwendig ist. Eine Vorspannvorrichtung für derartige Arbeiten besteht normalerweise aus einer unteren Klemmschelle für den Dämpferzylinder und einer Druckplatte, die in Führungsstangen gleitet, welche in der Klemmschelle verankert sind. Eine Druckschraube sitzt in einer darüberliegenden Platte und wirkt auf die Druckplatte, die die Dämpferfeder so weit zusammendrückt, bis die geteilte oder geschlitzte Gegenhalteplatte unter dem Federteller des Federbeins herausgenommen werden kann.

Die Schraubenfedern einer Hinterradfederung, die unter Spannung stehen, können sehr gefährlich sein, und falls kein Vorspannwerkzeug zur Verfügung steht, ist es dringend ratsam, die Feder vor dem Herausnehmen der Gegenhalteplatte mit drei Stahlhaken abzusichern, die im Winkel von 12o° zueinander an der Feder angebracht werden.

Werkzeuge zum Bearbeiten des Ventilsitzes

Zum Einschleifen der Ventile der meisten Viertaker wird ein Ventileinschleifer mit Saugnapf benötigt. Das ist schlicht ein langer Holzgriff mit einem Saugnapf am Ende. Der Saugnapf wird auf dem Ventilteller aufgesetzt und erlaubt das Hin- und Herdrehen sowie das Abheben des Ventils beim abschließenden Feinschliff, der Schlußphase der Ventilsitzbearbeitung.

Vor einiger Zeit noch war das Einschleifen die einzige Methode zur Herstellung des Ventilsitzes, jedoch übernehmen heute moderne Maschinen das Fräsen und Schleifen der Sitzflächen auf den Sitzringen im Brennraum und auf dem Ventil selbst. Zum Fräsen der Ventilsitze werden meist handbetriebene Vorrichtungen verwendet, und je nach dem vorgeschriebenen Ventilsitzwinkel benötigt man bis zu drei verschiedene Fräser. Normalerweise werden solche Arbeiten einer Spezialwerkstätte anvertraut. Wo eine Nacharbeit am Ventilteller erforderlich ist, wird sie von einer auf den vorgeschriebenen Winkel einstellbare Spezialschleifmaschine übernommen – gleichfalls eine Arbeit für den spezialisierten Fachbetrieb.

Die für einen bestimmten Motor benötigten Ventilsitzfräser sind im Werkstatthandbuch des jeweiligen Herstellers angegeben und können als Spezialwerkzeuge über den Handel bezogen werden. Es entspricht der üblichen Praxis, eine neu eingesetzte Ventilführung mit einer Reibahle auf das endgültige Maß aufzureiben. Solche Reibahlen richten sich wiederum nach dem jeweiligen Modell; auch sie sind als Spezialwerkzeuge in den Listen der verschiedenen Hersteller aufgeführt.

Der korrekte Umgang mit diesen Werkzeugen – vor allem bei Fräsen des Ventilsitzes – verlangt viel Routine und ein gutes Urteilsvermögen. Wird beim Ventilsitz zu tief gefräst, erhält das Ventil dadurch eine so hohe Einbaulage im Zylinderkopf, daß eine Einstellung des vorgeschriebenen Ventilspiels nicht mehr möglich ist. Jeder Hobbymechaniker, der mit solchen Werkzeugen arbeiten will, tut gut daran, vorher an Schrotteilen zu üben.

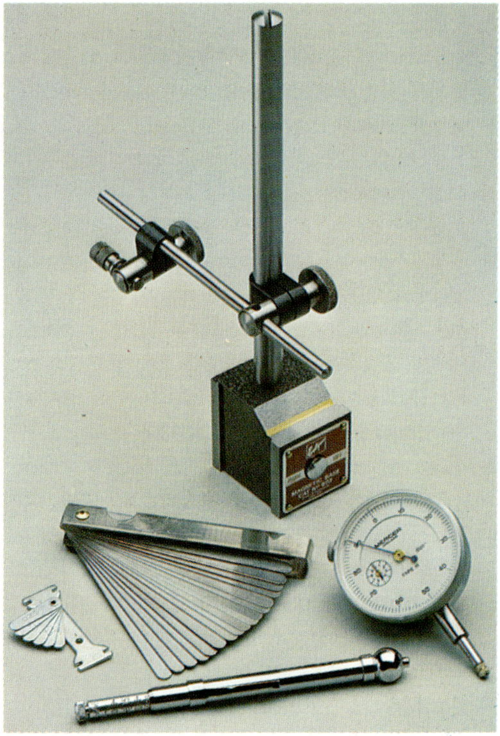

Eine Einstellehre für Zündkerzenelektroden, eine Block-Fühlerlehre, ein Luftdruckmesser und eine Meßuhr mit Halter

Meßwerkzeuge

Als Grundausstattung an Meßwerkzeugen dienen ein Lineal mit Millimeter-Einteilung (kein Schullineal aus Hartholz, sondern ein Stahllineal), das auch als Richtschiene verwendet werden kann, und als Ergänzung eine Block-Fühlerlehre.

Das Lineal kann für Längenmessungen benutzt werden (obwohl dafür natürlich ein Meßschieber (Schieblehre) weitaus besser wäre) und die Fühlerlehre zur Messung von schmalen Zwischenräumen. In einigen Fällen können beide kombiniert werden. Wenn das Lineal mit der Schmalseite auf eine ebene Fläche aufgesetzt wird, werden Unebenheiten als Lichtspalt sichtbar und können beispielsweise dann mit der Fühlerlehre ausgemessen werden.

Prinzipiell gibt es metrische Fühlerlehren und solche mit Zolleinteilung. Allerdings sind heutzutage vorwiegend metrische Lehren in Gebrauch, nachdem für mindestens neunzig Prozent der Motorräder auf dem Markt metrische Einstellmaße angegeben sind und die festgesetzten Zoll-Umrechnungsmaße lediglich annäherungsweise korrekt sind.

Die Blätter der Fühlerlehre bestehen aus Federstahlstreifen, die mit maschineller Präzision hergestellt werden. Die Anwendung der Lehre erfordert ein –leicht erlernbares – Fingerspitzengefühl für den jeweiligen Reibungswiderstand, mit dem sie in dem zu messenden Spalt noch bewegt werden kann. Geht sie zu leicht hinein, ist der Spalt zu groß; ist sie nur noch schwer beweglich, dann zeigt sie damit einen geringfügig zu engen Spalt an.

Zur nächsthöheren Spezies von Meßwerkzeugen gehört die Schieblehre (die eigentlich korrekterweise ›Meßschieber‹ genannt werden müßte). Sie besitzt zwei große Meßschnäbel zum Abgreifen von Außenmaßen, Durchmessern, etc. und zwei kleine für Innenmessungen. Zusätzlich haben die meisten Schieblehren noch ein Tiefenmaß.

Jede Schieblehre hat zwei Meßskalen. Die Teilstriche auf der Nonius-(Hilfs-) Skala dienen zur zusätzlichen Unterteilung der Hauptskala, wodurch eine sehr feine Ablesung ermöglicht wird. Man mißt, indem man den Schieber bis zum vollständigen Anliegen der Meßschnäbel am Werkstück bewegt und ihn anschließend zum besseren Ablesen mit einer Rändelschraube feststellt. Man liest nun das Maß ab, worauf der Nullstrich des Nonius zeigt (ergibt den Meßwert in mm vor dem Komma); danach sucht man denjenigen Teilstrich auf der Noniusskala, der sich mit irgendeinem Teilstrich der Hauptskala exakt deckt. Jeder Noniusteilstrich entspricht einem Zehntelmillimeter, und damit gibt der so ermittelte Strich den Millimeterbruchteil an, der (hinter dem Komma) zu dem anfangs abgelesenen Wert addiert werden muß.

Für noch höhere Genauigkeit gibt es Meßschrauben (Mikrometer). Für den Hausgebrauch jedoch ist ein Mikrometer nicht unbedingt erforderlich, denn die einzige Anwendung, für die eine Führerlehre nicht mehr genügt, sind Messungen, die zeigen sollen, ob ein Teil bereits seine Verschleißgrenze überschritten hat oder nicht. Für solche Zwecke aber ist die Genauigkeit der Schieblehre noch ausreichend.

Nicht immer geht es bei Motorrädern nur um Längenmaße. In einigen Fällen müssen Drücke genau festgestellt werden. Am geläufigsten ist wohl das Prüfen des Reifendrucks mit einem Luftdruckmesser. Wenn auch die kleinen zylindrischen Luftdruckmesser (mit Gleitstift und darauf eingeprägter Skalierung) ganz brauchbar sind, ist es besser, Prüfgeräte mit Meßuhr zu benutzen. Der Druck kann entweder in Atmosphären (Maßeinheit: bar) oder in

Typischer Batterie-Säureprüfer

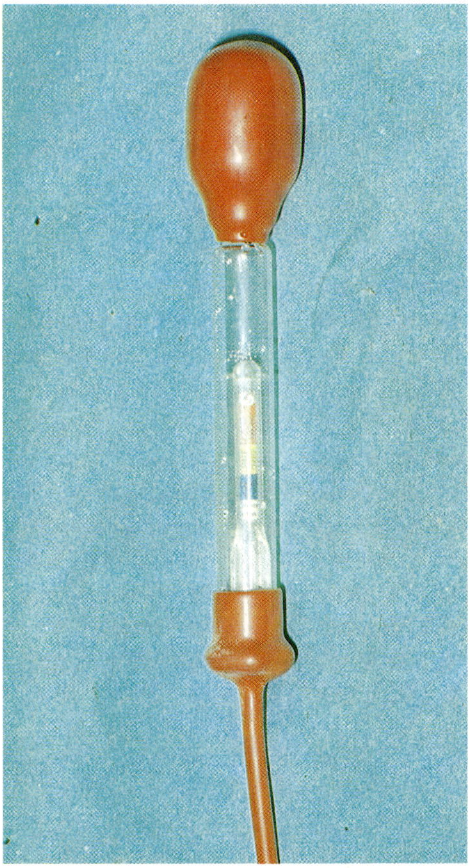

kg/cm² angegeben werden, wobei 1 bar = 0,98 kg/cm² ist. Eine weitere, in den angelsächsischen Ländern gebräuchliche Einheit für Drücke ist durch ›Pfund pro Quadratzoll‹ (lb/sq in oder psi) definiert.

Mit ähnlich aufgebauten Geräten, allerdings in stabilerer Ausführung, wird der Kompressionsdruck im Zylinder gemessen. Die einfachste Version ist wiederum ein Kolbenmanometer ähnlich dem oben beschriebenen Typ, welches anstelle der Kerze in das Kerzenloch eingeschraubt wird. Wird der Motor bei geöffnetem Gasgriff mit dem Starter durchgedreht, treibt der Verdichtungsdruck den Kolben so weit aus der Hülse heraus, daß der entsprechende Skalenwert genau am Rand der Hülse erscheint und abgelesen werden kann. Auch hier sind um der höheren Genauigkeit willen Prüfgeräte mit Meßuhranzeige vorzuziehen. Diese werden normalerweise nicht in den Zylinderkopf eingeschraubt, sondern mit ihrem Gummi- oder Neopren-Mundstück fest in das Kerzenloch hineingedrückt, während der Motor durchgedreht wird. Kompressionsdrücke sind ein exzellenter Indikator für den inneren Zustand des Motors; vom Hersteller werden ja bekanntlich Richtwerte angegeben, die in jedem Zylinder erreicht werden sollten und darüber hinaus noch Werte für die maximal zulässigen Abweichungen zwischen den Zylindern. Ein Kompressionsmesser ist daher ein weitaus nützlicheres Werkstatt-Werkzeug als manche anderen exotischen Gerätschaften.

Eine enge Verwandtschaft besteht zwischen den Druck-Meßgeräten und den Unterdruck-Meßgeräten, die zum Prüfen des Unterdrucks im Ansaugrohr des Vergasers verwendet werden. Vergasereinstellarbeiten an Mehrzylindern werden heute überwiegend mit Hilfe von Vakuum-Meßgeräten (auch Synchron-Tester genannt) durchgeführt – gewöhnlich mit je einer Meßuhr pro Zylinder. In der Hobbywerkstatt zu Hause genügt für diese Arbeit jedoch – auch wenn es dann viel langsamer geht – eine einzige Vakuum-Meßuhr. Sie wird der Reihe nach an jeden Einlaß angeschlossen – die meisten Maschinen haben eigens zu diesem Zweck Bohrungen im Vergaserstutzen –, und der betriebswarme Motor wird für die Messung mit Leerlaufdrehzahl laufen gelassen. Der abgelesene Wert sollte sich innerhalb des vom Werk angegebenen Bereichs bewegen. Jeder Vergaser wird der Reihe nach geprüft, indem die Meßuhr zur gegenseitigen Angleichung des Vakuums in jedem Ansaugrohr benutzt wird. Sind alle Gemischschrauben exakt justiert, wird das Gerät abgenommen und der Leerlauf nach dem Drehzahlmesser der Maschine eingestellt.

Ein anderes wichtiges Meßinstrument ist gleichzeitig eins der billigsten – ein Säureprüfer, mit dem die Säuredichte der Batteriesäure gemessen wird. Der Säureprüfer besteht aus einem durchsichtigen Rohr mit einem Ansaugschlauch am unteren und einem Gummiball am oberen Ende. Im Inneren befindet sich ein Schwimmer mit Maßeinteilung. Durch Drücken des

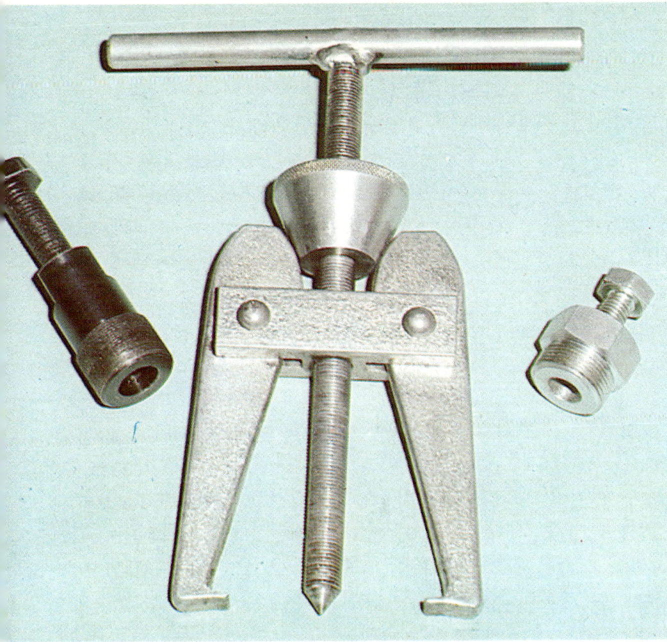

Abzieher in unterschiedlichen Ausführungen

Gummiballs kann aus jeder Zelle Säure angesaugt werden, deren Dichte an der Eintauchtiefe der Schwimmer festgestellt werden kann. Bei voll geladener Batterie und 20° C sollte der abgelesene Wert bei 1,26/1,28 g/cm³ liegen. Jeder höhere Wert signalisiert einen inneren Kurzschluß; jeder niedrigere deutet auf teilweise Entladung hin.

Abzieher

Heute nicht mehr so weit verbreitet wie noch vor einiger Zeit sind Abzieher; für einige spezielle Arbeiten sind sie eventuell vonnöten. Angefangen bei der einfachen Gewindespindel, die für den Lichtmaschinenrotor an einigen Honda-Modellen bestimmt ist (wofür auch eine Vorderrad-Steckachse ein annehmbarer Ersatz ist) bis zum komplizierten Doppel-Abzieher zur Trennung der Kurbelgehäusehälften an einigen Suzuki-Zweitaktern variieren Abzieher in allen Richtungen. Universal-Abzieher – eine irreführende Bezeichnung, denn sie sind meist nur in einem ziemlich engen Bereich auf verschiedene Durchmesser einstellbar – sind meist zwei- oder dreiarmig ausgeführt, mit Klauen, die hinter das abzuziehende Teil gebracht werden, und einer zentral angeordneten Spindel, die gegen das feststehende Teil (z. B. einen Wellenstumpf) abgestützt und angezogen wird. Eine typische Anwendung ist das Abziehen eines Magnetschwungrades (Polrad), das auf einem konischen Zapfen sitzt und mit einer Scheibenfeder gesichert ist. Für solche Bauteile ist auch eine andere Version von Abzieher – vorausgesetzt, das Polrad ist mit Innengewinde versehen – verwendbar: ein zylindrisches Mittelstück wird in das Schwungrad hineingeschraubt. In ihm steckt eine Druckspindel, die gegen den Wellenstumpf angezogen werden kann, während an dem Mittelstück mit dem Schraubenschlüssel gegengehalten wird; das Polrad ist auf diese Weise leicht abzuziehen.

Eine Alternative ist der Schlag-Auszieher. Er besteht hauptsächlich aus einem langen Schaft, auf dem ein zylindrisches, in der Mitte durchbohrtes Gewicht gleitend angebracht ist. Am Ende befindet sich ein Kreuzstück o. ä., das mit dem abzuziehenden Werkstück verschraubt werden kann. Indem man das Gewicht ruckartig am Schaft entlang gegen einen oberen Anschlag schnellt, erzielt man die gleiche Wirkung wie beim Hämmern. Spreizbare Innen-Abzieher werden gelegentlich verwendet, um Teile wie etwa die BMW-Lenkkopflagerringe auszubauen, die mit einem Treibdorn nicht so leicht zu entfernen sind. Eine andere Art von Auszieher – im Grundaufbau lediglich ein Hebel mit einer exzentrisch gelagerten, gerändelten und frei dehnbaren Spannbacke – kann zum Ausdrehen abgebrochener überstehender Stehbolzen eingesetzt werden (Stehbolzenauszieher, auch in zylindrischer Kompaktbauweise erhältlich). Für den Hausgebrauch ist jedoch der bereits beschriebene Schraubenausdreher (konisch, mit Links-Steilgewinde) in solchen Fällen ein annehmbarer Ersatz.

Diverses zum Spannen und Festhalten

Fachwerkstätten verfügen in der Regel über Spezialwerkzeuge, die beim Öffnen von Verschraubungen an drehbaren Teilen eingesetzt werden; sie sollen ein Verdrehen der Teile verhindern, bzw. sie in irgendeiner Lage fixieren. Eine Methode ist die Verwendung eines Band- oder eines Kettenschlüssels – ein Handgriff mit einem Stück von einer Rollenkette bzw. mit einem flexiblen Gewebeband wird im vollen Umfang um einen Rotor oder einen Kupplungskorb herumgelegt; der Handgriff wirkt als Hebel sowohl zum Zuziehen des Ganzen als auch zum Festhalten, wenn der Schraubenschlüssel angesetzt wird. Für die Arbeit an Kupplungen gibt es noch eine andere Möglichkeit: eine ausgemusterte Kupplungsscheibe mit angelötetem Griff kann zum Festhalten über die Kupplungsnabe geschoben werden. An stirnseitig gelochten Polrädern verwendet man manchmal einen Gabelsteckschlüssel (Stirnlochschlüssel) zum Gegenhalten.

Das Kolben-Schutzholz kann sowohl beim Aufsetzen des Zylinders als auch zum Fixieren der Kurbelwelle verwendet werden; es wird zwischen der Unterkante des Kolbens und dem Kurbelgehäuse aufgesetzt. Für den Hausgebrauch genügen zwei etwa 20 mm dicke Hartholzklötze. Eine weitere Improvisationsmöglichkeit beim Blokkieren eines Zahnrad-Primärtriebs ist einfach ein an der Eingriffsstelle der Zahnräder eingeschobener Lappen.

Ein gerade an Mehrzylindermotoren äußerst praktisches und nützliches Werkzeug ist das Kolbenring-Spannband. Es ist als Spezialwerkzeug erhältlich, kann jedoch ebensogut provisorisch aus dünnem Stahlblech mit einigen Schrauben und Muttern zum Zusammenziehen hergestellt werden. Das Spannband wird um den Kolben herumgelegt und gespannt, sobald jeder Kolbenring sich in der korrekten Lage befindet. Die Kolben werden durch Absenken des Zylinderblocks in ihre Bohrungen eingeführt, wobei die Spannmanschette allmählich am Kolbenhemd entlang nach unten geschoben wird und den Kolbenring erst dann freigibt, wenn er bereits in der Zylinderbohrung sitzt. Sobald alle Ringe richtig sitzen, wird das Spannband abgenommen. Mit dieser Methode kann man auch an Motoren wie den der CX 500 herangehen, bei dem Kolben und Pleuel von oben in die Zylinderbohrung eingeführt werden. Hierbei wird das Spannband natürlich am Kolben aufwärts statt abwärts geschoben.

Werkzeuge zur Zündzeitpunkt-Einstellung

Hilfsmittel zur Kontrolle des Zündzeitpunkts können optischer (eine Prüflampe, oder, etwas raffinierter, eine Stroboskop-Einstellampe) oder akustischer (ein Summer oder ein Transistorradio) Art sein.

Das einfachste Hilfsmittel besteht lediglich in einer Glühlampe mit Fassung oder einem Summer, verbunden mit zwei Kabeln, jedes mit einer Krokodilklemme am Ende. Eine Klemme geht an die Blattfeder des Unterbrecherkontaktes, die andere zu einer guten Masseverbindung, z. B. zum Kurbelgehäuse. Abhängig vom jeweils eingebauten Zündsystem wird die Lampe beim Abheben des Unterbrecherkontaktes entweder aufleuchten oder verlöschen. Bei der akustischen Kontrolle verhält sich der Summer in entsprechender Weise.

Ein Transistorradio, eingestellt auf eine Frequenz zwischen zwei Sendern und direkt unter dem Unterbrechergehäuse plaziert, läßt ein deutlich vernehmbares Klicken ertönen, wenn sich die Kontakte zu öffnen beginnen. Die größte Präzision jedoch erreicht man mit der Stroboskop-Einstelllampe, deren Blitzlicht die Zündzeitpunktmarkierungen am laufenden Motor scheinbar ›stillstehen‹ lassen.

Die billigsten Stroboskoplampen besitzen eine Neonröhre, die mit dem Hochspannungskabel zur Zündkerze in Reihe geschaltet ist. Sie erzeugen jedoch relativ schwache Lichtblitze und sollten daher in einem leicht abgedunkelten Raum benutzt werden. Nach Möglichkeit sollte man das etwas teurere Hochleistungs-Stroboskop anschaffen, das mit einer Xenon-Röhre ausgestattet ist. Ein solches Gerät wird sowohl an der Batterie als auch am Hochspannungsteil der Zündung angeschlossen und erzeugt einen kräftigen weißen Lichtblitz, der auch bei vollem Tageslicht die Zündmarkierungen hell ausleuchtet.

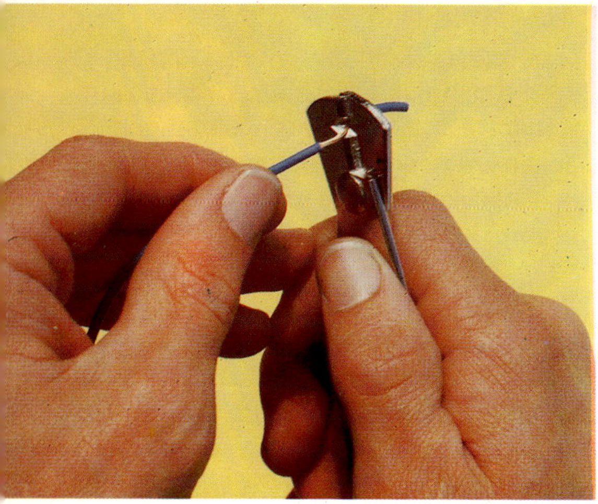

Vor Anbringung eines Kabelverbinders muß das Kabelende abisoliert werden.

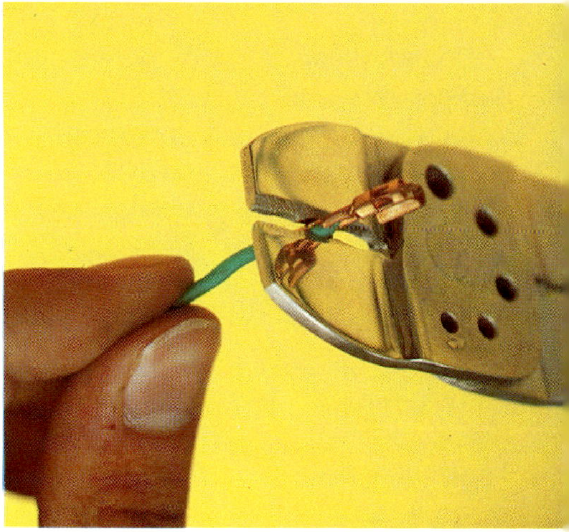

Der Flachstecker wird mit einer Quetschzange aufgepreßt.

Werkzeuge zur Herstellung von Kabelverbindungen

Zwei Werkzeuge als Grundlage genügen vollauf für Arbeiten an Kabelverbindungen. Eine Abisolierzange ist der Schlüssel zum sauberen Abziehen der Isolierung – die Schneiden sind so exakt auf unterschiedliche Drahtquerschnitte einstellbar, daß ein kurzer Zug genügt, um die Isolierung in der gewünschten Länge abzutrennen, ohne dabei den Leiterdraht zu beschädigen. An solchen Zangen sind zusätzliche Schneiden zum sauberen Durchtrennen isolierter Kabel angebracht – eine Aufgabe, die ein normaler Seitenschneider häufig nur ungenügend erfüllen kann.

Ist die Isolierung abgezogen, kann man den anzubringenden Kabelschuh oder Flachstecker etc. auf moderne Weise anquetschen. Hierfür braucht man eine Kabel-Quetschzange. Mit diesem Werkzeug kann der Kabelschuh derart enganliegend auf dem Leiterdraht angepreßt werden, daß die dadurch erzielte Intensität der elektrischen Verbindung eine Lötung überflüssig macht. Solche Quetschzangen werden meist komplett zusammen mit einem ganzen Sortiment von Kabelverbindern im Handel angeboten.

Hebezeuge

Solche Hilfsmittel sind bei der Arbeit an Motorrädern nur in wenigen Fällen erforderlich – beispielsweise wenn ein solches Superschwergewicht wie der Motor einer Honda ›Gold Wing‹ ausgebaut werden soll –, und man unterscheidet hauptsächlich zwei Haupttypen.

Ein normaler Autowagenheber kann entweder als einfacher Scherenwagenheber mit Gewindespindel oder als Hydraulikwagenheber konzipiert sein. Man setzt ihn unter das anzuhebende Bauteil, gegebenenfalls mit einer Holzzwischenlage zum Schutz von Gußteilen. Beim Ausfahren des Wagenhebers ist darauf zu achten, daß das zu hebende Bauteil satt aufliegt.

Als Alternative kann auch ein kleiner Flaschenzug dienen, für den – vorausgesetzt, die Konstruktion ist genügend stabil – ein Dachbalken der Werkstatt als Aufhängung benutzt werden kann. Ein solcher Flaschenzug kann natürlich auch an einem Dreibeinstativ aus Gerüstbalken bzw. -rohren aufgehängt werden. Das freie Ende wird mit einer Schlinge versehen, die das Bauteil umschließt, welches dann hochgezogen werden kann.

Geräte zum Löten und Schweißen

Weichlöten, Hartlöten und Schweißen sind Arbeiten, die durchaus auch im Rahmen einer Hobbywerkstatt durchführbar sind. Zum Weichlöten werden eventuell elektrische Lötkolben in mehreren Größen benötigt – eine zu kleine Lötspitze kann, wenn sie ans Werkstück gehalten wird, so schnell an Hitze verlieren, daß keine exakte Lötung zustandekommt. Die ideale Lösung ist eine elektrische Lötpistole mit Lötspitzen in verschiedenen Größen, auswechselbar je nach der durchzuführenden Lötarbeit.

Für leichtere Lötarbeiten gibt es ziemlich leistungsfähige batteriebetriebene Lötkolben zu kaufen. Die in Motorrädern über 250 cm^3 eingebauten Batterien sollten den Stromverbrauch solcher Geräte verkraften können, vorausgesetzt, sie sind nicht zu lange im Gebrauch; wenn allerdings ständig damit gearbeitet wird, braucht man in einer Werkstatt ohne Netzanschluß ohnehin entweder eine Autobatterie oder gleich einen Lötkolben mit Gasbrenner.

Auch hier ist wieder die Größe des Kolbens von der Art der in Angriff genommenen Arbeit abhängig. Eine kleine Lötspitze, wie sie für Elektro-Arbeiten verwendet wird, ist nicht in der Lage, genügend Hitze für beispielsweise das Verlöten zweier Blechstücke zu halten. In diesem Fall gibt es keine andere Wahl als das Bereithalten einer gewissen Anzahl von Lötspitzen für die wahrscheinlich am häufigsten anfallenden Arbeiten. Für das Anwärmen von Teilen eignet sich ein kleiner, einflammiger Camping-Kocher ideal. Als Zusatzgerät für Butangas-Kartuschen gibt es sogar Lötbrenner-Aufsätze zu kaufen, die ausgesprochen praktisch sind.

Beim Hartlöten wird Messinglot anstelle von Zinnlot verwendet. Es erfordert einen großen Flüssiggas-Brenner, der an eine Propangasflasche angeschlossen wird; dazu noch einen feuerfesten Arbeitsplatz, den man im Eigenbau aus alten Schamottesteinen herstellen kann. Dennoch ist es ein recht teures Verfahren, und alles in allem wird es wahrscheinlich billiger sein, solche Arbeiten an eine Fachwerkstatt zu geben oder ein elektri-

Transportabler Set zum Lichtbogenschweißen

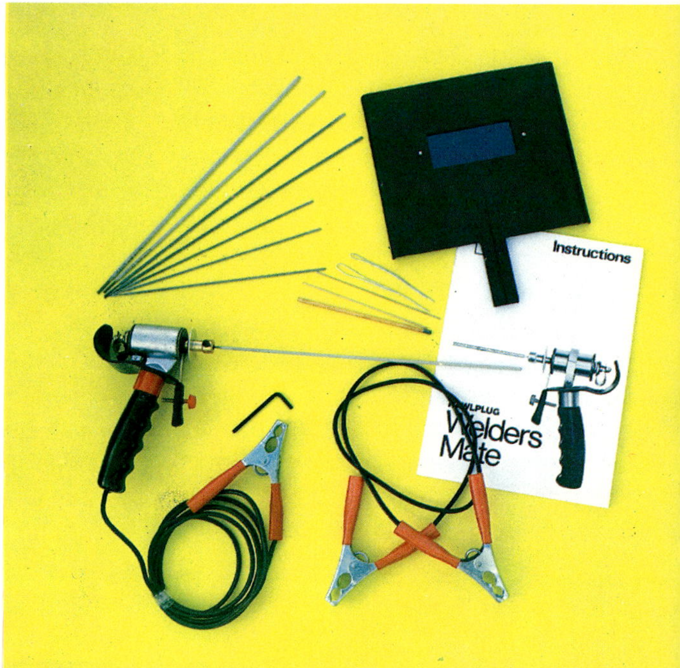

sches Schweißgerät zum Hartlöten zu benutzen.

Solche Heimwerker-Schweißgeräte sind eine recht praktische Angelegenheit, vorausgesetzt, die Werkstatt verfügt über eine oder zwei 12-Volt-Autobatterien.

Ausrüstungen zum Gasschweißen gibt es natürlich zu kaufen; sie sind jedoch relativ kostspielig. Überdies kann eine Gasschweißung, wenn sie nicht ganz sorgfältig durchgeführt wird, die zusammengefügten Teile erheblich schwächen.

Der richtige Umgang mit dem Werkzeug

Werkzeug richtig einzusetzen erfordert schätzungsweise neunzig Prozent Fingerspitzengefühl und nur etwa zehn Prozent technisches Können. Verständlich, daß handwerkliches Geschick vor allem eine Sache der Übung ist; je ausgiebiger man sein Werkzeug benutzt, desto besser wird man als Mechaniker.

Schraubenschlüssel

Zu Beginn übt man sich der Einfachheit halber im fachmännischen Gebrauch von Schraubenschlüsseln. Das am eigenen Motorrad zu versuchen kann teuer werden; am besten holt man sich geeignetes Übungsmaterial von einem Schrottplatz. Aus dem vorangegangenen Kapitel wissen wir, daß, mit Ausnahme von Steckschlüsseln, jeder Schraubenschlüssel so konstruiert ist, daß bei Anwendung normaler Handkraft das für die entsprechende Schraubengröße vorgesehene Anzugsmoment erreicht wird. Jedoch: was ist Handkraft?

Handkraft wird ausgeübt, wenn zum Anziehen der Schraube die Hand, die den Schlüssel hält, im Gelenk gedreht wird. Wird diese Bewegung mit steifem Handgelenk ausgeführt, handelt es sich bereits um Armkraft – auf jeden Fall zuviel des Guten bei Schrauben unterhalb 14 mm Schlüsselweite. Durch zu großen Druck wirken extrem hohe Scherkräfte auf die ineinandergreifenden Gewindegänge von Schraube und Mutter. Verstärkt man den Druck noch, wird eines von beiden nachgeben – entweder die Gewindegänge scheren ab und die Mutter ist überdreht, oder sie halten stand und der Schraubenschaft reißt ab.

Sich das Gefühl dafür anzueignen, wann eine Schraube oder Mutter die Grenze ihrer Belastung erreicht, ist ein langwieriger Prozeß; sofern man über einen Drehmomentschlüssel verfügt, kann man ihn jedoch abkürzen. Man prägt sich beim Studium des Werkstatthandbuchs zunächst einmal einige typische Anzugsmomentwerte ein, wie sie für bestimmte Schrauben an der eigenen Maschine vorgeschrieben sind. Dann sucht man sich ein Schrott-Teil mit den passenden Schraubengrößen und nimmt einen Gabel- oder Ringschlüssel zur Hand. Man arbeitet nun ausschließlich nach Gefühl und versucht, beim Anziehen der Schraube das vorgegebene Drehmoment möglichst genau zu erreichen. Man kann seine Schätzung anschließend überprüfen, indem man die Schraube mit einem Drehmomentschlüssel wieder löst und in dem Augenblick, wenn sie sich lockert, die Skala abliest. Dieser

Wert entspricht dann dem tatsächlich erzielten Drehmoment beim Anziehen der Schraube.

An unzugänglichen Stellen ist häufig der Gabelschlüssel die einzige Möglichkeit; sein abgewinkeltes Maul erlaubt sogar noch auf engstem Raum eine Drehbewegung, wenn man den Schlüssel abwechselnd auf beiden Seiten benutzt. Abgesehen von diversen gebogenen und gekröpften Spezialschlüsseln hat man mit Gabelschlüsseln die vielseitigsten Möglichkeiten. Allerdings sind auch Ringschlüssel mit Innenzwölfkant nicht zu verachten, weil sie im Winkel von 30° umgesetzt werden können. Diese Schlüsseltypen sind jedoch beide nutzlos, wenn man es mit tief versenkten Schrauben oder Muttern zu tun hat. Hier ist der Steckschlüsselsatz zuständig. Bei der Verwendung von Steckschlüsseln ist es ratsam, sie jeweils mit einer möglichst kurzen Verlängerung und einem möglichst starren und spielfreien Griffstück zu kombinieren. Sofern genug Platz vorhanden ist, sollte man den Griff mit der Knarre bevorzugen. Mit der stabilsten Kombination, die man zur Hand hat, kann man die Kraft am besten übertragen – alles, was wackelt oder nachgibt, schluckt einen Teil der aufgebotenen Anstrengung. Eine möglichst stabile Verbindung zwischen Handgriff und Steckschlüssel vermindert auch die Gefahr des Hochrutschens am Sechskant der Schraube oder Muttter. Im Idealfall sollte der Druck auf der gesamten Höhe des Sechskantkopfes zum Tragen kommen. Eine hochgerutschte Stecknuß trägt jedoch nur zum Teil und kann die Kanten des Schraubenkopfes zerdrücken.

Wie man blockierte Schraubverbindungen löst

Man sollte nie der Versuchung unterliegen, sich mit rohen Kräften an einer festsitzenden Schraube oder Mutter zu vergreifen. Selbstverständlich erreicht man mit einem aufgesteckten Rohrstück leicht die doppelte

Am Schraubenschlüssel nur Handkraft einsetzen.

oder dreifache Hebelkraft eines normalen Schraubenschlüssels. Das wahrscheinlichste Ergebnis wird jedoch sein, daß die Schraubverbindung entweder gleich abbricht, oder – was noch schlimmer ist – daß sie infolge der erlittenen Spannungsüberlastung irgendwann während der Fahrt ausfällt.

Das Lockern festsitzender Schrauben und Muttern verlangt viel Geduld und Behutsamkeit. Wenn man es mit einem verrosteten Gewinde zu tun hat, wird wiederholtes Einsprühen mit Kriechöl schließlich zum Erfolg führen. Aber es braucht Zeit – vielleicht muß eine Woche oder länger immer wieder gesprüht werden, damit die Flüssigkeit über Nacht Gelegenheit hat, einzudringen. Eine schnellere Methode ist stellenweises Erwärmen; dabei muß man jedoch umsichtig ans Werk gehen. Das heißt zum Beispiel, daß kein Benzin oder Öl in der Nähe sein darf, daß man Schraubverbindungen an lackierten Teilen vor der Flamme verschonen sollte, und daß loser Rostfraß an den freiliegenden Stellen des Gewindes vorher entfernt werden konnte. Man wird sicher nicht viel Freude an einer frisch gelösten Mutter haben, wenn sie sich schon nach zwei Umdrehungen im Rost festfrißt. Dort, wo das Arbeiten mit dem Gasbrenner unbedenklich ist – beispielsweise an verrosteten Auspuffklemmschellen und -befestigungen – hält man die Flamme solange auf Schraube und Mutter, bis sie zum Anfassen zu heiß sind. Dann legt man den Brenner weg und nimmt den Schraubenschlüssel. Gleichmäßig kräftiger Druck müßte genügen, um die Verschraubung zu öffnen.

Die andere Möglichkeit ist ein Lötkolben, der an das Schraubenende gehalten wird. Dieses Verfahren ist insbesondere dann angebracht, wenn sich eine Schraube im Gewindeloch eines Leichtmetallteils quasi selbst ›verschweißt‹ hat. Ist ein Lötkolben nicht verfügbar, kann man sich mit Lappen, die in heißem Wasser getränkt wurden, behelfen. Man umwikkelt mit ihnen das zu erwärmende Teil, das sich meist schon nach einer Minute so weit gedehnt hat, daß der festsitzende Gewindebolzen gelockert werden kann.

Schlitzschrauben können auf einfachste Weise mit dem Schlagschraubendreher bezwungen werden. Man sucht sich den passenden Einsatz (›Bit‹), Flachklinge oder Kreuzschlitz, sorgt dafür, daß die Drehrichtung stimmt (entgegen dem Uhrzeigersinn) und nimmt einen schweren Hammer zu Hand. Ein energischer Schlag auf den Schraubendreher, und das Gewinde wird in Achsrichtung entlastet und gleichzeitig gedreht. Anschließend wird der Schlagschraubendreher wie ein normaler Schraubendreher benutzt.

Wie bereits angedeutet, kann allzu überschießende Begeisterung in Verbindung mit handfestem Werkzeug leicht Bruch produzieren. Wenn es erst einmal so weit gekommen ist, kann der Schraubenausdreher Abhilfe schaffen; andernfalls muß der abgebrochene Schraubenstumpf ausgebohrt und das Gewinde nachgeschnitten werden.

Für den Schraubenausdreher braucht man in jedem Fall eine Bohrmaschine. Man wählt den Bohrerdurchmesser etwas kleiner als den Kerndurchmesser des Gewindes; auf diese Weise bleibt um das Loch herum, welches genau in der Mitte des Schraubenschaftes gebohrt wird, noch genügend ›Fleisch‹ stehen, damit der Schraubenausdreher gut fassen kann. Das Loch bohrt man mit niedriger Drehzahl – zirka 900/min bei der Zweigangbohrmaschine oder im kleinen Gang bei Verwendung einer handbetriebenen Bohrmaschine – so tief wie möglich in das stehengebliebene Bruchstück. Um das Anbohren zu erleichtern, markiert man die Bohrstelle vorher mit einem Körnerschlag.

Anschließend dreht man den Schraubenausdreher linksherum in das Loch hinein. Mit einem Steilgewinde wird er sich mehr und mehr im Schraubenstumpf verkeilen und ihn schließlich zum Nachgeben bewegen.

Wenn ein Gewindebolzen jedoch total ruiniert ist, kann vielleicht auch der Schraubenausdreher nichts mehr ausrichten. Dann hilft nur noch Ausbohren. Man zentriert wieder mit einem Körnerschlag und bohrt mit kleinem Durchmesser vor. So erhält man eine Führung für die nachfolgenden Bohrlöcher. Man bohrt nun vorsichtig und stets auf korrekte Mittenlage achtend schrittweise immer größer, bis die Bohrung fast die Gänge des Innengewindes erreicht hat. Mit einem dünnen, scharfkantigen Durchlag kann man nun versuchen, die Schraubenreste vorsichtig abzuschlagen. Mit einer schlanken, abgewinkelten Flachrundzange oder Sicherungsringzange müßten sich die letzten Reste aus den Gewindegängen entfernen lassen. Für diese letzte Säuberung ist sogar eine Schusterahle oder eine stabile Stricknadel ganz gut geeignet.

Wenn man Pech hat und die Bohrung außer Kontrolle gerät, ist das Innengewinde im Handumdrehen demoliert. In diesem Fall bleiben zwei Reparaturmöglichkeiten: man bohrt das Loch auf den Kerndurchmesser des nächstgrößeren Gewindes auf und schneidet ein neues Gewinde eine Nummer größer. Auch das Gegenstück, Schraube oder Bolzen etc., erhält dadurch logischerweise den größeren Nenndurchmesser. Die zweite Möglichkeit, wobei der Originaldurchmesser erhalten bleibt, besteht im Einbringen eines speziellen Gewindeeinsatzes aus gehärtetem Federstahl. Für diesen Zweck muß ebenfalls das Loch aufgebohrt und ein größeres Spezialgewinde eingeschnitten werden, welches dann den Einsatz aufnimmt. Solche Gewinde-Reparatursätze gibt es zwar auch für ›Do-it-yourself‹-Zwecke zu kaufen, sie sind aber meist so kostspielig, daß es sich immer noch lohnt, solche Arbeiten einem spezialisierten Fachmann zu überlassen.

Befreiende Hammerschläge

Ein blockiertes Gewinde ist auch noch auf andere Weise zu erschüttern, sogar ohne Schlagschraubendreher;

dabei muß man jedoch schonend vorgehen, vor allem, wenn Leichtmetallteile im Spiel sind. Bei festsitzenden Schlitzschrauben kann man folgendermaßen verfahren: ein kräftiger Treibdorn aus Stahl wird satt auf dem Schraubenkopf aufgesetzt und bekommt einen herzhaften Hammerschlag verpaßt. Wenn man nun den T-Griffschraubendreher ansetzt, sollte sich die Schraube ohne weiteres lösen.

Obschon es in diesen Fällen gerechtfertigt ist, mit dem Hammer nachzuhelfen, sollte es doch maßvoll und mit Gefühl geschehen. Hier gilt die Grundregel: lieber einen schweren Hammer – sofern dafür genügend Platz ist – und lieber einen einzigen energischen Schlag als mehrere zaghafte. Plötzliche Erschütterungen sind besser geeignet, festsitzende Bauteile zu lösen; mehrere leichte Schläge führen meist nur zu Gratbildung und Oberflächenschäden.

Wie bereits erwähnt, arbeiten einige Abziehvorrichtungen im Prinzip wie ein Hammer oder zumindest mit Hammerunterstützung. Ein Polrad z. B., das mit Konussitz auf einem Wellenstumpf befestigt ist, wird auf diese Art ausgebaut. Eine spezielle Vorrichtung wird mit dem Polrad verschraubt und bekommt dann einen Schlag mit dem Hammer, mit dem sich der Konussitz unverzüglich löst. Auf das Funktionsprinzip des Schlag-Ausziehers wurde weiter oben im Text bereits eingegangen; die Stange, auf der das Hammergewicht angebracht ist, hat an ihrem Ende mehrere Anschlußmöglichkeiten für das abzuziehende Werkstück. Im einfachsten Fall ist es ein Gewindebolzen, der mit dem Bauteil verschraubt wird. Wenn man das gleitende Gewicht mehrmals gegen den oberen Anschlag schleudert, hämmert man das Werkstück buchstäblich aus seinem Sitz. Ein solches Gerät kann man sich aus einer alten Steckachse (vom Vorderrad o. ä.) selber basteln; man braucht dazu nur einen zylindrischen Stahlklotz und eine Fachwerkstatt, um das Loch zur Aufnahme der Zugstange auf einer Drehbank bohren zu lassen.

Schaber

Im Zuge einer Motorüberholung wird man für einige Gelegenheiten einen Schaber benötigen. Ölkohlerückstände am Kolben und im Brennraum müssen entfernt werden, und insbesondere sollten Gehäusetrennflächen, zwischen denen Dichtungen eingelegt waren, vor dem Zusammenbau wieder gut gereinigt werden. An solchen Stellen bleibt immer etwas vom Dichtungsmaterial hängen. Ignoriert man diese Reste und verzichtet auf den Gebrauch des Schabers, sind undichte Stellen am Gehäuse die notwendige Folge.

Obwohl man Schaber im Laden kaufen kann, wird man sich überwiegend mit improvisierten behelfen. Viele Praktiker begnügen sich mit einer Primitivausführung: am Ende eines abgebrochenen Metallsägeblattes wird einfach eine kleine Schneide angeschliffen. Das ergibt ein sehr wirksames Instrument, jedoch sollte die Schneide – wie bei allen gehärteten Schabern – sehr behutsam und nur mit leichtem Druck geführt werden. Man beschädigt sonst zu leicht die empfindlichen Dichtflächen der Leichtmetallgehäuse und verursacht eventuell Schäden, die nur durch Nachsetzen auf der Flächenschleifmaschine oder durch aufwendiges Spachteln mit Flüssigmetall und anschließendes Abrichten auf einer Glasplatte wieder zu beheben sind.

Sicherer ist es auf jeden Fall, sich einen Schaber aus einem Streifen Hartholz oder Messing zu machen; die Meißelschneide am Ende läßt sich mit der Feile leicht herstellen, und diese Materialien sind für Leichtmetalle zweifellos ungefährlicher.

Ein guter Tip ist es, die zu reinigenden Teile in Benzin, Petroleum oder Spiritus einzulegen und anschließend die Dichtungsrückstände mühelos mit einem solchen Schaber abzukratzen.

Auch für den Ölkohlebelag am Kolben und im Brennraum z. B. braucht man einen Schaber aus einem Material von so geringer Härte, daß keine Kratzer entstehen können. Alle Oberflächen, die dem Verbrennungsvorgang ausgesetzt sind, sollten möglichst glatt und ohne Riefen sein, das gibt der Ölkohle weniger Gelegenheit, sich festzusetzen. Deshalb muß auf dem Kolbenboden und im Brennraum behutsam mit dem Schaber umgegangen werden.

Den letzten ›Schliff‹ besorgt dann eine rotierende Messingbürste oder – wenn man super-genau sein will – ein Stück feine Stahlwolle, getränkt mit Polierpaste.

Der Schaber leistet die Hauptarbeit beim Entkohlen; man bewegt ihn ständig ein kurzes Stück hin und her und wechselt dabei öfters die Richtung um keine Schleifspuren zu hinterlassen.

Das Feilen

Das Stichwort für die Feile fällt immer dann, wenn es ums Improvisieren geht. Angenommen, man braucht eine Schraube von 50 mm Länge, kann aber nur 70 mm lange auftreiben. Ein kurzer Schnitt mit der Säge, und die Schraube hat die richtige Länge. Man wird nun aber hoffentlich nicht in den Fehler verfallen, die Schraube mit all dem Grat, der sich beim Sägen gebildet hat, sofort einschrauben zu wollen; das Gewinde, für das sie bestimmt ist, würde so etwas sehr übel nehmen. An der im Schraubstock fest eingespannten Schraube genügen einige Feilstriche (mittelfeiner Hieb), um die von der Säge zurückgelassenen scharfen Kanten abzurunden bzw. leicht anzuschrägen; sie läßt sich dann viel leichter einschrauben.

Die Feile ist so konstruiert, daß sie nur in einer Richtung – nach vorn – Späne abnehmen kann. Deshalb bringt es nichts, ständig – auch beim Zurückziehen – fest daraufzudrücken. Man nimmt das Heft der Feile in die eine Hand, und legt die andere Hand mit dem Ballen am anderen Ende des Feilenblattes auf und führt die Feile gleichmäßig und ohne zu kippen über das Werkstück. Dabei wird nur beim Vorwärtsschieben Druck ausgeübt; beim Zurückziehen entlastet man die Feile. Dieser Vorgang wird einfach so lange wiederholt, bis die gewünschte Menge Material abgetragen ist. Der richtige Umgang mit der Feile erfordert Übung – es ist nicht ganz so leicht, wie es aussieht – und eine gute Technik kann man sich durch ein Training an Schrott-Teilen aneignen.

Ventile einschleifen

Die Ventile werden mit Hilfe des Einschleifwerkzeuges akkurat an ihre Sitzflächen angepaßt – es sei denn, die Auflageflächen sind stark eingeschlagen oder etwa aufgerauht; dann muß nämlich mit dem Korrekturfräser nachgearbeitet werden. Das Werkzeug zum Einschleifen wurde bereits beschrieben: ein Saugnapf auf einem Holzgriff, der den Ventilteller festhält und zwischen beiden Handflächen gedreht werden kann. Das geht folgendermaßen: Ventil und Sitz werden gut gereinigt und der Ventilteller rundum mit Ventil-Schleifpaste eingeschmiert. Dann bringt man den Saugnapf am Teller an und schiebt das Ventil in seine Führung hinein. Man drückt nun das Ventil leicht an der Sitzfläche auf und bewegt das Werkzeug etwa ein dutzendmal im Sitz hin und her, immer in einem Winkel von ca. 120°–180°. Im nächsten Schritt hebt man das Ventil etwas ab, dreht es um 90° und wiederholt diesen Vorgang so oft, bis Ventilteller und -sitz eine rundum durchgehende mattgraue Fläche aufweisen. Wenn man es ganz genau machen will, muß man nun noch einen zweiten Arbeitsgang zur endgültigen Feinstbearbeitung (›Läppen‹) anschließen; dazu eignet sich Schleifpaste feinerer Körnung mit etwas Petroleum vermischt. Ganz pfiffige Leute spannen den Ventilschleifer in eine Brustleier ein und sind auf diese Weise natürlich viel schneller mit der Arbeit fertig. Ist das Einschleifen beendet, müssen die Teile gründlich mit Petroleum von allen Schleifmittelresten befreit werden.

Das Werkzeug zum Ventileinschleifen besitzt zum Festhalten einen Saugnapf.

Geräte zur Diagnose von Störungen

Man sollte immer den festen Grundsatz befolgen, nichts am Motorrad ohne triftige Gründe abzuschrauben oder zu zerlegen. Um Funktionsstörungen zweifelsfrei festzustellen, gibt es entsprechende Diagnosegeräte. Mit ihnen kann man eine Fehlerquelle meist ohne größere Schrauberei einkreisen und lokalisieren. Defekte in der elektrischen Anlage sind am schwersten nachzuweisen; man kann sie jedoch mit einem denkbar simplen Instrument aufspüren: mit einer Prüflampe. Man kauft am besten eine in Schraubenzieherform, die anstelle der Klinge vorn eine Art spitze Sonde hat; im Griff befindet sich eine kleine Glimmlampe und am oberen Ende ein Kabel mit Krokodilklemme für den Massekontakt.

Eine Glühbirne mit angelöteten Kabeln und in der gleichen Nennspannung wie die Fahrzeugbatterie ergibt jedoch auch eine brauchbare Prüflampe und ist leicht im Eigenbau herzustellen. Man braucht nur noch an einem Kabel eine Krokodilklemme und am anderen eine Metallspitze anzubringen.

Mit der Prüflampe kontrolliert man, ob in einem Stromkreis Spannung anliegt. Angenommen, das Bremslicht funktioniert nicht, obwohl die Birne noch intakt zu sein scheint.

Zuerst prüft man die Birne selbst, indem man die Klemme an einem blanken Rahmenteil anbringt und mit der Spitze der Prüflampe direkt auf den Mittenkontakt in der Glühlampenfassung geht.

Man bittet am besten einen Helfer, bei eingeschalteter Zündung das Bremspedal zu treten. Nun sollte die Prüflampe aufleuchten. Tut sie es nicht, muß man sich den Bremslichtschalter vornehmen.

Zuerst vergewissert man sich, ob Spannung an der Zuleitung des Schalters liegt; die Prüfspitze wird dort aufgesetzt und bleibt mit der Klemme weiterhin an Masse. Bei eingeschalteter Zündung sollte die Prüflampe nun

Eine voll geladene Batterie sollte eine Säuredichte von 1,26 bis 1,28 haben.

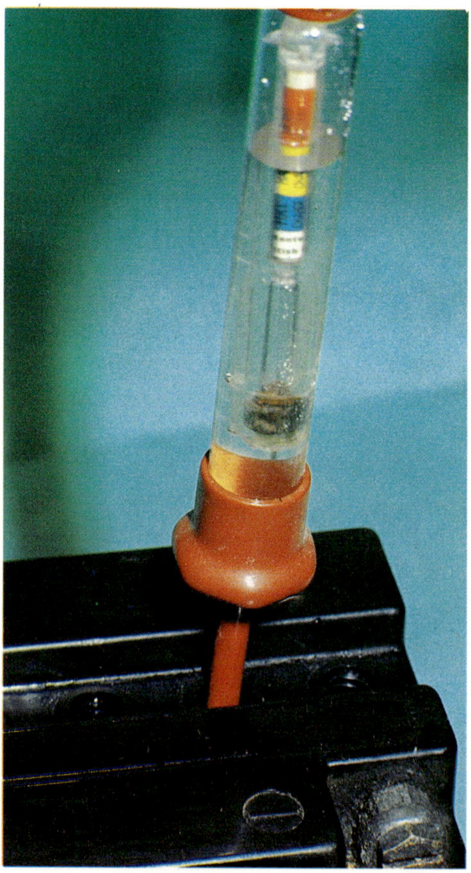

brennen. Wenn nicht, muß die Zuleitung ihrerseits bis zur spannungsführenden Verbindung überprüft werden. Leuchtet sie jedoch, legt man die Prüfspitze am Ausgang des Schalters an. Man schaltet wieder die Zündung ein und tritt die Bremse. Brennt die Lampe, liegt der Fehler zwischen Schalter und Schlußleuchte. Brennt sie nicht, ist der Schalter ausgefallen.

Wenn man die Batterie im Verdacht hat, nicht die volle Leistung zu bringen, testet man sie mit einem Batterieprüfer (Säureprüfer) – einem Glaszylinder mit geeichtem Schwimmer im Inneren und einem Gummiball zum Ansaugen der Flüssigkeit. Man nimmt die Verschlußkappen der Batterie ab und entnimmt aus jeder Zelle eine Probe. Die Eichstriche des Schwimmers zeigen die Säuredichte und damit den Ladezustand der Batterie an. Hohe Säuredichte entspricht einer gut geladenen Batterie. Im vollgeladenen Zustand hat sie bei 20° C eine Dichte von 1,26 bis 1,28 (g/cm^3). Jede Zelle sollte überprüft werden, und alle sollten den gleichen Meßwert haben. Übereinstimmend niedrige Dichtewerte, gemessen nach einer Tagestour, zeigen, daß das Ladesystem einmal inspiziert werden muß. Wenn die Batterie kurz nach einer Fahrt hohe Dichte anzeigt, bei über Nacht abgestelltem Fahrzeug sich aber entlädt, sollte sie ausgetauscht werden.

Ein Kompressionsprüfer sagt uns, ob ein Viertakt-Mehrzylinder eine Überholung nötig hat. Man baut einfach die Kerzen aus, steckt den Prüfer der Reihe nach in jedes Kerzenloch und dreht den Motor bei geöffnetem Gasgriff mit dem Anlasser durch. Die Kompressionswerte der einzelnen Zylinder sollten möglichst nicht mehr als ca. 1 bar voneinander abweichen. Ist dennoch ein Kompressionsverlust feststellbar, so ist entweder die betreffende Zylinderlaufbahn verschlissen oder ein Ventil dichtet nicht richtig ab.

Ohne Zylinderkopfdemontage kann man nachprüfen, welche der beiden Ursachen in Frage kommt: man spritzt einen dünnen Strahl Motoröl durch das Kerzenloch in den Zylinder und mißt nochmals die Kompression. Hat sich der Wert verbessert, ist das ein klarer Hinweis auf eine ausgelaufene Zylinderlaufbahn: das eingespritzte Öl hat den Spalt zwischen Kolben und Bohrung abgedichtet. Erhöht sich die Kompression *nicht*, ist entweder ein schlecht sitzendes Ventil oder eine schadhafte Kopfdichtung verantwortlich.

Einstellen des Zündzeitpunktes

Früher oder später muß man die Zündeinstellung überprüfen, und je nachdem, ob man einen älteren Viertakter, einen modernen großvolumigen Mehrzylinder oder einen ziemlich neuen Zweitakter fährt, bewegen sich die Mittel, die man dazu braucht, zwischen einem Blättchen Zigarettenpapier oder einer Prüflampe und einem Stroboskop, einer Meßuhr und einem Summer.

Bei Viertaktmotoren sitzen die Ein-

Den Öffnungszeitpunkt der Unterbrecherkontakte kann man mit einem Zigarettenpapier ermitteln.

Mit Prüflampe und Batterie geht es genauer als mit Papier.

stellmarkierungen auf Rotor und Stator der Lichtmaschine oder auf irgendeinem Teil, das auf der Kurbelwelle sitzt, in der Nähe der Unterbrecher, und einem angrenzenden Gehäuseteil. Das Ziel ist, die Unterbrecherkontakte so zu justieren, daß sie genau in dem Moment öffnen, wenn die beiden Markierungen exakt fluchten – die entsprechenden Einstelldaten für das betreffende Modell können dem Handbuch entnommen werden.

Der genaue Öffnungszeitpunkt der Kontakte ist recht schwierig zu ermitteln. Wenn man ein Blatt Zigarettenpapier zwischen die Kontakte (zuerst reinigen!) klemmt und den Motor langsam durchdreht, muß es sich – ohne zu zerreißen – in dem Moment herausziehen lassen, wenn die Zündmarkierungen übereinstimmen. Eine weitere Möglichkeit: man schaltet eine Prüflampe (6 oder 12 V, je nach Nennspannung der Lichtanlage) zwischen die Schließfeder des Unterbrechers und das Kurbelgehäuse; bei eingeschalteter Zündung muß die Lampe gerade dann aufleuchten, wenn die Zündmarkierungen fluchten.

All dies geht an einem Viertakter viel leichter mit einem Stroboskop. Seine Lichtblitze lassen die Zündmarkierungen regelrecht ›einfrieren‹, so daß man ihre jeweilige Stellung bei laufender Maschine gut erkennen kann.

Obwohl die Methode mit dem Zigarettenpapier auch bei Zweitaktern anwendbar ist, brauchen moderne Motoren doch eine etwas genauere Zündeinstellung, wenn sie ihre Spitzenleistung erreichen sollen. An Zweitaktmotoren ist die Einstellung im allgemeinen in der Weise festgelegt, daß der Kolben im Öffnungszeitpunkt des Unterbrechers einen bestimmten Abstand zum oberen Totpunkt (OT) haben muß. Bei der Suzuki GT 250 beispielsweise ist ein Abstand von 2,03 mm vor OT vorgeschrieben; eine solche Messung kann man allerdings nur mit einer Meßuhr vornehmen. Man schraubt sie in das Kerzenloch ein, dreht langsam den Motor, und wenn der Kolben den oberen Totpunkt erreicht hat, stellt man die Skala der Meßuhr auf Null.

Suzuki empfiehlt einen Summer für die Anzeige des Unterbrecher-Öffnungszeitpunktes. Wenn man den Summer zwischen der Schließfeder des Unterbrechers und Masse anschließt, erzeugt er mit eingeschalteter Zündung einen beständigen Summton. Sobald die Kontakte sich zu öffnen beginnen, ändert sich dieser Ton.

Angenommen, man will die Zündung an einer Suzuki-Mehrzylindermaschine überprüfen. Man schaltet die Zündung ein, dreht den Motor in Betriebs-Drehrichtung, bis die Meßuhr das vorgeschriebene Abstandsmaß zwischen Kolben und OT anzeigt – und wenn man Glück hat, vernimmt man genau in diesem Moment die Änderung des Summtons.

Meßuhr zum Messen des Kolbenweges

Vergaser einstellen

An einer Zweizylindermaschine kann man die Vergaser einzeln einstellen, und zwar nachdem man jeweils die Zündkerze des anderen Zylinders herausgeschraubt hat; an einer Vierzylinder mit vier Vergasern ist das nicht mehr möglich – und schon gar nicht an einer Sechszylinder mit deren sechs.

Für die größeren ›Multis‹ braucht man ein Vakuum-Meßgerät (Synchron-Tester). Honda verwendet zur Vergasersynchronisation an seinen Vierzylindermodellen einen Satz von vier identischen Meßuhren. Jede von ihnen wird über einen Unterdruckschlauch mit der dafür vorgesehenen Anschlußbohrung am Ansaugrohr jedes Vergasers verbunden. Diese Meßanordnung ermöglicht die Justierung jedes einzelnen Vergasers bei laufender Maschine; sie wird an den Gemisch-Schrauben und an den Gasschieber-Anschlagschrauben vorgenommen, bis alle Vakuum-Meßwerte übereinstimmen.

Weichlöten

Wenn man einen Lötkolben hat, der zum Anwärmen in eine Flamme gehalten werden muß, ist es notwendig, die Spitze vor Beginn der Arbeit zu verzinnen, damit das Lötmaterial frei fließen kann. Man reinigt den Kupferkolben mit Glaspapier, bis die Oberfläche blank ist, heizt ihn in der Flamme auf, bis sie sich um das Kupfer herum grün färbt und sorgt in der Zwischenzeit dafür, daß man ein Stück Lötmaterial, präpariert mit Flußmittel, in Reichweite hat. Der Kolben wird noch weiter erhitzt, bis die Farbe der Flamme von grün in orange umschlägt. Nun ist es Zeit, den Kolben aus der Flamme zu nehmen und etwas von dem mit Flußmittel gefüllten Weichlot auf die Spitze zu bringen. Das Lot zerfließt frei auf der Kupferoberfläche und ergibt einen Zinnüberzug. Jetzt kann die Arbeit beginnen.

Die bevorzugten Zielobjekte für das Weichlöten sind vor allem Kabelverbinder – insbesondere Rundstecker und Kabelschuhe.

Man kann natürlich auch Kabel-Quetschverbinder verwenden, aber oft hat man die dazu notwendige Quetschzange nicht, und es gelingt meist nicht, die Quetschfahnen auf andere Art fest genug anzupressen; der elektrische Kontakt bleibt somit ungenügend. Will man einen Rundstecker anbringen, muß man das Kabelende vorher abisolieren und, wenn notwendig, noch mit einem Taschenmesser sauberkratzen. Man heizt, wie beschrieben, den Lötkolben an, bzw. schließt den elektrischen Lötkolben an der Steckdose an und bringt die Lötspitze, wenn sie heiß genug ist, mit dem Lötzinn und mit dem blanken Draht zusammen. Dafür braucht man tatsächlich drei Hände, deshalb hält man das Kabel in einem Schraubstock, einer Gripzange, oder, wenn es gar nicht anders geht, in einer Wäscheklammer fest, bevor man ans Werk geht. Wenn man alles richtig gemacht hat, schmilzt das Lötzinn auf dem Kolben und dringt zwischen die Adern des Kabels ein. Wenn das passiert ist, nimmt man die Lötspitze weg, damit die Hitze nicht die Isolierung abschmilzt. Im nächsten Schritt steckt man das verzinnte Kabelende so weit in den Kabelverbinder hinein, bis es durch das Loch am Ende etwas herausschaut. Man heizt den Kolben wieder auf, bringt einen Tropfen Lötzinn auf die Spitze und taucht das Ende des Kabelverbinders in das geschmolzene Lot. Durch die Kapillarwirkung wird das Zinn ins Innere gezogen und erzeugt eine innige Verbindung zwischen Draht und Kabelverbinder.

Für Feinarbeiten benutzt man einen elektrischen Lötkolben und einen Lötdraht mit Harzfüllung.

Hartlöten

Hartlöten ist für Kleinteile geeignet. Um allzu schnelles Auskühlen der Werkstücke zu verhindern, baut man sich am besten einen kleinen Arbeitsplatz aus alten Schamottesteinen, wie es in Kapitel 2 beschrieben wurde. Ebenso wie beim Weichlöten braucht man bei diesem Verfahren ein Flußmittel, um Oxidbildung auf dem erhitzten Metall zu verhindern, und um die Fließfähigkeit des Füllmaterials – hier üblicherweise ein Stab Messinglot – zu verbessern, damit es leichter in den Verbindungsspalt zwischen den zu lötenden Teilen eindringen kann. Als Flußmittel für Hartlot wird gewöhnlich Borax verwendet, das entweder in Pulverform oder als Paste gemischt erhältlich ist.

Soviel zum benötigten Material. Als erstes macht man die zu verbindenden Lötstellen sauber und metallisch blank und versieht sie mit etwas Flußmittel. Es ist hilfreich, die Teile mit einem Stück weichem Draht zusammenzubinden – er ist biegsam und leitet nicht zuviel Hitze ab. Man entzündet nun die Flamme und erwärmt die Verbindungsstelle. Sobald sie rotglühend ist, hält man den Lötdraht mit seinem Ende kurz in die Flamme und taucht ihn in das Flußmittel. Nun hält man das Lötmaterial wieder in die Flamme, bis es schmilzt und in die Verbindungsfuge eindringt. Bevor man anfängt, überstehendes Messinglot und Flußmittel von dem zusammengelöteten Werkstück abzuschleifen, läßt man das Werkstück erst einmal abkühlen.

Schweißen

Theoretisch betrachtet, ist unter Schweißen das Verbinden zweier gleichartiger Metalle zu verstehen, die bis zum Schmelzpunkt erhitzt wurden; gewöhnlich wird zusätzlich Metall in Form eines Stabes zugeführt, um den Verbindungsspalt auszufüllen. Es würde den Rahmen dieses Buches überschreiten, einen kompletten Schweißkurs zu liefern; dennoch lohnt es sich, einen Blick auf die preiswerten Alternativen zu einer professionellen Sauerstoff-Azetylen- Schweißausrüstung zu werfen. Am günstigsten sind batteriebetriebene Schweißgeräte, von denen es zwei Haupttypen gibt: solche mit Kohle-Kontakt-Elektrode und Lichtbogenschweißgeräte.

Das Gerät mit Kohleelektrode besitzt eine Schweißzange, in der der Kohlstab eingeklemmt wird und an deren unterem Ende (Handgriff) ein Starkstromkabel angeschlossen ist. Dieses Kabel ist mit einem Pol einer 12-V-Batterie (vorzugsweise eine Autobatterie) verbunden, während das Anschlußkabel des anderen Batteriepols direkt am Werkstück, das geschweißt werden soll, angeklemmt ist. Wenn man am Fahrzeug selbst schweißen will, muß die Lichtmaschine vorher abgeklemmt werden, damit die Dioden keinen Schaden nehmen können.

Beim Schweißen mit diesem Gerät wird das Werkstück mit der Kohleelektrode unmittelbar berührt. Damit wird der Stromkreis geschlossen und das Metall erhitzt sich an der Kontaktstelle weißglühend; sobald die beiden Metallteile die entsprechende Temperatur erreicht haben, beginnen sie, sich zu verbinden und man kann mit dem Schweißdraht zusätzlichen Werkstoff zuführen. Dabei zieht man die Elektrodenspitze in kleinen kreisförmigen Bewegungen an der Nahtstelle entlang.

Obwohl Schweißen auf diese Art möglich ist, wird einer 12-V-Batterie bis zum Erreichen der Schmelztemperatur des Metalls so viel Strom entzogen, daß man das Kohle-Schweißgerät besser nur zum Hartlöten benutzt, weil dafür nicht so hohe Temperaturen erforderlich sind. Mit solchen Schweißgeräten werden gefärbte Schutzbrillen mitgeliefert, die man beim Schweißen und Hartlöten unbedingt tragen sollte.

Ein Lichtbogenschweißgerät benötigt für alles, was über den kleinsten Elektrodendurchmesser und die dünnste Materialstärke hinausgeht, mehr als 12 V; also schaltet man zwei Autobatterien in Reihe und erhält 24 V. Ebenso wie ein Schweißgerät für Netzanschluß verwendet ein solches Batterie-Gerät Elektroden mit Flußmittelumhüllung, die in einer Schweißzange gehalten werden. Der elektrische Aufbau ist prinzipiell der gleiche wie beim Schweißen mit Kohleelektrode, mit einer zusätzlichen Batterie. Allerdings entsteht beim Berühren des Werkstücks mit der Elektrode ein Lichtbogen, der beides zum Schmelzen bringt und dabei den Zusatzwerkstoff der Schweißelektrode auf der Schweißstelle aufträgt. Dabei muß zum Schutz der Augen gegen Strahlung ein Schweißschirm benutzt werden.

Klebstoffe

Man sollte meinen, daß es an Durchschnittsmotorrädern eigentlich nicht viel zu kleben gibt, aber in diese Kategorie gehören auch alle Stoffe zum Verbinden, Sichern und Abdichten von Metallteilen, wie z. B. Gewinde, Wälzlager und Gehäusefugen (z. B. ›Loctite‹). Dazu zählen auch flüssige Dichtungsmaterialien auf Silikonbasis, die u. a. beispielsweise bei der Montage der Kurbelgehäusehälften von Zweitaktmotoren Verwendung finden. Man muß nur darauf achten, daß solche Flüssigdichtungen benzinfest und temperaturbeständig sind.

Glasfiber

Glasfiber wird zur Herstellung von Motorradkoffern, Gepäckboxen, Verkleidungen etc. verwendet. Es ist ein überaus praktischer Werkstoff, aber harte Schläge verträgt er schlecht. Wenn man im Falle eines Bruchs alle abgesplitterten Teile wiederfinden kann, besteht eine Chance, die Reparatur so gut hinzukriegen, daß später fast nichts mehr zu sehen ist – weil die Bruchstücke sehr formstabil sind (obwohl Oberflächenkratzer schlecht zu beseitigen sind). Alles, was man braucht, ist ein Reparatursatz mit Glasfiber und Kunstharz – wie er im Zubehörhandel zum Flicken von Roststellen am Auto erhältlich ist – und etwas Füllspachtelmasse.

Zuerst setzt man die Splitter an der

Bei Reparaturarbeiten mit Glasfiber achtet man darauf, daß die Glasmatten gut mit Harz durchtränkt werden.

Bruchstelle (Außenseite) wieder originalgetreu zusammen und fixiert sie mit einem Stück Klebeband. Nun mischt man das Harz mit dem Härter nach der Gebrauchsanweisung und nimmt einen Pinsel, um die in Streifen geschnittenen Glasfasermatten auf der Rückseite jeder einzelnen Rißstelle tupfenweise anzudrücken. Dabei verwendet man reichlich Harz und legt die Glasmatten in mindestens zwei Schichten auf.

Nach dem Aushärten des Harzes – eine gewisse Festigkeit ist bereits nach 2o min (20° C Bezugstemperatur) erreicht – zieht man das Klebeband ab, rührt die Spachtelmasse an und schmiert sie in die offenen Fugen. Sobald sie abgebunden hat, glättet man sie mit einer groben Feile oder Raspel. Die gespachtelten Stellen werden nun etappenweise mit zunehmend feinerem Schleifpapier, das angefeuchtet wird, heruntergeschliffen. Man beginnt mit ca. 120er Körnung und nimmt zum Schluß 400er Papier. Nach dem Trocknen der Oberfläche trägt man eine dünne Schicht Füller auf, um die Poren zu schließen, schleift dann noch einmal mit 400er Schleifpapier – angefeuchtet mit Seifenwasser – nach, und die reparierte Stelle ist fertig zum Grundieren und Lackieren.

Routinemäßige Wartungsarbeiten

Zu den wichtigsten Werkzeugen bei der Instandhaltung eines Motorrades gehören ein Eimer, eine rauhe Bürste und ein paar Putzlappen. Viele erfahrene Motorradfahrer – darunter auch die Polizisten des Motorradstreifendienstes – betrachten die wöchentliche Routinereinigung als Schlüssel zur ständigen Straßentauglichkeit der Maschine.

Gründliche Reinigung bedeutet, daß es – was das Äußere der Maschine angeht – kein Teil gibt, das nicht regelmäßig angefaßt oder überprüft würde. Es ist eine erstklassig sichere Methode, Störungen schon im Frühstadium zu erkennen.

Eine Kopf-bis-Fuß-Reinigung mit Wasserschlauch und Politur ist zwar nicht lebensnotwendig, aber sie garantiert den empfindlichen Chrom- und Lackflächen (wahrscheinlich an jedem Motorrad die unzuverlässigsten Teile) eine um so längere Lebensdauer.

Eine Bürste mit rauhen Borsten, mit der man Fettlöser in alle Ecken und Ritzen an Gabel, Motor und Hinterradaufhängung hineinreibt, bringt die beste Reinigungswirkung. Man läßt die Flüssigkeit zuerst in den Schmutz eindringen und spritzt dann mit dem Wasserschlauch erst einmal die gröbsten Ablagerungen ab. Wenn dies getan ist, besteht der Rest aus Handarbeit; man nimmt nasse Putzlappen und reichlich Wasser mit einem Schuß Auto-Shampoo als Lösungsmittel.

Vorderrad-Reifen

Den Vorderradreifen überprüft man beim Abwischen auf schadhafte Stellen. Man untersucht ihn genau auf Schnitte oder Blasenbildung in der Seitenwand (seitliche Verletzungen sind *äußerst* gefährlich; ein Reifen in diesem Zustand muß weggeworfen werden) und Steine in den Profilrillen. Bevor sie ins Gummi eindringen, holt man sie heraus. Auch auf der Lauffläche achtet man auf jede Verletzung und mißt den Verschleiß nach. Wenn der Reifen auf 2 mm Profiltiefe heruntergefahren ist, sollte er gewechselt werden. Dort, wo der Reifenwulst an der Felge anliegt, könnten sich verräterische Rostspuren zeigen, hervorgerufen durch Korrosion des Stahlseils im Reifenwulst – bei dieser Gelegenheit kontrolliert man rundherum die Kennlinie des Reifens. Sie muß über den gesamten Umfang konzentrisch und im gleichen Abstand zur Felge verlaufen. Ist dies nicht der Fall, läßt man die Luft ab und korrigiert den Fehler.

Nun prüft man das Ventil; man nimmt die Kappe ab und bringt ein bißchen Seifenwasser auf die Öffnung.

Es sollte als glatter Film stehenbleiben; wenn sich eine Blase bildet, ist das Ventil undicht. Häufig ist nur etwas Dreck auf der Dichtfläche, manchmal ist auch der Ventileinsatz nicht mehr in Ordnung. Durch Eindrücken des Stiftes läßt man etwas Luft ab und wiederholt den Test. Der Luftdruck reicht aus, um lose Schmutzpartikel auszublasen. Wenn immer noch Blasenbildung auftritt, montiert man eben einen neuen Ventileinsatz. Zum Herausdrehen des Einsatzes haben manche Luftdruckmesser einen genuteten Ansatz (auch bei den meisten Ventilkappen ist dies der Fall). Nach dem Einschrauben des neuen Einsatzes bringt man den Reifen wieder auf den vorgeschriebenen Luftdruck.

Falls das Ventil in Ordnung ist, genügt die normale Luftdruckkontrolle; anschließend setzt man die Ventilkappe wieder auf. Man sollte sich nicht verleiten lassen, die scheinbar unwichtige Kappe wegzulassen; sie kann lebenswichtig sein. Bei einem Ausfall des Ventils verhindert sie das schlagartige Entweichen der Luft aus dem Reifen. Deshalb ist die Kappe grundsätzlich unerläßlich; auch die Dichtung im Innern sollte in Ordnung sein.

Als nächsten Punkt überprüfe man, ob die Felgenmutter fest angezogen ist. Eine lose Felgenmutter kann dazu führen, daß das Ventil schief sitzt. Sobald der Schlauch irgendeine Möglichkeit hat, im Reifen zu wandern, kann das Ventil abreißen – der Reifen ist ohne Vorwarnung schlagartig platt.

Es ist zu hoffen, daß noch andere Hersteller dem Beispiel von Honda folgen – vorgeführt an zwei ausgezeichneten Maschinen, der CBX und der CX 500 Twin – und zum Einbau schlauchloser Reifen übergehen. Bis dahin sind nur die Honda-Fahrer angesprochen, was die nach wie vor wichtige Kontrolle des Ventils angeht: auch die Schlauchlosventile müssen korrekt in der Felge sitzen. Sie rasten in ihrem Sitz ein und werden durch den Reifendruck festgehalten. Durch irgendeine unvorhergesehene Fremdeinwirkung kann das Ventil jedoch einmal verrutschen, was dann ständigen Druckverlust zur Folge haben kann.

Ein schadhafter Ventileinsatz wird ausgetauscht.

Vorderrad

Den glücklichen Zeitgenossen, die Comstar- oder Gußräder an ihren Maschinen haben, bleibt eine der mühsamsten Arbeiten erspart: die Reini-

Der Klang der Speichen verrät die Spannung.

Nachziehen der Speichen

gung der vielen Speichen und all der unzugänglichen Ecken drumherum. Die Zeit, die man daran verbringt, kann man jedoch sehr sinnvoll nutzen, indem man jede Speiche auf ihren Zustand und ihre Spannung hin kontrolliert. Am besten, man drückt die Speichen paarweise, neben der Stelle, wo sie sich kreuzen, gegeneinander. Dabei sollte ein federnder Widerstand spürbar sein, aber richtig nachgeben dürfen sie nicht. Eine Speiche, die sich bewegt, muß nachgezogen werden, bevor das Rad eine Acht bekommt. Bis zu einer Umdrehung des Nippels müßte möglich sein ohne die Gefahr, daß die Speiche auf der Innenseite den Schlauch verletzt. Doch ist es gewiß kein Fehler, den Reifen von der Felge zu nehmen und sich zu vergewissern, daß wirklich keine Speiche das Felgenband durchstoßen hat und vorsteht. Auf diese Weise kann jede Speiche, so viel wie jeweils notwendig, nachgezogen werden; alles, was übersteht, wird anschließend mit Bohrmaschine und Schleifstein abgeschliffen.

Falls man ein musikalisches Gehör hat, kann man die Speichen durch Anschlagen mit dem Schraubenschlüssel prüfen. Eine korrekt angezogene Speiche klingt, während eine lockere nur einen dumpfen Ton zustandebringt.

Die Radlager überprüft man bei hochgebocktem Vorderrad; man faßt es oben und unten und drückt es quer zur Fahrtrichtung hin und her. Es darf keinerlei spürbares Spiel haben. Wackelt es dennoch, wird sich diese Bewegung beim Kurvenfahren umso deutlicher bemerkbar machen.

Falls Spiel auftritt, muß man die Ursache ermitteln. Es kann an einer lockeren Steckachsmutter oder auch an ausgelaufenen Radlagern liegen. Eine genaue Untersuchung schafft Klarheit: bleibt die Steckachse fest, während das Rad wackelt, liegt der Fehler bei den Radlagern.

Lenkkopf

Wenn nun schon das Vorderrad hochgebockt ist, überprüft man auch gleich die Einstellung der Lenkkopflager. Zunächst bringt man die Gabel auf Mittelstellung (geradeaus) und tippt das Lenkerende mit dem Finger an. Sie sollte sich nur durch ihr Eigengewicht bis zum seitlichen Anschlag bewegen. Man führt das Gleiche nun auf der anderen Seite durch. In gewisser Weise ist dieser Test Erfahrungssache; die Leichtgängigkeit der Bewegung kann beispielsweise durch einen steifen Kabelstrang beeinträchtigt sein. Beidseitige Schwergängigkeit weist jedoch auf zu fest angezogene Lager hin.

Im entgegengesetzten Fall – bei zu lockeren Lagern – prüft man das Spiel, indem man einen Finger auf den Spalt zwischen Lenkrohr und oberem Lager legt und dann die Gabel in Fahrtrichtung hin und her bewegt. Dabei darf kein fühlbares Spiel auftreten.

Abhilfe erfolgt in beiden Fällen durch Nachjustieren des oberen, einstellbaren Lagers. Die richtige Einstellung zu erwischen ist bei einigen Motorrädern schwierig, bei anderen dagegen einfach. Im allgemeinen wird durch Zusammenziehen der beiden Lagerringe mittels Einstellmutter das Spiel reduziert, durch Öffnen der Mutter das Spiel vergrößert. An einigen Maschinen kann die Einstellmutter einfach auf und zu gedreht werden, sobald die zugehörige Kontermutter gelöst wurde.

Einstellen der Lenkkopflager ist bei den meisten Maschinen einfach

Bei anderen wiederum muß ein Lagerdeckel oder eine Blende entfernt werden, bevor man mit dem Schraubenschlüssel an die Einstellmutter gelangen kann. Zum Einstellen und Kontern können entweder zwei Sechskantmuttern, eine Nutmutter und eine Sechskantmutter, oder zwei Nutmuttern vorgesehen sein. Für Nutmuttern braucht man einen Hakenschlüssel, aber nicht in jedem Bordwerkzeug ist er enthalten. Wenn der passende Schlüssel fehlt, kann man die Mutter jedoch mit einem Weichmetall-Treibdorn und einem Hammer mit vorsichtigen Schlägen öffnen. Bei diesen Einstellarbeiten muß man sehr sorgfältig vorgehen. Man sollte die Angaben des Handbuchs buchstabengetreu befolgen, um sicherzugehen, daß das Lager nicht zu fest angezogen ist.

Gabelgleitrohre

Immer noch bei abgehobenem Vorderrad untersucht man, ob die Gabelgleitrohre (oder auch -tauchrohre) gegenüber den Standrohren Spiel haben. Man packt die Radachse auf jeder Seite und bewegt sie ruckweise in beiden Richtungen. Dabei darf keinerlei fühlbares Spiel auftreten.

Falls die Gabelholme am unteren Ende wackeln, sind entweder die Laufbuchsen ausgeschlagen und reif zur Überholung, oder die Standrohre selbst sitzen locker in den Gabelbrücken. Man überzeugt sich also vom festen Sitz der Klemmfäuste in der oberen und unteren Gabelbrücke. Falls die Schrauben das korrekte Anzugsmoment haben – oder beim Test mit dem passenden Schlüssel zumindest handfest sitzen –, ist das Spiel höchstwahrscheinlich auf oval ausgeschlagene Laufbuchsen zurückzuführen.

Vorderradbremse

Man werfe einen Blick auf die Vorderradbremse; falls es eine Scheibenbremse ist, kontrolliert man erst einmal den Verschleiß der Bremsklötze. An den meisten Bremsklötzen ist die Verschleißgrenze durch rote Warnstreifen markiert; falls sie die Bremsscheibe fast erreicht haben, ist es Zeit zum Austausch. Falls keine Streifen da sind – oder, schlimmer, nicht mehr zu er-

Der Verschleiß der Bremsklötze wird mit der Schieblehre nachgemessen.

kennen sind –, muß die verbleibende Belagstärke auf den Bremsklötzen gemessen werden. Das zulässige Minimum liegt bei 1,5 mm.

Man überprüfe die Bremsschläuche: sie sollten dicht und rundum ohne feuchte Spuren sein – Feuchtigkeit deutet auf Leckstellen hin. Auch die Bremsleitungen selbst kontrolliert man auf Bruch- und Scheuerstellen. Bei Schwimmsattelbremsen ist es wichtig, daß die Bremssättel frei beweglich sind. An Trommelbremsen kann man den Abrieb der Bremsbacken von außen an der Stellung der Radbremshebel ablesen, wenn die Bremse gezogen wird. Der Radbremshebel sollte mit dem Bremsseil einen Winkel kleiner als 90° bilden. Man schaue sich auch das freiliegende Stück des Bremsseils an; es darf keine Roststellen und keine gerissenen Adern aufweisen. Wenn erst einmal eine Ader reißt, folgt der Rest bald nach; also erneuert man jeden beschädigten Seilzug unverzüglich.

Vorderradschutzblech

Die Unterseite des Schutzblechs sollte frei von irgendwelchen Dreckablagerungen sein, damit nichts am Rad schleift. Man sollte diese Gefahrenstelle insbesondere dann im Auge behalten, wenn man auf unbefestigten Straßen gefahren ist. Auch die Schutzblechhalterungen sollten ohne Rißspuren und ihre Befestigungsschrauben richtig angezogen sein.

Ohne Scheinwerfer-Einstellgerät kann man den Scheinwerfer nur ungefähr einstellen.

Hauptscheinwerfer

Eine exakte Scheinwerferkontrolle kann nur mit einem Einstellgerät durchgeführt werden. Hier genügt jedoch ein Test nach Augenmaß, ob der Lichtstrahl in der Senkrechten oder der Waagerechten wesentlich abweicht. Auch die Befestigung des Scheinwerfers sollte man sich ansehen. Man achte darauf, daß der Kabelbaum nirgends eingeklemmt ist, und daß er an der Stelle, wo er ins Scheinwerfergehäuse eintritt, nicht scheuert. Man untersucht, ob die Streuscheibe beschädigt ist, und schaut sich auch gleich den Reflektor dahinter an; wenn er Zeichen beginnender Erblindung zeigt, ist es Zeit, ihn gegen einen neuen auszutauschen. Nur ein kristallklar spiegeln-

darf kein seitliches Spiel auftreten. Falls sich die Schwinge seitlich bewegen läßt, sind die Schwingenlager abgenutzt; sie sollten zur Überprüfung ausgebaut und gegebenenfalls erneuert werden. Sollte nur leichtes Spiel auftreten, schaut man nach, ob die Achsspindel richtig festgezogen ist.

Hilfsrahmen

Bei verschraubten Hilfsrahmen sind ebenfalls alle Befestigungspunkte daraufhin zu prüfen, daß Schrauben und Muttern richtig angezogen sind. Man begutachtet die Sitzbankbefestigung, die Ausleger für die Soziusfußrasten, den Hauptbremszylinder der Hinterradbremse, den Bremslichtschalter und alle übrigen am Hilfsrahmen verschraubten Teile.

Hinterradfederung

Es ist wichtig, daß beide Federbeine auf die gleiche Vorspannungsstufe eingestellt sind. Man kontrolliere, ob die oberen und unteren Befestigungsschrauben gut angezogen sind, und daß die Gummihülsen in den Stoßdämpferaugen noch in Ordnung sind.

Hinterradreifen

Hier führt man alle Kontrollen durch, die bereits für den Vorderradreifen beschrieben wurden.

Kontrolle der Federn auf sicheren Sitz.

Hinterrad und Kette

Am Hinterrad führt man die gleichen Untersuchungen aus wie am Vorderrad. Bei kettengetriebenen Motorrädern bedarf es der Überprüfung von Kette und Kettenrädern. Kontrolle der Kettenspannung: in der Mitte des unteren Kettentrums soll im Durchschnitt maximal 20 mm Spiel vorhanden sein; dabei soll sich die Kette in ihrer straffsten Stellung befinden. Diese Stellung läßt sich finden, wenn man das Hinterrad einige Male um 90° dreht. Falls das Spiel nicht in dieser Lage eingestellt wird, ist die Kette zu straff gespannt. Es empfiehlt sich, eine schriftliche Notiz zu machen, daß neue Zahnkränze und eine neue Kette benötigt werden, bevor der nächste Wartungszeitraum abläuft.

Grundsätzlich sollte die Einstellung

20 mm ist ungefähr der durchschnittlich zulässige Bewegungsspielraum an Hinterradketten.

Die korrekte Spureinstellung beider Räder ist von wesentlicher Bedeutung; Einstellschrauben sind auf jeder Seite vorgesehen.

nach den Angaben im Handbuch des jeweiligen Modells vorgenommen werden. Falls die Spannung mit Hilfe von Zugschrauben eingestellt wird, muß man zuvor sicher sein, daß beide Räder fluchten. Dann wird am Sechskant der Einstellschrauben jeweils eine Fläche mit einer Markierung versehen. Man sucht sich am besten eine Schlüsselfläche, die nach oben oder zur Seite zeigt und merkt sich ihre Lage. Man öffnet die Achsmutter und dreht die Einstellschrauben auf jeder Seite immer um eine Fläche (60°) weiter, bis das korrekte Spiel erreicht ist. Die Achsmutter wird wieder angezogen und die Spannung der Kette erneut geprüft. Zum Schluß überprüft man, ob Vorder- und Hinterrad genau fluchten: dazu legt man eine lange, gerade abgerichtete Latte an den Rädern an. Wenn beide Räder so im Rahmen stehen, daß sie genau auf der gleichen (gedachten) Linie laufen, muß die Latte beide Felgen an zwei Punkten berühren. Falls sie nur am vorderen Berührungspunkt des Hinterrades anliegt, ist die linke Einstellschraube zu sehr angezogen; liegt sie nur am hinteren an, die rechte (Latte auf der linken Fahrzeugseite angelegt). Man öffnet nochmals die Achsmutter und dreht die betreffende Einstellschraube um eine Fläche heraus. Falls sich dadurch die Kette lockert, zieht man die gegenüberliegende Seite um den gleichen Betrag an. Indem man die Einstellungen auf beiden Seiten aufeinander abstimmt – jedesmal um den gleichen Betrag –, sollten sich die richtige Kettenspannung und die exakte Spur schließlich finden lassen.

Schlußleuchte und hintere Blinker

Hier gilt das gleiche, was vorher für den Hauptscheinwerfer und die vorderen Blinker gesagt wurde. In der Regel sollte die Schlußleuchte flexibel montiert sein; man überzeugt sich also noch vom guten Zustand der betreffenden Gummielemente.

Allgemeines

Nachdem man den entsprechenden Seitendeckel abgenommen hat, kann man den Säurestand der Batterie kontrollieren. Man vergewissert sich, daß alle Batterieanschlüsse sauber und fest sind, und daß der Entlüftungsschlauch offen ist. Letzterer ist häufig durch Straßenschmutz verstopft oder zwischen Rahmenteilen geknickt. Man achte darauf, daß alle Sicherungen in Ordnung sind, und daß ihre Zuleitungen nicht geknickt oder verschlungen sind. Man untersucht Tachometer- und Drehzahlmesserwellen. Die Außenseite muß einwandfrei sein, d. h., die wasserundurchlässige äußere Ummantelung muß, sofern sie irgendwie angekratzt ist, mit PVC-Klebeband repariert werden. Außerdem muß die Welle zwischen ihrem Antrieb am Motor oder dem entsprechenden Schneckentrieb am Vorder- oder Hinterrad und ihrem Anschluß am Anzeigeinstrument in einem möglichst sanften Bogen verlegt sein.

Der Entlüftungsschlauch der Batterie kann verstopft sein.

Auch die Anschlüsse an den Instrumenten sollte man überprüfen. Falls die Wellen geschmiert werden sollen, dreht man die Anschlüsse auf, nimmt das Kupplungsstück aus dem Instrumentengehäuse und zieht dann die gesamte Antriebswelle aus der Hülle heraus, welche an Ort und Stelle belassen wird.

Die flexiblen Antriebswellen dürfen *nur* mit Fett geschmiert werden. Wenn man Öl verwendet, wirkt die Welle wie eine Pumpe und drückt es nach oben ins Instrument hinein, wo es irreparable mechanische Schäden verursachen kann. Im günstigsten Fall können die Instrumente dann vielleicht noch von einem Fachmann gereinigt und instandgesetzt werden.

Schraubensicherungen

Die Routineinspektion und -wartung sollte nicht ohne die besonders sorgfältige Kontrolle aller Schrauben- und

Wie an diesem Hinterrad sind Befestigungsteile häufig mit Federsplint gesichert.

Mutternsicherungen abgeschlossen werden; man schaut also nach, ob überall, wo solche Sicherungen vorgesehen sind, auch tatsächlich welche montiert sind.

Am gebräuchlichsten sind Federsplinte oder normale Splinte, die an der vorderen und hinteren Steckachse durchgesteckt sind. Federsplinte können wiederverwendet werden, jedoch sollten normale Splinte nach einmaliger Verwendung weggeworfen werden. Da sie vor dem Herausziehen zusammengebogen werden müssen, werden sie erheblich geschwächt und können unterwegs brechen.

Wartung nach Kilometer-Intervallen

Die häufigsten Arbeiten dieser Kategorie sind Ölwechsel und Kontrolle des Ventilspiels an Viertaktern, Kontrolle der Zündkerzen und Unterbrecherkontakte an Zwei- und Viertaktern, und die regelmäßige Inspektion der Hydraulik sowohl an der Bremsanlage als auch eventuell an der Vordergabel. Alle anderen Arbeiten sollten unter der laufenden Wartung erfaßt sein und im Rahmen der wöchentlichen Kontrollen durchgeführt werden.

Ölwechsel

Man merke sich als Grundregel: je geringer der Ölinhalt eines Motors, desto häufiger muß das Öl gewechselt werden, sofern sich der innere Verschleiß noch in vernünftigen Grenzen halten soll. Dennoch ist dies keine starre Regel. Großvolumige, hochbelastete, luftgekühlte Motoren wie z. B. die Aggregate der Kawasaki 1000 oder der Suzuki GS 750, werden zwar mit einigermaßen großen Ölfüllmengen ausgestattet, benötigen aber dennoch Ölwechselintervalle von 3500/5000 km. Damit unterscheiden sie sich nicht wesentlich von Motorrädern mit kleinerem Ölinhalt, wie beispielsweise der CB 400F und der CB 100N von Honda, deren Ölwechselintervalle bei ca. 2500 km liegen. Die wassergekühlte CX 500 dagegen kann zwischen zwei Ölwechseln bis zu 12 000 km laufen. Um sicher zu sein, daß man seinem Motor immer frisches Öl gibt, sobald er es braucht – nicht zu früh, aber auch keinesfalls zu spät –, hält man sich prinzipiell an das Handbuch seiner Maschine.

Man macht den Ölwechsel am besten, nachdem man die Maschine zuvor einige Kilometer warmgefahren hat. Auf diese Weise fließt es leichter, und die Ölbohrungen im Motor werden besser entleert. Je schneller das Öl nach dem Herausdrehen der Ablaßschraube herausläuft, desto besser ist seine Spülwirkung. So werden Schlamm und Schmutz mitgenommen und können nicht im Ölsumpf zurückbleiben.

Man sollte einen alten, längs-halbierten Fünfliter-Ölkanister bereithalten. Damit hat man einen ausgezeichneten Ölauffangbehälter. Jetzt wird man einen neuen Filtereinsatz brauchen, es sei denn, man hat einen Motor mit Zentrifugal-Abscheider. Für Honda Motorräder braucht man auf jeden Fall einen genau passenden Ring- oder Steckschlüssel, um die Halteschraube des Filtergehäuses öffnen zu können. Damit das Innengewinde im Kurbelgehäuse auf keinen Fall bei der Montage verdorben werden kann, hat diese Schraube wohlweislich einen ziemlich kleinen Sechskant. Das bedeutet auch, daß der Schlüssel auf dem Sechskantkopf ganz satt aufliegen muß, wenn er voll wirksam sein soll. Ein Gabelschlüssel ist hier *nicht* angebracht.

Der neue Ölfiltereinsatz sollte komplett, mit sämtlichen Dichtungen, vorhanden sein; davon überzeugt man sich, *bevor* man den alten Filter ausbaut.

Man stellt die Maschine auf den Mitelständer, nimmt die Öleinfüllschraube ab, damit im Gehäuse kein Unterdruck entstehen kann, und dreht die Ablaßschraube auf. Kurz vor dem Herausfallen drückt man die Schraube nach oben in die Bohrung, damit man sie anschließend, sobald sie frei ist, schnell seitlich wegziehen kann. Das herauslaufende Öl ist recht heiß – also nimmt man besser die Hände weg.

Man läßt das Öl vollends auslaufen und hilft zum Schluß etwas nach, indem man den Motor mit dem Kickstarter einige Male durchdreht. Dann wischt man die Ablaßschraube sauber – falls sie magnetisch ist, hat sich wahrscheinlich ein Bündel feiner Metallpartikel darauf angesammelt; Metall*splitter* sollten jedoch *nicht* zu sehen sein – und schraubt sie wieder ein. Das Beilegen eines neuen Dichtungsrings ist zwar nicht entscheidend, sorgt aber für einen öldichten Sitz.

Nun schiebt man den Auffangbehälter unter das Filtergehäuse. Bei einigen Motorrädern ist das Filtergehäuse direkt im Ölsumpf untergebracht. Bei den Moto Guzzis sitzt es in der Ölwanne selbst; die ringsum angeordneten Schrauben müssen geöffnet und die Ölwanne abgenommen werden. Häufiger jedoch ist es von außen mit dem Kurbelgehäuse verschraubt.

Man öffnet die Ölfilterschraube und zieht sie mitsamt dem Gehäuse und dem Filtereinsatz ab. Man läßt alles Öl aus dem Gehäuse ablaufen und wirft den alten Filter weg.

Bei manchen Maschinen sitzt das Ölfiltergehäuse auf der Unterseite der Ölwanne.

Beim Austausch des Filters sollten neue Dichtungen eingesetzt werden.

Man kann nun, wenn man es 100% genau wissen will, das Öl analysieren, um festzustellen, ob irgendein Motorbestandteil defekt oder verschlissen ist. Man leuchtet mit einerTaschenlampe schräg auf das Öl; damit kann man die silbrigen Partikel erkennen, die von den Kolben stammen, und die goldfarbenen, die von Lagerschalen und Buchsen herrühren. Mit einem Magneten läßt sich testen, ob es Nichteisen-Bestandteile (Aluminium oder Buntmetalle wie etwa Phosphor-Bronze) oder Eisenmetalle sind (Abrieb von rotierenden oder gleitenden Teilen).

Im allgemeinen besteht jedoch kein Anlaß zur Sorge, bevor man nicht größere metallische Rückstände im Öl feststellt. Der ausgebrochene Zahn eines Zahnrades oder ein Stück von einer Lagerschale weisen auf einen ernsten Defekt im Motor hin, der dann unverzüglich zerlegt werden *muß*. Bei solchen Sachen darf man sich auf absolut nichts einlassen. Plötzlich und ohne Vorwarnung kann ein Schaden auftreten; und falls etwa das Getriebe statt des Motors blockiert, gibt es keine Möglichkeit mehr, das Hinterrad freizugeben.

Die Schraube des Ölfilters wird mit einer neuen Dichtung und das Gehäuse, falls erforderlich, mit einem neuen O-Ring versehen, das neue Filterelement eingesetzt und das Ganze wieder am Kurbelgehäuse angebracht. Beim Anziehen der Schraube richtet man sich nach dem vorgeschriebenen Anzugsmoment. Jetzt füllt man das Öl bis zum oberen Strich des Meßstabes ein, schließt die Einfüllöffnung und läßt den Motor einige Minuten laufen. Der Meßstab wird nun wieder herausgezogen, abgewischt und der Ölstand erneut kontrolliert. Man wird wahrscheinlich feststellen, daß er gefallen ist, weil ja etwas Öl in die Versorgungsbohrungen und in das Filtergehäuse eingedrungen ist. Man füllt nochmals bis zur oberen Markierung nach und die Arbeit ist für die nächsten paar tausend Kilometer erledigt.

Ist an der Maschine ein Schauglas an Stelle eines Peilstabs angebracht, verfährt man in entsprechender Weise.

Einstellen des Ventilspiels

Diese Arbeit kann auf zwei verschiedene Arten erfolgen: entweder auf die bekannte Weise per Einstellschrauben, mit denen die Stößelstangen oder die Kipphebel-Endstücke in ihrer effektiven Länge verändert werden können, oder aber mit Hilfe von Tassenstößeln, in die Ventilplättchen von unterschiedlicher Dicke (›Shims‹) eingelegt werden, und die manchmal ein bißchen ›höhere Mathematik‹ erfordern.

Als erstes gilt es, zu beachten, ob sich die vom Hersteller vorgeschriebenen Werte auf den kalten oder auf den betriebswarmen Motor beziehen. Gewöhnlich wird an Leichtmetallmotoren die Einstellung bei kalter Maschine vorgenommen, was bedeutet, daß sie während der letzten zwölf Stunden nicht gelaufen sein sollte.

Die meisten Hersteller heutzutage erleichtern diese Arbeit dadurch, daß sie genaue OT-Markierungen in den

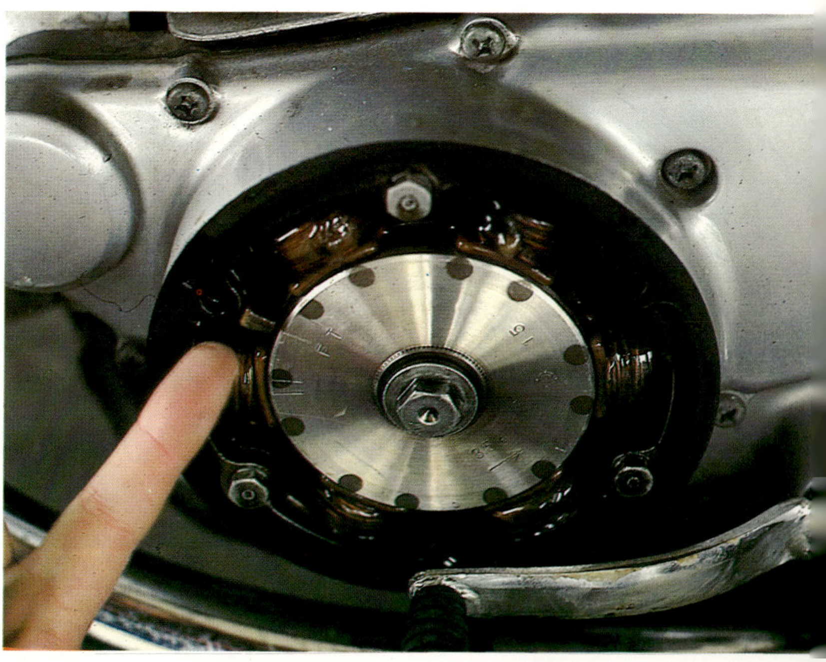

OT ist fest im Lichtmaschinenrotor oder in der Schwungscheibe eingeprägt.

Vor dem Einstellen des Ventilspiels werden die Ventildeckel abgenommen.

Lichtmaschinenrotor oder die Schwungscheibe einprägen, kombiniert mit einer festen Zeigermarkierung auf dem Gehäuse, mit deren Hilfe jedes Rätselraten entfällt. Man schaut nach, an welcher Stelle die Markierungen angebracht sind und entfernt den entsprechenden Gehäusedeckel. Man schraubt die Kerzen heraus und nimmt – was bei den meisten Vierzylindern und bei einigen Twins zwecks besserer Zugänglichkeit notwendig sein wird – den Tank ab. Man baut nun die Ventildeckel ab und dreht den Motor so weit, daß die OT-Marke des ersten Zylinders mit der festen Gehäusemarkierung übereinstimmt. Nun gilt es, zu kontrollieren, ob der Kolben tatsächlich im Verbrennungs-OT steht (Ein- und Auslaß-Kipphebel müssen fühlbar Spiel haben). Falls beide Ventile unter Druck stehen, befindet sich der Kolben im Auslaß-OT, und die Kurbelwelle muß um eine volle Umdrehung weitergedreht werden, um die Einstellung vornehmen zu können.

Zur Messung des Einlaßspiels wird das betreffende Fühlerblatt aus der Lehre ausgeklappt und zwischen Ventilschaftende und Einstellschraube geschoben. Das verlangt manchmal etwas Fingerakrobatik; wenn es jedoch zum echten Problem wird, kann man auch ein separates Fühlerblatt verwenden, das auf die Hälfte oder ein Drittel seiner normalen Breite zurechtgeschnitten wurde. Das dem genauen Einstellwert entsprechende Fühlerblatt muß sich in den Spalt gerade noch einführen lassen. Geht es zu leicht, ist der Spalt wahrscheinlich noch zu weit.

Das betreffende Fühlerblatt sollte sich gerade eben einführen lassen.

Hier ist die Erhebung der Nockenlaufbahn in der richtigen Position, um das Spiel der Stösseltassen zu messen.

Um sicher zu sein, versucht man es mit dem nächstgrößeren Fühlerblatt; es darf sich nicht mehr einschieben lassen.

Zum Einstellen wird die Kontermutter gelöst und die Einstellschraube entweder rechtsherum (Spiel wird kleiner) oder linksherum (Spiel wird größer) gedreht. Häufig ist die Einstellschraube geschlitzt und kann mit einem Schraubendreher gedreht werden. In diesem Fall setzt man einen Ringschlüssel auf die Kontermutter und öffnet sie nur so weit, daß sich die Einstellschraube gerade eben drehen läßt. Beim Drehen der Einstellschraube läßt man den Ringschlüssel an Ort und Stelle; sobald die richtige Einstellung gefunden ist, zieht man die Kontermutter wieder an, wobei man die Einstellschraube mit dem Schraubendreher leicht gegenhält, damit sie sich nicht mitdrehen kann.

Einige Maschinen haben Einstellschrauben mit Vierkantkopf, für die das Bordwerkzeug keinen passenden Schlüssel bereithält. Falls man den dafür benötigten Spezialschlüssel nicht hat, kann man notfalls die Einstellschrauben mit den Fingern drehen; beim Kontern genügt zum Gegenhalten ein verstellbarer Schraubenschlüssel

Nach dem Anziehen der Kontermutter prüft man das Spiel erneut.Das richtige Fühlerblatt sollte sich einführen lassen, das nächstgrößere jedoch nicht mehr. Wenn die Einstellung stimmt, wiederholt man die ganze Prozedur beim Auslaßventil. Danach dreht man den Motor bis zum OT des nächsten Zylinders und verfährt in entsprechender Weise, bis jedes Ventil seine richtige Einstellung hat.

Nun werden die Ventildeckel wieder aufgesetzt,wobei man die eingelegten O-Ringe leicht mit Öl einschmiert. Für den Fall, daß die Zündung noch überprüft und die Kerzen noch gereinigt werden müssen, läßt man den Gehäusedeckel abgebaut und die Kerzen draußen. Andernfalls werden sie jetzt montiert.

Einstellung mit Ausgleichsscheiben (›Shims‹)

Als typisches Beispiel für diese Art der Ventilspiel-Einstellung kann das Vorgehen bei den Suzuki DOHC Zwei- und Vierzylindern angesehen werden. Der Benzintank wird abgenommen und die Ventildeckel abgebaut. Um den Motor mit einem Schraubenschlüssel durchdrehen zu können, wird der Unterbrecherdeckel abge-

Falls das Ventilspiel nicht stimmt, sind andere Ausgleichsscheiben (Shims) notwendig.

nommen. Dann schraubt man noch die Kerzen heraus.

Jetzt dreht man die Kurbelwelle, bis bei einem Zylinder beide Nocken mit ihrem Grundkreis auf den Stößeltassen aufliegen und ihre Erhebungen schräg nach oben zeigen. Dann mißt man das Spiel zwischen Stößeltasse und Nocken. Falls das Spiel außerhalb der vorgeschriebenen Toleranzen liegt, müssen die betreffenden Ausgleichscheiben ausgetauscht werden. Ein zu geringes Spiel korrigiert man mit dünneren Shims, ein zu großes mit dickeren. Bei Suzuki gibt es ein Sortiment von 20 verschiedenen Shims; sie variieren in ihrer Dicke zwischen 2,15 und 3,10 mm, jeweils in Abständen von 0,05 mm. Bei Kawasaki liegen sie zwischen 2,00 bis 3,20 mm, ebenfalls im 0,05 mm Abstand.

Um die schließlich benötigte Scheibenstärke festzustellen, muß man erst einmal das tatsächliche Spiel ermitteln und aufschreiben. Dann schreibt man den Wert des vorgeschriebenen Spiels auf; ist er größer als das tatsächlich gemessene, ermittelt man die Differenz zwischen beiden: die erforderliche Ausgleichsscheibe muß also um diesen Betrag *dünner* sein. Ist das vorgeschriebene Spiel jedoch kleiner als das tatsächlich gemessene, dann muß eine um den betreffenden Differenzbetrag *dickere* Ausgleichsscheibe eingelegt werden.

Nun muß die in der Stößeltasse eingelegte Ausgleichsscheibe herausgenommen und ihre Stärke festgestellt werden. Die Tasse muß nun – dazu gibt es jeweils spezielle Vorrichtungen – gegen den Druck der Ventilfedern nach unten gedrückt werden. Die Scheibe kann dann mit einer Pinzette gefaßt und herausgehoben werden. Ihr genaues Maß ist auf der Oberfläche eingeprägt. Zu diesem Maß wird nun der vorher ermittelte Differenzbetrag addiert, falls die benötigte Scheibe *dikker* sein muß; umgekehrt muß der Betrag natürlich subtrahiert werden, wenn die gesuchte Scheibe *dünner* sein soll. Man sucht nun aus dem Standardsortiment die Scheibe aus,die dem errechneten Wert am nächsten kommt. Sie wird in die Tasse eingelegt, das Spezialwerkzeug herausgenommen und das Ventilspiel abschließend nochmals kontrolliert (nur um sicherzugehen, daß man richtig gerechnet hat). Anschließend unterzieht man alle übrigen Ventile der gleichen Prozedur.

Das alles hört sich kompliziert an – und ist es auch, verglichen mit dem Einstellvorgang per Stellschraube. Jedoch bei Tassenstößeln verändert sich das Spiel – einmal justiert – höchst selten bis zur nächsten Zylinderkopf-Überholung; mehr als eine gelegentliche Kontrolle mit der Fühlerlehre ist meist nicht notwendig.

Es kann vorkommen, daß sich ein Ventil so stark in seinem Sitz eingeschlagen hat, daß eine Spieleinstellung nicht mehr möglich ist, weil das Schaftende zu weit übersteht. In diesem Fall ist es durchaus zulässig, das Ventil auszubauen und am Schaftende etwas abzuschleifen. Wieviel, das hängt jeweils von der Maschine ab, aber bei der GS 400/425 E beispielsweise kann der Ventilschaft bis auf 4 mm über den Ventilkeilchen abgeschliffen werden.

Einstellung per Exzenter

An einigen wenigen Maschinen, wie der Honda CB 350 und der Kawasaki Z 400, wird das Ventilspiel über einen Exzenter eingestellt. Bei ihnen wird das Ventilspiel auf herkömmliche Weise gemessen und dann nach Öffnen einer Kontermutter der geschlitzte Exzenter mit einem Schraubendreher gedreht. Die Drehrichtung ergibt sich aus + und – Markierungen, die im Gehäuse eingeschlagen sind. Dies gilt auch für die älteren Modelle der Z 400 (bei den neueren ist man wieder zum System der Einstellschrauben zurückgekehrt).

Kontrolle der Zündkerzen

Bevor man an Zündkerzen mit irgendwelchen Wartungs- oder Einstellarbeiten anfängt, sollte man sich zuerst folgende Frage stellen: ist es nicht vielleicht besser, die alten einfach wegzuschmeißen und neue zu montieren? Die Antwort lautet kurz und bündig: jede Kerze, die mehr als 8000 km in einem luftgekühlten oder mehr als 12 000 km in einem wassergekühlten Motor gelaufen ist, hat ihre besten Zeiten mit Sicherheit schon hinter sich. Der Einbau neuer Kerzen zu diesem

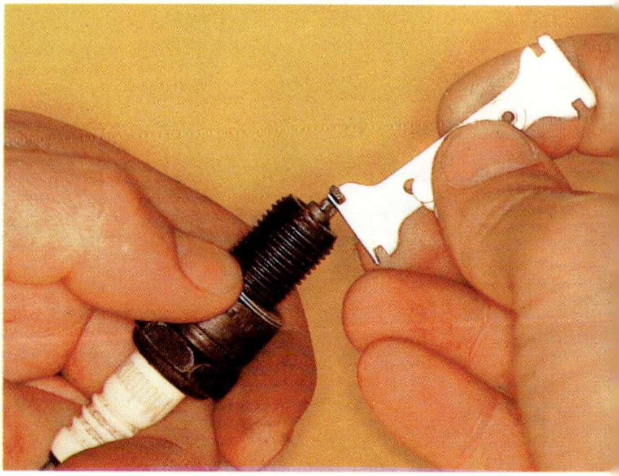

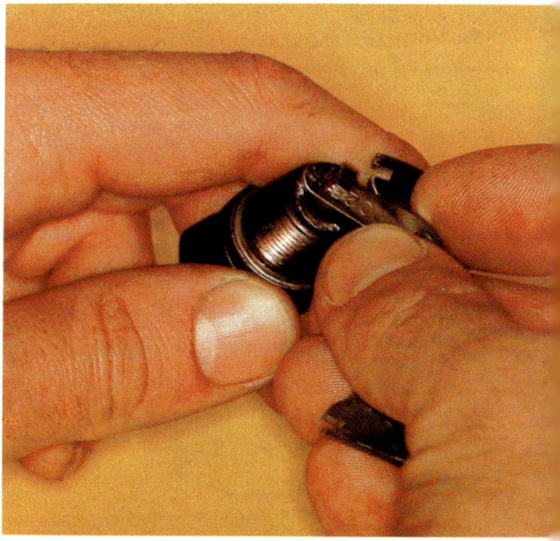

Oben: Hier wird ein Spezialwerkzeug zum Einstellen der Elektroden verwendet. Darunter: Der Elektrodenabstand wird nochmals geprüft.

Zeitpunkt müßte sich in Form von besserer Beschleunigung und geringerem Verbrauch auszahlen.

An neuen Kerzen gibt es nicht viel einzustellen. Man sollte sich nicht darauf verlassen, daß der Elektrodenabstand stimmt, bloß weil die Kerze neu ist, sondern besser eine Fühlerlehre zur Hand nchmen um das exakte Maß selber abzustimmen. Beim Transport genügen wenige Erschütterungen, um die fein eingestellten Elektroden zusammenzubiegen. Zur Korrektur muß die Masseelektrode auf- oder zugebogen werden. Oft bekommt man den Rat, für diese Arbeit eine spezielle Einstellehre zu verwenden, aber die meisten dieser Lehren sind offenbar nur für Kerzen mit kurzem Isolatorfuß (14 mm) konzipiert. An Kerzen mit langem Fuß gerät das Ganze oft zur trickreichen Operation, und nicht selten trägt eine nagelneue Kerze dabei einen Isolatorbruch davon. Wenn der Elektrodenabstand vergrößert werden muß, ist es zulässig, die Masseelektrode entweder mit einem ganz dünnen Schraubendreher oder mit einer kleinen Flachzange unter stetigem Druck mit der Hand aufzubiegen.

Es ist am besten, die Elektrode geringfügig über das gewünschte Maß hinaus aufzubiegen und sie anschließend durch leichte Schläge mit der flachen Seite eines kleinen Gabelschlüssels (12 oder 14 mm) auf den korrekten Abstand zur Mittelelektrode zu bringen. Nach jedem Schlag probiert man mit der Fühlerlehre, die gerade eben passen sollte; anschließend macht man die Probe mit dem nächstgrößeren Fühlerblatt, es darf sich nicht einführen lassen.

Die neue Kerze schraubt man zunächst nur mit der Hand ein, bis sie mit ihrem Dichtring im Zylinderkopf aufliegt. Dann nimmt man den Kerzenschlüssel und zieht die Kerze um nicht mehr als 120 Grad an. Eine Viertel- bis Dritteldrehung genügt, um den Dichtring sanft anzuquetschen, ohne ihn völlig plattzudrücken. Das ist wichtig, weil ein plattgedrückter Ring nicht notwendigerweise auch dicht ist und durch übermäßiges Festziehen der Kerze das Gewinde im Kopf oder das der Kerzen selbst beschädigt werden können. Wenn das passiert, kann sich eine undichte Stelle im Kopf entwickeln.

Verschmutzte Zündkerzen

Am ›Gesicht‹ der alten Kerzen kann man gut erkennen, was im Zylinder vorgeht. Arbeitet ein Motor mit der richtigen Betriebstemperatur und der korrekten Gemischzusammensetzung, ohne daß zu viel Öl mitverbrannt wird, dann hat der Kerzenfuß normalerweise einen ›rehbraunen‹ Belag. Das Aussehen der Elektroden ist schön rechteckig, ohne Abbrandspuren. Falls die Kerze noch neu aussieht, aber geschwärzt ist, kann man versuchen, den Belag abzuwischen. Wahrscheinlich kann man ihn zwischen den Fingern zerreiben. Diesen weichen, rußigschwarzen Belag findet man nur in Motoren, die mit zu fettem Gemisch laufen. Das kostet nicht nur Kraftstoff, sondern der Motor läuft auch zu kalt, um auf Leistung zu kommen; zudem kann der Ölfilm von der Zylinderlaufbahn gewaschen werden, was höheren Laufbahn- und Kolbenringverschleiß zur Folge hat.

Eine Kerze mit Ölkohleablagerungen ist zwar auch schwarz, sieht aber ganz anders aus. Wie Kohle aussieht, ist sicherlich bekannt; sie wird wohl am Kerzenfuß unschwer zu erkennen sein. Auch dort tritt sie, recht unattraktiv, schuppig und leicht glänzend in Erscheinung. Auch um den Isolatorfuß herum kann ein dünner öliger Film auftreten. Beim Zweitakter heißt das, daß möglicherweise die Ölpumpeneinstellung nicht stimmt, oder daß beim Tanken unzulässig viel Öl beigemischt wurde. Beim Viertakter bedeutet es ausgelaufene Ventilführungen, defekte Öldichtungen oder verschlissene Kolbenringe bzw. Laufbahnen.

Das genaue Gegenteil – ein fast ebenso unschöner Anblick – ist das aschfarbene Weiß, das entsteht, wenn eine Kerze durch Überhitzung langsam gargekocht wurde. Unter solchen Bedingungen tritt auch ›Elektrodenfraß‹ auf. Die wahrscheinlichste Ursache ist ein zu mageres Kraftstoffluft-Gemisch, hervorgerufen durch Benzinmangel, falsche Vergaser-Düsenbestückung oder (bei Viertaktern) eine undichte Stelle im Brennraumbereich. Letzteres kann von einem zu stramm eingestellten Einlaßventil oder einer defekten Kopfdichtung herrühren. Eine weitere Ursache für verbrannte Kerzen ist die Wahl eines falschen Wärmewerts.

Falls die Maschine ›geklingelt‹ hat (zu frühzeitige Verbrennung), mache man sich auf nahezu total abgebrannte Elektroden gefaßt. Klingeln (auch ›Klopfen‹ genannt) wird gewöhnlich durch zu niederoktaniges Benzin, zu hohes Verdichtungsverhältnis oder zu viel Frühzündung verursacht. In einem solchen Fall ist die Kerze höchstwahrscheinlich nur das Opfer, nicht die Ursache.

Verschmutzungen mit Blei kommen seltener vor. Sie geben der Kerze eine fast grünliche Färbung und lassen darauf schließen, daß die bevorzugt verwendete Benzinsorte zu hoch mit Bleitetraäthyl angereichert ist. Dann versucht man es eben einmal mit einer anderen Marke.

Verschmutzte Kerzen kann man natürlich reinigen. Verbrauchte Kerzen sind es allerdings nicht wert, aufbewahrt zu werden, obwohl man sie selbstverständlich sandstrahlen lassen kann, um dann die Elektroden mit einer Schlüsselfeile wieder in Form zu bringen. Dabei soll man sich jedoch auf die wirklich noch brauchbaren Kerzen beschränken. Um die Ablagerungen zu entfernen, benutzt man eine rauhe Bürste, keine Drahtbürste; letztere kann metallische Spuren auf dem Isolatorfuß hinterlassen. Dadurch kann ein Teil des Zündstroms zur Masse gelangen und fehlt dann an den Elektroden, wo er zum Aufbau eines kräftigen Funkens viel nötiger gebraucht wird. Ablagerungen auf dem Grund des Kerzenfußes entfernt man mit einer anderen Bürste; oder, sofern möglich, man weicht den unteren Teil der Kerze über Nacht in einer schwach sauren Lösung ein, z. B. in normalem Haushaltsessig. So können die Kohlerückstände leicht mit einem Holzspan abgekratzt werden. Dafür ist ein Zahnstocher ganz gut. Es gibt neuerdings preisgünstige Do-it-your-self-Glas-

Verschiedene Kerzengesichter: 1 normales Kerzengesicht, 2 durch zu fettes Gemisch verrußte Kerze, 3 durch Überhitzung beschädigt, 4 durch Frühzündung beschädigt, 5 verölte Kerze, 6 mit dickem Kohlebelag, 7 Isolator gebrochen, 8 Mittelelektrode durch zu häufiges Sauberschmirgeln beschädigt,

strahlgeräte, die solche Arbeiten wesentlich erleichtern. Die Kerzenelektroden müssen vor dem Justieren ihres Abstands in Rechteckform gefeilt werden.

Neue Zündkerzen

Mit dem Wärmewert sollte nicht herumexperimentiert werden. Man sollte sich strikt an die Empfehlungen des Herstellers halten – oder, falls man damit unzufrieden ist, nachsehen, ob laut Herstellertabelle ein Ausweichen auf andere Wärmewerte bei der eigenen Maschine zulässig ist. Falls man häufiger auf der Autobahn und seltener im Stadtverkehr unterwegs ist, sucht man vielleicht eine kältere Kerze. Werden jedoch die meisten Kilometer im Stadtgebiet zurückgelegt,

Eine Reihe von Kerzen verschiedener Wärmewerte; von links: hoher Wärmewert (›kalte Kerze‹), nach rechts: niedriger Wärmewert (›heiße Kerze‹)

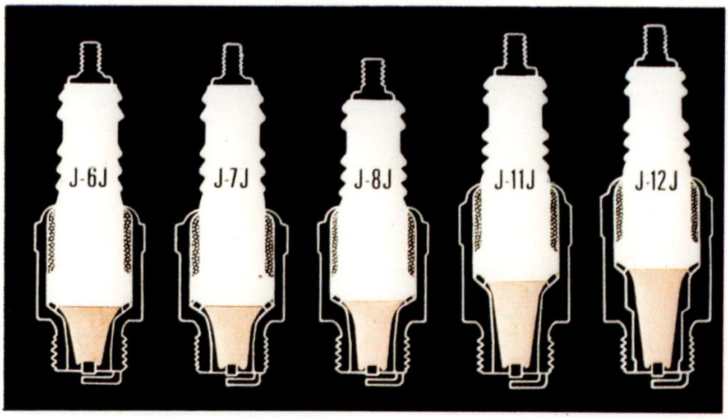

und es kommt nur zu gelegentlichen gemäßigten Ausfahrten auf freier Landstraße, braucht man eventuell eine heißere Kerze.

Man lasse sich durch diese Bezeichnungen nicht irreführen. Eine ›heiße Kerze‹ ist nicht zu verstehen als einfache Tuning-Methode für den Motor, sondern bezeichnet lediglich eine Kerze, deren Isolatorfuß eher zur Speicherung von Wärme als zur Ableitung derselben konzipiert ist. Sie ist daher in der Lage, Rückstandsbildungen schon im Moment der Entstehung abzubrennen. Weil sie jedoch in der Tat *heiß* arbeitet, kann sie sich derartig aufheizen, daß es zu einer örtlichen Überhitzung kommt; das Ergebnis ist ein niedliches, durch den Kolben gebranntes Loch. Da so etwas schon nach wenigen Kilometern Fahrtstrecke passieren kann, sollte man beim Experimentieren mit Kerzen die nötige Sorgfalt walten lassen.

Eine ›kalte‹ Kerze speichert weniger Hitze im Isolatorfuß. Deshalb kann sie ansetzende Verschmutzungen nicht so leicht abbrennen wie eine heiße Kerze. Stattdessen kann sie permanent hohen Betriebstemperaturen besser widerstehen, ohne auszufallen oder den Kolben zu ruinieren. Im Prinzip braucht ein Motor mit hohen Betriebstemperaturen eine ›kalte‹ Kerze, ein Motor mit niedrigeren Temperaturen dagegen braucht eine ›heiße‹ Kerze.

Ein weiteres Maß, das beim Einbau neuer Kerzen zu beachten ist, ist die Länge des Kerzengewindes. Je länger es ist, desto mehr ragt der Kerzenfuß in den Brennraum hinein. Die meisten Kerzen sind mit normal langem Gewinde ausgestattet; bestimmte Motoren erfordern jedoch konstruktionsbedingt Kerzen mit Lang- oder – seltener – Kurzgewinde.

Langgewindekerzen dürfen nicht in einen Motor eingebaut werden, der für Kerzen mit Normal- oder Kurzgewinde konzipiert ist. Abgesehen davon, daß der Kolben bei der ersten Kurbelwellenumdrehung mit dem überstehenden Kerzenfuß kollidieren kann, ist zu befürchten, daß – falls der Kolben ungehindert arbeiten kann – die herausragenden Gewindegänge der Kerze durch Ölkohleansatz blockiert werden können; um die Kerze herausschrauben zu können, muß dann der Zylinderkopf abgenommen und die Ablagerungen entfernt werden.

Etwas ähnliches kann passieren, wenn – einer der häufigsten Fehler – das Kerzengewinde vor dem Einbau eingeölt oder gefettet worden ist. Mitnichten läßt sich die Kerze beim nächsten Mal leichter ausbauen; das Schmiermittel hat sich stattdessen in der Zwischenzeit unter Hitzeeinwirkung in Ölkohle verwandelt und dabei das Innen- mit dem Außengewinde regelrecht verschweißt. Zündkerzen dürfen *immer nur* trocken oder mit etwas Graphit auf den Gewindegängen eingeschraubt werden. Es genügt, wenn man einen weichen Bleistift ein bißchen auf dem Gewinde abreibt.

Säubern der Kerzenlöcher

Die einfachste Art, einem durch Ölkohle verschmutzten Kerzenloch zu begegnen, besteht darin, es mit dem passenden Gewindebohrer nachzuschneiden. Als provisorischen Gewindebohrer kann man eine alte Kerze verwenden, deren Gewinde man der Länge nach mit dem Blatt einer Eisensäge bis auf den Grund der Gewindegänge eingeschnitten hat. Durch diese Nut entsteht eine Schneidkante, die alle Ablagerungen wegschrubbt. Wenn der Dichtring vorher entfernt wurde, müßte damit das Gewinde auf seiner gesamten Tiefe sauberzukriegen sein. Bevor dieses Instrument benutzt wird, muß es jedesmal selbst gereinigt werden, um zu verhindern, daß irgendwelche Schmutzreste in den Brennraum gelangen können.

Kontrolle des Isolierkörpers

Die Elektroden sind nicht das einzige, um das man sich kümmern muß. Auf dem Isolierkörper bildet sich mit der Zeit eine leitende Schicht, die Kriechströme verursachen kann. Der Niederschlag wird durch Abwischen mit einem Lappen nicht vollständig entfernt; auch die Verwendung von Benzin hinterläßt lediglich einen weiteren Belag anstelle des ersten. Vor dem Einbau einer gebrauchten Kerze muß der Isolator sorgfältig mit einem in Spiritus getränkten Lappen abgewischt werden. Dann werden alle Überreste vollständig verdunsten und einen blitzsauberen Isolierkörper hinterlassen.

Kontrolle der Anschlußmutter

Es gibt Kerzenstecker, die ohne Anschlußmutter auf der Kerze verwendet werden – bekanntlich wird ja eine Kerze normalerweise mit lose beigelegter Anschlußmutter geliefert –, und somit muß sie zur Verwendung des anderen Kerzensteckertyps selbst angebracht werden. Sie wird mit dem gerundeten Teil nach oben fingerfest auf die Kerze geschraubt und dann mit einer kleinen Flachzange – nicht mehr als eine Vierteldrehung – festgezogen, damit sie wirklich sitzt. Eine losgeschüttelte Anschlußmutter ergibt einen Wackelkontakt und führt oft zu ärgerlichen Zündaussetzern.

Kontrolle der Unterbrecherkontakte

Falls die eigene Maschine mit einer kontaktlosen elektronischen Zündanlage ausgerüstet ist, kann man sich dieser etwas mühseligen Arbeit entziehen.

Kontrolle und Einstellen der Unterbrecherkontakte umfaßt zwei Arbeitsgänge. Zuerst überprüft man den Zustand der Kontaktflächen, indem man den Unterbrecherhebel so weit wie möglich gegen den Druck der Schließfeder abhebt. Die Flächen sollten sauber und ohne Kraterbildung sein; das Kontaktmaterial muß noch in ausreichender Dicke vorhanden sein.

Früher wurde dem Feilen der Kontakte ausschlaggebende Bedeutung beigemessen; es sollte gewährleisten, daß die Kontaktflächen absolut plan aufeinanderliegen. Heute ist dieser Grundsatz ins Wanken geraten, nachdem einige Hersteller Unterbrecher mit gewölbten Kontaktflächen entwickelt haben; daher ist es oft schwer, mit einem Blick zu entscheiden, ob das asymmetrische Aussehen der Kontakte serienmäßig oder verschleißbedingt ist.

Wenn die Kontakte in vernünftigem Zustand sind, mit einer scharf umrissenen Kontaktzone, läßt man sie am besten in Ruhe. Stattdessen reinigt man sie nur und kontrolliert anschließend ihren Abstand. Bei älteren Motorrädern, bei denen man sicher sein kann, daß die Kontaktflächen plan sein müssen, kann man sie entweder im eingebauten Zustand mit einer Kontaktfeile glätten, oder sie werden herausgenommen und auf einem Ölstein abgezogen.

Kraterbildung auf den Kontakten

Der Abreißfunken an den Kontakten führt letztendlich zur Kraterbildung. Es ist normal, daß sich auf der einen Kontaktfläche ein kleiner Krater und auf der anderen ein entsprechender Hökker bildet, weil sich das erodierte Material dort anhäuft. In der Praxis hat die Kraterbildung keinen Einfluß auf die Funktion der Kontakte und kann daher vernachlässigt werden. Der Höcker jedoch verhindert eine genaue Einstellung des Kontaktabstandes und muß deshalb entfernt werden.

Wenn man ein gutes Auge und eine ruhige Hand hat, kann man den Hökker auf einfache Weise mit einer sehr feinen Feile glätten, ohne dazu den Unterbrecherhebel von der Grundplatte abnehmen zu müssen. Dabei wird nur minimaler Druck ausgeübt, damit das Kontaktplättchen nicht schief wird. Sobald der Höcker weg ist, macht man die Kontakte sauber.

Reinigung der Kontakte

Man nimmt zunächst einen dünnen Lappen, wickelt ihn einmal um ein Blatt der Fühlerlehre und feuchtet ihn mit Spiritus an. Mehrmals zwischen den Kontakten hin und her geschoben, löst er eventuell vorhandenen Fettfilm und nimmt Schmutzrückstände mit.

Zur abschließenden Reinigung schiebt man einen sauberen Streifen Schreibpapier zwischen die Kontaktflächen. Nun dreht man die Kurbelwelle, bis die Kontakte das Papier gerade lose packen und zieht es wieder heraus. Der Streifen wird sicher unsauber sein. Man nimmt einen neuen und wiederholt das Ganze so oft, bis das Papier sauber herauskommt.

Einstellen der Kontakte

Im Durchschnitt beträgt der Unterbrecherkontaktabstand 0,35 mm; den genauen Wert für jede Maschine entnimmt man zweckmäßigerweise dem betreffenden Handbuch. Bei einigen weniger kompliziert konstruierten Maschinen ist das Verändern des Kontaktabstandes die einzige Methode zur Einstellung des Zündzeitpunktes; es empfiehlt sich daher, sich grundlegend zu informieren, bevor man einen vermeintlich zu kleinen oder zu großen Abstand korrigiert. Verkleinern des Abstandes verspätet die Zündung, durch Vergrößern erfolgt sie verfrüht.

Zum Einstellen dreht man die Kurbelwelle, bis sich das Schleifklötzchen des Unterbrecherhebels auf dem höchsten Punkt des Unterbrechernokkens befindet. Jetzt sind die Kontakte voll geöffnet. Das entsprechende Blatt der Fühlerlehre sollte sich gerade eben einführen lassen. Genau wie beim Ventilspiel macht man die Probe mit der nächstgrößeren Lehre. Falls der Sprung zum nächstgrößeren Blatt zu groß ist, macht man den Test auf andere Weise: man dreht die Kurbelwelle und achtet darauf, um wieviel

Der Kontaktabstand muß bei voll geöffneten Kontakten kontrolliert werden.

Das entsprechende Fühlerblatt sollte sich gerade eben zwischen die Kontakte schieben lassen.

sich das Schleifklötzchen auf dem Nocken bewegt, bis die Lehre fest eingeklemmt wird. Dies sollte in der Tat sogleich geschehen. In diesem Fall ist der Abstand korrekt, andernfalls muß er etwas verkleinert werden.

Wiederum sorgt man dafür, daß das Schleifklötzchen auf dem höchsten Punkt des Nockens zu liegen kommt und schiebt das Fühlerblatt zwischen die Kontakte. Nun löst man die Halteschraube des verstellbaren Kontaktes (›Amboß‹) und betätigt den Verstellmechanismus. Das kann eine exzentrische Schraube sein, die in einem Langloch der Amboß-Grundplatte sitzt; oder es ist einfach ein Schlitz mit gegenüberliegender Anschlagnase, die

Diese Unterbrecher werden mit einer Schraubendreherklinge justiert, welche zwischen dem vorgesehenen Schlitz und einer Anschlagnase angesetzt wird.

durch Ansetzen einer Schraubendreherklinge gegeneinander verschoben werden. Die Halteschraube wird nur so weit geöffnet, daß sich die Platte gerade eben unter Reibung verschieben läßt; der Unterbrecherspalt wird langsam und unter ständigem Probieren mit der Fühlerlehre verändert. In dem Moment, wo die Lehre zwischen beiden Kontakten spürbar schwerer gleitet, hält man die Verstellschraube fest und zieht die Halteschraube an.

Falls der Hersteller für den Kontaktabstand nur eine obere und untere Grenze angegeben hat, wählt man am besten die Mittelstellung zwischen beiden. Es genügt, zu kontrollieren, ob die der unteren Grenze entsprechende Lehre sich locker gleitend einführen läßt, während die der oberen Grenze entsprechende Lehre keinesfalls passen darf.

Schmierung der Unterbrecher

In einigen Unterbrechergehäusen ist ein Schmierfilz, quasi als winziges Ölreservoir, zur Dauerschmierung des Unterbrechernockens angebracht. Darauf träufelt man eine geizig bemessene Portion dünnes Öl, bis er gerade eben feucht ist. Er darf *nicht* so naß sein, daß er anfängt zu tropfen.

Man kann jedoch auch am Fiberklötzchen jedes Unterbrecherhebels einen Tropfen Öl spendieren; wo kein Schmierfilz vorhanden ist, kann die Nockenoberfläche mit einer dünnen Schicht des hierfür von Bosch angebotenen Spezialfettes versehen werden. Man darf das jedoch nicht übertreiben, sonst findet das Fett unweigerlich den Weg zu den Kontakten. Ein Klümpchen Fett, halb so groß wie ein Streichholzkopf, genügt völlig; es wird gleichmäßig rundherum auf der Nockengleitbahn verteilt.

Schutz gegen Feuchtigkeit

Fast ebenso schnell wie durch Bremsen kann das Motorrad durch Wasser im Unterbrechergehäuse zum Stehen kommen. Ein gutes Mittel dagegen ist ein wasserverdrängendes Spray, mit dem der gesamte Mechanismus vor dem Aufsetzen des Unterbrecherdeckels eingesprüht wird.

Einstellen der Kupplung

An Kupplungen gibt es im allgemeinen nicht weniger als drei separate Einstellmöglichkeiten. Zwei davon sind zur Verstellung der effektiven Länge des Kupplungszuges vorgesehen, während die dritte die Stellung des eigentlichen Betätigungsmechanismus im Getriebe beeinflußt.

Unter Kupplungsspiel versteht man normalerweise den freien Spielraum des Kupplungshandhebels am Lenker. Es wird entweder angegeben als der Weg des Handhebels zum Lenkerende hin (gemessen am Hebelende), bis die Kupplung zu trennen anfängt – ge-

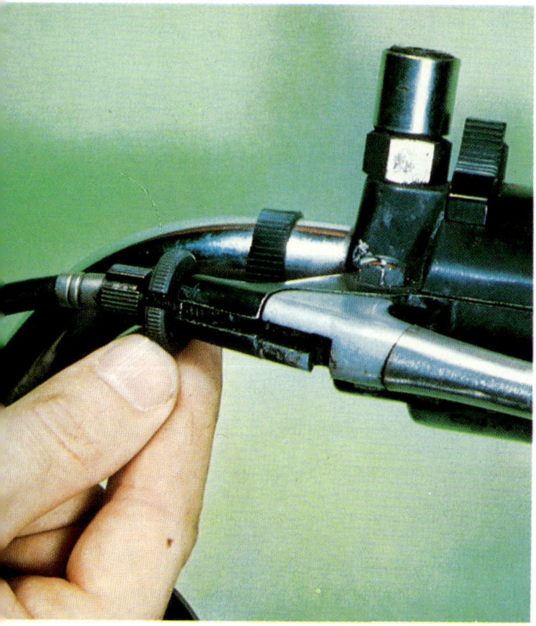

Eine gerändelte Einstellhülse ermöglicht Einstellen des Kupplungszugs ohne Werkzeug.

Die Einstellhülse des Kupplungszugs auf der Gehäuseseite erfordert Schraubenschlüssel.

wöhnlich ca. 15 bis 20 mm – oder direkt am Anschlag des Handhebels, wo der Hebelweg im Durchschnitt etwa 5 mm beträgt.

Das normale Nachstellen des Kupplungsspiels erfolgt an der Seilzug-Einstellhülse. Die meisten Motorräder besitzen eine gerändelte Einstell – Hülse direkt am Handhebelanschlag, mit deren Hilfe man die Einstellung unterwegs und ohne Werkzeug korrigieren kann. Man öffnet die Kontermutter und dreht die Einstell-Hülse hinein oder heraus, je nachdem, ob das Spiel vergrößert oder verkleinert werden soll; anschließend zieht man die Kontermutter wieder fest. Häufig findet man an der Stelle, wo das Kupplungsseil ins Getriebegehäuse mündet, einen weiteren, größer dimensionierten Einstellmechanismus. Er ist möglicherweise mit einer Gummimanschette abgedeckt, funktioniert aber auf die gleiche Weise, obwohl er meist mit Sechskantansatz statt mit Rändelringen versehen ist.

Wenn die Einstellmöglichkeiten am Seilzug erschöpft sind, versucht man es an der Einstellschraube im Kupplungsbetätigungsmechanismus. Zuerst werden beide Einstellhülsen der Bowdenzug-Hülle wieder vollständig zurück in ihre Ausgangsstellung gedreht. Dann wird die Einstellung des Ausrückmechanismus' der Kupplung verändert. Dieser Mechanismus hat oft die Form einer Schraube oder Schnekke, die auf die Kupplungsdruckstange wirkt. Bei diesem Typ wird die Kontermutter oder -schraube geöffnet und die Stellschraube so lange gedreht, bis Widerstand spürbar wird. Dies zeigt, daß kein Spiel mehr vorhanden ist. Dann wird die Stellschraube wieder eine Vierteldrehung herausgedreht, um etwas Spiel beizubehalten, und anschließend gekontert.

Nun wird der untere Seilzugversteller (falls zwei Verstellmöglichkeiten für den Seilzug bestehen) dazu benutzt, das Spiel am Handhebel nachzuregulieren, während alle weiteren Feineinstellungen über die obere Einstellhülse erfolgen sollten, sobald die Kontermutter des unteren Verstellmechanismus' einmal angezogen wurde.

Bremsen entlüften / Bremsflüssigkeit wechseln

Luft kann nur dann in das hydraulische Bremssystem eindringen, wenn der Flüssigkeitsstand im Ausgleichsbehälter unter die Minimum-Marke gefallen ist oder eine Leitungsverbindung sich gelockert hat. Wasser hingegen kann leichter ins System gelangen, was tatsächlich häufig passiert.

Bremsflüssigkeit ist in der Lage, durch die Entlüftungsbohrung Wasserdampf aus der Luft aufzunehmen; aus diesem Grund ist oft eine Membran im Deckel des Ausgleichsbehälters montiert. An sich harmlos, kann dieses Wasser jedoch unter der Hitzeentwicklung beim Bremsen zu sieden anfangen, wobei nicht nur Wasserdampf, sondern auch Luft zurückbleibt. Im Gegensatz zu Flüssigkeiten – Bremsflüssigkeit oder Wasser selbst – sind Luft und Dampf komprimierbar. Die Folge ist ein schwammiges Gefühl beim Bremsen und geringere Bremswirkung.

Mindestens alle zwei Jahre sollte das hydraulische System entleert und neue Flüssigkeit eingefüllt werden. In der Zwischenzeit sollten die Bremsen immer dann entlüftet werden, sobald irgendeine Minderung ihrer Wirkung auftritt.

Beide Arbeitsgänge sind ähnlich. Jedesmal werden die gleichen Dinge benötigt: frische Bremsflüssigkeit, ein altes Marmeladenglas als Auffangbehälter für die abgelassene Flüssigkeit, ein Stück Plastikschlauch mit der passenden lichten Weite für das Entlüftungsventil, in der Länge bis zum Boden reichend, und einen Schraubenschlüssel für das Entlüftungsventil selbst.

Man nimmt nun die Staubkappe vom Entlüftungsventil ab – falls sie fehlt, kauft man eine – und steckt den Schlauch auf. Das andere Ende hält man in das Glas, dreht das Ventil auf und nimmt den Deckel samt Membran vom Ausgleichsbehälter ab. Dann zieht man so oft den Bremshebel und läßt ihn wieder los, bis sämtliche Flüssigkeit aus dem System ausgelaufen ist. Es ist zulässig, das System mit Spiritus durchzuspülen, sofern die auslaufende Flüssigkeit Anzeichen ernsthafter Verunreinigung zeigt, im allgemeinen ist es jedoch nicht nötig. Man dreht einfach das Ventil wieder zu und füllt das System auf. Dann öffnet man das Ventil wieder und betätigt den Bremshebel, während der Flüssigkeitsabstand durch ständiges Nachschütten frischer Flüssigkeit in den

Falls Brems- oder Schalthebel ungünstig stehen, können sie auf ihren Vielzahnwellen in die passende Lage gebracht werden.

Einstellen des Fußbremshebels

Man ist oft überrascht, daß so wenige Motorradfahrer wissen, daß die Stellung des Hinterrad-Bremshebels individuell verändert werden kann, so daß er schön unter den Fuß paßt. Normalerweise wird dies durch eine Kerbverzahnung auf der Drehachse und eine verstellbare Anschlagschraube irgendwo in der Nähe des Drehpunkts ermöglicht. Falls man den Fuß immer von der Raste abheben muß, um ans Pedal zu kommen, verhelfen eventuell nur ein paar Minuten Einstellarbeit zu leichterem und sichererem Bremsen.

Einstellen des Bremslichtschalters

Im Anschluß an das Einstellen der Bremse prüft man nach, ob das Stoplicht korrekt aufleuchtet und wieder ausgeht. Man kann es nachstellen, indem man das Gehäuse des Bremslichtschalters festhält, während man seine Befestigungsschraube hoch- oder herunterdreht. Je mehr der Schalter angehoben wird, desto früher geht das Stoplicht an.

Nach dem Einstellen überprüft man mehrmals die Funktion des Schalters, um sicherzugehen, daß sich der Einstellmechanismus ›gesetzt‹ hat.

Fehlersuche

Die Fahndung nach Störungsquellen verlangt von einem Amateurmechaniker gewissenhaftes, systematisches Vorgehen, um mögliche Ursachen eines Problems der Reihe nach zu eliminieren, bis der schuldige Teil gefunden ist. Als Profi hat man oft den Vorteil, über moderne elektronische Diagnosegeräte zu verfügen, die solche Arbeiten erleichtern und mit denen man das Innenleben eines Motors regelrecht erforschen kann; als Amateur bleibt einem nichts anderes übrig, als auf die etwas altmodische Methode des ›Selber-Denkens‹ zurückzugreifen. Wahrscheinlich sind 90% der Defekte, die zu einer Panne führen, irgendwo im Bereich des Motors zu finden, dem Kernstück der Maschine.

Der Motor setzt schlagartig aus

1. Vollständiges und schlagartiges Aussetzen des Motors, ohne daß klemmende Kolben im Spiel sind, hat seinen Ursprung höchstwahrscheinlich in der Elektrik. Etwas anderes wird schwerlich den Motor ohne jede Vorwarnung zum Stehen bringen, zumal wenn er sich anschließend noch frei durchdrehen läßt. Noch während das Motorrad ausrollt, kann man schon die ersten kritischen Punkte überprüfen. Das Nächstliegende: ein Blick auf das Zündschloß, um sich zu überzeugen, ob es noch eingeschaltet ist; auch die Stellung des Killschalters überprüft man – mit Handschuhen hat man ihn leicht auf ›Aus‹ befördert.

2. Arbeiten andere Schaltkreise auch normal, obwohl der Motor steht? Brennt die Kontrollampe für die Zündung? Funktionieren die Blinker? Ist die Lichtanlage ausgefallen? Falls ja, liegt ein Totalausfall der elektrischen Anlage vor. Die wahrscheinlichste Ursache dafür ist eine durchgebrannte Hauptsicherung. Nun weiß man, es geht darum, einen elektrischen Defekt zu finden, der so schwerwiegend ist, daß er die 15 Ampère-Hauptsicherung geschafft hat – die einzige am Motorrad, die sowohl Licht- als auch Zündstromkreis absichert. Man widerstehe der Versuchung, eine neue Sicherung einzusetzen und weiterzufahren. Sicherungen brennen nur bei Überlastung durch, nicht etwa, weil sie nachgelassen haben. Die gleiche Störung, die zum Ausfall der ersten Sicherung geführt hat, wird ohne weiteres auch die zweite durchbrennen lassen. Wurde irgend ein Teil der elektrischen Anlage betätigt, kurz bevor der Motor ausging? Falls ja, ist der Defekt wahrscheinlich in dem betreffenden Schaltkreis zu finden. Verdächtig sind außerdem alle Teile der Anlage, an denen vor kurzem gearbeitet wurde, und ebenso alle elektrischen Anbau- und Zubehörteile, die vor kurzem montiert wurden. Bevor man jedoch mit der Kontrolle der zugehörigen Schaltkreise anfängt, überprüft man die beiden folgenden simplen Punkte. Auf Nummer Sicher gehen, daß die Batteriekabel an der Batterie selbst fest angeschlossen sind, und daß das andere Ende der Masseverbindung der Batterie fest am Rahmen verschraubt ist. Eine lose Masseverbindung führt zum Absterben der kompletten elektrischen Anlage. Falls die Leitungen ordentlich aussehen, sieht man die Hauptsicherung nach. Wenn sie durchgebrannt ist, müssen die Hauptleitungen überprüft werden.

3. Ist der Motor als einziges betroffen? In diesem Fall muß der Fehler ganz klar im Zündstromkreis liegen. Das testet man mit herausgeschraubten Kerzen, damit sich der Motor leicht durchdrehen läßt. Mit angeschlossenen Zündkabeln legt man jede Kerze der Reihe nach am Zylinderkopf an Masse und schaltet die Zündung ein. Man dreht nun den Motor – vorzugsweise mit dem Kickstarter statt per Anlasser, um die Batterie zu schonen – und schaut nach, ob ein Funke da ist. Falls kein Funke kommt, probiert man es mit einer neuen Kerze – insbesondere, falls der Motor ein Zweitakter ist.

Bei einem Mehrzylindermotor ist es unwahrscheinlich, daß ein Fehler im Hochspannungsteil der Zündung den Motor komplett lahmlegt; und da auch die Unterbrecher normalerweise zweifach vorhanden sind, lautet die Schlußfolgerung, daß der wunde Punkt zwischen den Unterbrechern und der Batterie liegen muß. Man geht der Leitung entlang, um dem Fehler auf die Spur zu kommen. Ein Flachstecker ist vielleicht herausgerutscht, oder das Kabel ist gebrochen. Aus einem kurzen Stück Kabel, einem Stück Isolierband und einer Blinkerbirne kann man sich provisorisch eine Primitiv-Prüflampe bauen. Die Kabelenden werden abiso-

Eine selbstgebaute Prüflampe erleichtert das Aufspüren einer unterbrochenen Leitung.

liert und ein Ende mit Isolierband an den Lampensockel geklebt. Nun hält man die Birne mit ihrem Kontakt gegen den Kabelverbinder des zu prüfenden Kabels, legt das andere Ende des Prüflampen-Kabels an Masse und schalter den Strom ein. Falls der Strom bis zu dieser Stelle vordringt, wird die Birne aufleuchten. Falls nicht, stellt man die Verbindung wieder her, verfolgt das Kabel unter Beachtung der Kennfarbe bis zur nächsten Verbindung und kontrolliert von neuem. Zuguterletzt wird man eine stromlose Stelle finden. Daraus wird man ohne weiteres schließen, daß das Kabel zwischen diesem Anschluß und dem zuletzt vorher geprüften unterbrochen sein muß. Falls die Leitung direkt zugänglich ist, kann man die Bruchstelle oft ausfindig machen, indem man das betreffende Kabel zentimeterweise durch beide Hände laufen läßt und es dabei zwischen Daumen und Zeigefinger an der Isolierung wechselweise hin und her zieht und drückt. An der Stelle, wo der Leiterdraht gebrochen ist, dehnt sich die Isolierung beim Ziehen.

Elektrische Leitungen sind zumeist gebündelt in einer Hülle von Bougierrohr verlegt, und es ist unwahrscheinlich, daß im Innern dieses flexiblen Isolierschlauchs Kabelbrüche auftreten. Dafür sind einzeln verlegte Kabel umso verdächtiger. Wenn Feuchtigkeit zu den Kabelverbindern vordringt, können sie korrodieren und brechen. Auch der Leiterdraht kann an der Stelle brechen, wo der Verbinder angequetscht ist, insbesondere, wenn er Vibrationen ausgesetzt ist.

Der Motor hat Zündstörungen und bleibt stehen

1. Störungen dieser Art können ihre Ursache in der Elektrik, im Kraftstoffsystem oder in der Mechanik haben. Liegt die Ursache in der Elektrik, so treten die Zündstörungen wahrscheinlich am Anfang mit Unterbrechungen auf, im Gegensatz zu den beiden anderen Störungsbereichen.

Bei einer Störung in der Benzinversorgung macht der Motor einen ›stranguliertenc‹ Eindruck; noch während der Fahrt kann man hier die Probe aufs Exempel machen und den Choke ganz oder teilweise schließen. Falls der Motor dann wieder höher dreht, ist höchstwahrscheinlich Benzinmangel das Problem.

Mechanische Störungen kündigen sich dem Fahrer meist durch ungewöhnliche Geräusche vorher an. Klappergeräusche lassen auf Defekte im Ventiltrieb, an Kolben oder Pleuelaugen schließen. Poltergeräusche gehen vermutlich auf einen Hauptlagerschaden der Kurbelwelle zurück. Jedes Langsamerwerden der Maschine bei geöffnetem Gasgriff, verbunden mit anwachsendem Geräuschpegel, läßt ein bevorstehendes Klemmen des Motors befürchten, hervorgerufen durch Überhitzung oder Ausfall des Schmiersystems. Wenn man jetzt nichts unternimmt, wird der Motor endgültig festgehen.

2. Falls die Fehlerquelle in der Elektrik vermutet wird, geht man nach dem gleichen System vor, wie es bereits beschrieben wurde.

Ein blockierter Benzinhahn kann eine Panne verursachen.

3. Bei Störungen im Kraftstoffsystem beginnt man mit dem nächstliegenden und schaut nach, ob Benzin im Tank und der Hahn geöffnet ist. Obwohl der Tank vielleicht noch gut gefüllt ist, lohnt es dennoch, auf Reserve umzuschalten und einen neuen Startversuch zu machen. Dadurch wird eine zusätzliche Leitung zum Hahn geöffnet. Um zu prüfen, daß die Vergaser auch mit Benzin versorgt werden, zieht man den Zuleitungsschlauch an der Schwimmerkammer ab. Falls hier nichts ausläuft, wiederholt man diesen Test am Benzinhahn. Sollte dort auch kein Benzin kommen, ist das ein Zeichen für verstopfte Filter oder eine verschmutzte Tankdeckelbelüftung. Wenn keine Luft in den Tank nachströmen kann, baut sich Unterdruck auf, der das Benzin am Auslaufen hindert.

Ausgenommen an der Honda ›Gold Wing‹ – dem gegenwärtig einzigen mit Benzinpumpe ausgerüsteten Motorrad – sind keine weiteren Defekte im Kraftstoffsystem möglich. Bei einem Mehrzylindermotor mit mehreren Vergasern gibt es eigentlich nur eine einzige Störung im Kraftstoffsystem, die zum Totalausfall des Motors führen kann, obwohl der Weg zu den Schwimmerkammern frei ist – Wasser im Benzin. An allen Tankstellen-Zapfsäulen enthält das Benzin eine bestimmte Menge Wasser, die jedoch normalerweise unbedeutend gering ist. Auftanken an einem regnerischen Tag an einer freistehenden Zapfsäule kann jedoch zu Ansammlungen von Wasser am Tankboden führen; wenn das in die Zuleitungen gerät, kann es die Düsen blockieren.

Mischungsgeschmierte Zweitakter können an ihrer speziellen Form von Ölpest erkranken, wenn dem Benzin zu viel Schmiermittel beigemischt wird. Falls der Motor überhaupt anspringt, wird das Problem nur allzu deutlich in Gestalt einer enormen Nebelwolke sichtbar, die dem Auspuff entweicht. Da die Düsen nur eine ungenügende Menge dieses ›dicken‹ Benzins durchlassen, entsteht die unerwartete Nebenwirkung, daß sich der Motor überhitzt, weil ja das Kraftstoff Luft-Gemisch abmagert. Dies ist nur zu kurieren, indem man den Tank abläßt und ihn mit der korrekten Mischung wieder auffüllt. Ein pumpengeschmierter Motor mit falscher Ölpumpeneinstellung erzeugt zwar die gleiche Dunstwolke, jedoch keine Überhitzung, weil das Öl gewöhnlich in den Einlaßtrakt zwischen Vergaser und Einlaßkanal eingespritzt wird. Stattdessen werden an einem Motor mit Pumpenschmierung rapide die Kerzen verölen. Bei einem mischungsgeschmierten Motorrad, das längere Zeit nicht gefahren wird, kann ein Teil des Benzins verdunsten und somit einen künstlichen Ölüberschuß in der zurückbleibenden Mischung hinterlassen. Die Folge ist möglicherweise eine dickliche Ölschicht auf dem Grund der Schwimmerkammer, die die Düsen verstopft. Wenn ein mischungsgeschmierter Zweitakter nach der Stillegung nicht anspringen will, sollte man an diese Möglichkeit denken. Noch besser, man fährt die Maschine so lange mit geschlossenem Benzinhahn, bis sie stehenbleibt; erst dann mottet man sie ein.

Zu viel Benzin ist genauso schlecht wie zu wenig – in der Tat eher schlimmer, da z. B. bei überlaufendem Benzin die Maschine leicht Feuer fangen kann. Überlaufen ist zumeist eine Folge von Schmutz, der irgendwie am Filter vorbeigekommen ist und sich im Schwimmernadelventil festgesetzt hat. Während der Fahrt wird der Bodensatz im Tank und in den Schwimmerkammern losgeschüttelt; daher ist Überlaufen bei fahrender Maschine wahrscheinlicher als beim Starten. Da der Motor einen Teil des zu viel einlaufenden Benzins aufbraucht, sind diese Symptome kaum feststellbar, solange der Motor mit relativ hoher Drehzahl läuft. Von der Position des Fahrers aus merkt man vielleicht, daß der Motor nicht richtig läuft, und daß die Nadel des Drehzahlmessers etwas unruhig ist. Man hat den Eindruck von einer etwas widerwilligen Kraftentfaltung, der sich mit abfallender Motordrehzahl und zunehmend fetter werdender Mischung noch verstärkt.

Man muß sofort anhalten, um die aus der Schwimmerkammer auslaufende Benzinmenge so gering wie möglich zu halten. Besser noch, man schließt den Benzinhahn, sobald man auslaufendes Benzin vermutet, legt einen mittleren Gang ein und fährt die Schwimmerkammer leer. Bei stehendem Motorrad kann man dann die Schwimmerkammer abnehmen und den Mechanismus des Nadelventils durchspülen, um den Dreck auszuwaschen. Falls man an die Befestigungsschrauben der Kammern nicht herankommt – bei einigen Mehrzylindern ist das unterwegs schwer zu machen, bei anderen schlicht unmöglich – versucht man bei geöffnetem Benzinhahn die auf dem Mittelständer aufgebockte

Falls das Schwimmernadelventil hängt, nimmt man die Schwimmerkammer ab, um den Fehler zu beheben.

Maschine seitlich hin und her zu schaukeln. Das fortgesetzte Rütteln in Verbindung mit dem Benzin, das durch das Ventil fließt, genügt häufig, um den Schmutz zu lösen. Zu Hause in der Werkstatt kann man dann Tank, Benzinleitungen und Schwimmerkammern leeren und durchspülen – das ist unerläßlich, wenn das Problem nicht wieder auftauchen soll.

4. Plötzliche mechanische Defekte sind selten, wenn auch nicht ausgeschlossen. Was vielleicht am häufigsten vorkommt – restloser Verlust der Kompression bei einem Zweitakter, hervorgerufen durch ein Loch im Kolbenboden – geht in Wirklichkeit auf das Konto eines Defekts im Bereich der Elektrik. In ähnlicher Weise ist ein Lagerschaden bei einem Viertakter oft Folge von vermehrtem Verschleiß und möglicherweise der Vernachlässigung von Öl- und Filterwechsel.

Mechanische Defekte, die während der Fahrt auftreten, sind im allgemeinen auf die Zündanlage, den Ventiltrieb oder die Kupplung beschränkt. Wiederum ist es nur beim Ventiltrieb möglich, daß sich ein Schaden entwikkelt, der nicht auf vermehrten Verschleiß zurückgeführt werden kann, wie er bei der letzten Routinekontrolle bemerkt und beseitigt worden sein *sollte*.

Die wahrscheinlichste Ursache für einen Ventilschaden ist das Überdrehen des Motors jenseits des roten Bereichs auf dem Drehzahlmesser. Wenn man sich verschaltet, beispielsweise, kann die Drehzahl des Motors jenen Punkt überschreiten, bis zu dem die Ventilfedern den Steuerbewegungen des Ventiltriebs noch folgen können. Dann flattern die Ventile und ein Ventilteller kann mit einem Kolbenboden kollidieren. Dabei können beide Teile demoliert werden. Der Ventilschaft kann sich verbiegen oder brechen und der Kolben durchlöchert werden. Falls der Motor nicht sofort abgestellt wird, kann der innere Schaden irreparable Ausmaße annehmen.

Anzeichen beschädigter Ventile sind Kompressionsverlust, erkennbar an verminderter Leistung, und Fehlzündungen. Wenn der Motor in den Vergaser zurückpatscht, liegt der Fehler beim Einlaßventil. Sein Sitz ist nicht in Ordnung, deshalb werden Gemisch oder heiße Gase beim Verdichtungs- und Verbrennungstakt ins Einlaßsystem gedrückt.

Nachknallen im Auspuffsystem zeigt, daß entweder der Sitz des Auslaßventils nicht mehr in Ordnung ist oder eine unvollständige Verbrennung stattfindet, und teilweise unverbranntes Benzin in den Auspuff gelangt und erst dort zündet.

Beim Auftreten solcher Symptome hält man sofort an und schaut sich nach sichtbaren Anhaltspunkten für die Störungsquelle um. Bei Mehrzylindern kann man den schadhaften Zylinder auf recht einfache Weise herausfinden; man hält eine Hand an jeden Auspuffkrümmer, dicht am Auslaßkanal. Falls einer bedeutend heißer oder kälter als die übrigen ist, ist an dem betreffenden Zylinder etwas faul. Bei mehrrohrigen Auspuffanlagen können auch die Endrohre Aufschluß geben.

Oben: Die Unterbrechergrundplatte wird in Langlöchern verschraubt, damit die Zündung eingestellt werden kann.

Darunter: Die Federn der Fliehgewichte können brechen und so zu Leistungsverlust führen.

Bei normaler Verbrennung ergeben die Auspuffgase dort einen mattgrauen Niederschlag. Ein schuppiger, schwarzer Belag zeigt, daß Öl mitverbrannt wird, rußige Rückstände deuten auf Gemischüberfettung und zu niedrige Betriebstemperatur hin, und aschegraue Ablagerungen bedeuten zu mageres Gemisch und Überhitzung. Wenn man die Kerzen ausbaut, kann man dort die gleichen verräterischen Spuren lesen.

5. Von den Bauteilen der Zündanlage, die Zündstörungen hervorrufen können, kommt vor allem der Unterbrecher-Mechanismus in Frage. Das gängige Prinzip der Zündzeitpunkteinstellung besteht darin, die Unterbrechergrundplatte zu verdrehen und – sobald die Einstellung korrekt ist – mit Schlitzschrauben zu fixieren. Wenn diese Schrauben sich lockern, kann die Grundplatte wandern und dadurch den Zeitpunkt verstellen. Bei zu viel Spätzündung verzögert sich der Zündfunke zu sehr und führt zu Leistungsverlust, verbunden mit Zurückpatschen durch den Vergaser. Das Auspuffgeräusch klingt flau; bei Zweitaktern mag der Motor zwar zünden, verweigert aber dennoch das Anspringen. Bei zu viel Frühzündung erscheint der Funke vorzeitig, verursacht Heißlaufen, Leistungsverlust und permanentes ›Frühzündungsklingeln‹. Es ist dieses charakteristische Klingeln, wie es auch bei einem Motor entsteht, der extrem belastet wird. Dafür können auch noch zwei weitere Ursachen in Frage kommen – Überhitzung von Ölkohlerückständen im Zylinderkopf und Verwendung von Benzin mit zu niedriger Oktanzahl.

Weitere Zündstörungen, die sich unterwegs ergeben können, sind Schwächung oder Bruch einer oder beider Federn des Fliekraftverstellers. Wenn das passiert, vernimmt man höchstwahrscheinlich das Klappern der beiden Fliehgewichte. Die Unterbrecherfeder kann ausleiern oder brechen, obwohl das selten vorkommt, oder ein ausgefallener Kondensator kann zu übermäßigem Abbrand der Unterbrecherkontakte führen.

6. Es gibt nur einen Schaden an der Kupplung, der sich auf die Motorleistung auswirken kann – Kupplungsrutschen. Es ist daran zu erkennen, wenn der Motor beim Aufziehen des Gasgriffs schnell hochdreht, ohne daß das Fahrzeug viel schneller wird. Die Ursache kann eine falsche Einstellung des Ausrückmechanismus sein, der immer etwas freies Spiel (toten Gang) braucht, wenn die Kupplung nicht rutschen soll. Das genaue Maß für das Spiel variiert, aber ein Hebelweg von 3–5 mm an der Seileinhängung des Kupplungshebels am Lenker ist normal. Verschlissene Kupplungsreibscheiben oder falsche Vorspannung der Kupplungsdruckfedern sind die einzigen anderen möglichen Ursachen für Kupplungsrutschen.

Zündstörungen bei Nässe

Reines Wasser leitet den Strom nicht; da jedoch Regenwasser immer gelöste Salze enthält, sieht es damit anders aus. Da beim Motorrad die Zündanlage größtenteils den Witterungseinflüssen ausgesetzt ist, können Zündstörungen, die bei feuchtem Wetter auftreten, fast immer auf Wasser zurückgeführt werden, das irgendwie in die Anlage eingedrungen ist.

Einige Maschinen, die mit blechabgeschirmten Entstör-Kerzensteckern ausgerüstet waren, hatten damit große Probleme – aber nicht aus dem Grund, den man vielleicht zuerst vermuten würde.

Metallabgeschirmte Kerzenstecker als solche sind nicht merklich schlechter als Plastikstecker. Allerdings fand man heraus, daß die Abschirmung Haarrisse im Isoliergehäuse verursachen kann, offenbar durch Wärmedehnung und das darauffolgende Zusammenziehen bei der Abkühlung. Das Mittel für die Behebung nässebedingter Zündstörungen wäre der komplette Austausch aller Entstörstecker gegen Ausführungen aus Vollplastik. (Nach § 55a StVZO ist eine Funkentstörung obligatorisch. Die Verwendung nicht entstörter Plastikstecker ist nur dann zulässig, wenn andere Entstörmaßnahmen durchgeführt werden. Eine Möglichkeit ist der Einbau entstörter Zündkerzen, die jedoch nicht für alle gewünschten Wärmewerte erhältlich und um einiges teurer sind als normale Kerzen. Sie tragen in ihrer Bezeichnung den zusätzlichen Kennbuchstaben R). Es genügt nicht, die Blechabschirmung des Steckers einfach abzunehmen.

Nasse Zündkabel, Kerzen-Isolierkörper und Unterbrecher können mit Hilfe wasserverdrängender Sprays ›ausgetrocknet‹ werden. Solche Sprays haben auch vorbeugende Funktion. Man sprüht die Zündanlage ein und schützt sie damit gleichzeitig gegen Kondenswasser, was ja die gleiche Wirkung auf die Elektrik hat wie von außen eingedrungenes Wasser.

Bei einigen Motorrädern kann ein besonders verwirrendes Schlechtwetterproblem auftreten. Es sind ständige Zündstörungen, dem Anschein nach mit allen Symptomen eines Zündkerzenschadens, die jedoch auch nach Austrocknen der Zündanlage unbeeindruckt weiterbestehen.

So etwas kann durch Wasser zustande kommen, das durch den Luftfilter eindringen konnte. Häufig sind diese Filter in einem Hohlraum unter der Doppelsitzbank angebracht, und das Wasser sickert entweder um die vordere Kante der Sitzbank herum ein, oder die Schaumstoff-Füllung saugt sich voll und wird dann durch das Gewicht des Fahrers ausgepreßt. Um dem vorübergehend abzuhelfen, kann man den Filtereinsatz herausnehmen. Will man die Sache jedoch dauerhaft kurieren, wird man etwas basteln müssen, um das Filtergehäuse rundherum abzudichten.

Falls es im Filtereinsatz zur Wasserabscheidung infolge der ins Filtergehäuse eingeleiteten Kurbelgehäuseentlüftung kommt, hilft nur regelmäßiger Filterwechsel.

Startprobleme

Bei schlechtem Startverhalten ist das gleiche Vorgehen bei der Diagnose angebracht, das auch für Zündstörungen und Motorausfall beschrieben wurde.

Falls der Motor zufriedenstellend gelaufen ist, bevor die Maschine abgestellt wurde, aber anschließend nicht mehr anspringen will, ist das ein klarer Hinweis auf Probleme in der Elektrik oder im Kraftstoffsystem, weniger in der Mechanik.

Die wahrscheinlichste Ursache ist ein schlechter Zündfunke. Das bedeutet, daß Batterie oder Kerzen betroffen sind – ein Problem, das damit zusammenhängt, daß man sich heutzutage zunehmend auf den elektrischen Anlasser verläßt.

Wenn eine Maschine nicht nach dem dritten Knopfdruck angesprungen ist, versuche man es nicht länger mit dem Anlasser, sondern kehre zum Kickstarter zurück (falls die Maschine noch einen hat). Auch bei den anfänglichen Startversuchen sollte man jeweils eine Atempause von ca. 20 Sekunden nach jedem Knopfdruck einlegen, um der Batterie Zeit zum Erholen zu geben.

Für einen guten Funken braucht man relativ wenig Strom – sogar eine Taschenlampenbatterie, am Niederspannungsteil der Zündung angeschlossen, reicht aus, um die Zündspule beim Ankicken zu aktivieren. Andererseits bedeutet ein Anlasser, der bei stehendem Anker bis zu 320 Ampère zieht, praktisch ein direktes Kurzschließen der Batterie über Masse. Das ist genug, um eine durchschnittliche Motorradbatterie innerhalb von zwei Minuten leerzumachen; daher besteht die Notwendigkeit des Kickstartens, bevor eine zu starke Entladung stattfindet.

Einige Punkte sollten routinemäßig folgendermaßen kontrolliert werden:

1. Nachsehen, ob die Zündung eingeschaltet ist und der Killschalter auf ›Run‹ steht.

2. Nachprüfen, ob genügend Benzin im Tank ist und in die Vergaser gelangt.

3. Prüfen, ob der Choke funktioniert.

4. Eine Kerze herausnehmen und überprüfen. Die Elektroden reinigen und ihren Abstand kontrollieren. Wenn die Kerze in schlechtem Zustand ist, den Elektrodenabstand versuchsweise auf 0,5 mm reduzieren. Es ist zu bedenken, daß die Lebensdauer von Kerzen in luftgekühlten Motoren und voller Einsatzfähigkeit nur etwa 8000 km beträgt, und daß sich der Elektrodenabstand häufig infolge von Abbrand erweitert. Im Zweifelsfall neue Kerzen montieren.

5. Isolierkörper von Kerzen und Kerzensteckern kontrollieren. Mit einem Lappen, vorzugsweise spiritusgetränkt, abwischen, um Straßenschmutz zu entfernen. Letzterer enthält oft metallische Spuren, die Kriechströme verursachen und damit den Funken schwächen können.

6. Bei Maschinen mit kontaktgesteuerter Zündung die Unterbrecher überprüfen. Schmutz auf den Kontaktflächen, verbrannte Flächen und falscher Kontaktabstand sind allesamt Faktoren, die den Funken schwächen.

7. Die Säuredichte der Batteriezellen kontrollieren: der gemessene Wert sollte zwischen 1,26 und 1,28 liegen. Ein höherer Wert ist ein Hinweis auf einen inneren Kurzschluß, der die Ladekapazität verringert. Ein niedrigerer Wert bedeutet zu geringe Ladung – was wiederum bedeutet, daß die Batterie nicht voll leistungsfähig ist.

8. Falls alle bisherigen Kontrollen keinen Aufschluß gebracht haben, Sicherungen und Kabel überprüfen.

9. Versuchsweise eine zweite Batterie zuschalten. Falls der Start per Anlasser erfolgen soll, muß ein richtiges Starthilfekabel verwendet werden; man beachte, daß dabei hohe Ströme fließen. Falls die Zusatzbatterie lediglich zur Vergrößerung der Kapazität für das Anwerfen per Kickstarter dienen soll, genügen stattdessen normale Kabel. Dazu ist Parallelschaltung notwendig – Pluspol der Zusatzbatterie an Pluspol der Fahrzeugbatterie und Minuspol an Minuspol.

10. Bei Kälte ist die Ladekapazität herabgesetzt und der Motor infolge zähflüssigeren Öls schwerer durchzudrehen. Auch die Zerstäubung des Benzins ist beeinträchtigt. Unter solchen Bedingungen ist die Anwendung eines Starthilfe-Sprays zulässig. Diese Sprays enthalten gewöhnlich Äther, der einen sehr niedrigen Flammpunkt hat. In die Ansaugöffnung eingespritzt, erzeugt man dadurch ein leichtentzündliches Gemisch im Zylinder. Oder die Kerze ausbauen und den Äther direkt in den Zylinder einspritzen; auch Feuerzeugbenzin kann auf diese Weise injiziert werden.

Ein weiterer wirksamer Ausweg ist das ›Verpacken‹ von Motor, Vergaser und Batterie in Plastikfolie; mit einem Haartrockner oder Heizlüfter wird anschließend Warmluft hineingeblasen. In zwanzig Minuten hat der Motor sommerliche Umgebungstemperaturen. Falls man zu diesem Mittel greift, ist es jedoch wichtig, darauf zu achten, daß Kabel und ans Netz angeschlossene Geräte nicht naß werden können.

Woher kommt das Geräusch?

Es gibt wenige Schäden, die ohne Vorwarnung auftreten. Die meisten Defekte kündigen sich im Zuge ihrer Entstehung vorher an – sei es in Form veränderter Laufcharakteristik des Motors oder durch Geräusche.

Aus keinem Lehrbuch kann man sich das Gefühl dafür aneignen, ob ein Motor wie gewohnt tadellos arbeitet oder irgendwie nachgelassen hat; Geräusche hingegen sind ziemlich charakteristisch. Man beachte jedoch, daß dabei einige Fremdeinflüsse zu berücksichtigen sind. Schon das Tragen eines anderen Helms kann die akustische Wahrnehmung verändern. Mit einem Integralhelm werden Geräusche ferngehalten, die schon beim Tragen eines Jet-Helms einwandfrei zu hören wären. Sogar zwischen Helmen des gleichen Typs können Unterschiede in der Schalleitung auftreten; man muß also die spezifische Wirkung des eigenen herausfinden. Auch der Straßenbelag kann Geräusche erzeugen oder verstärken; Solche Faktoren zu eliminieren gehört zur Kunst der Störungsdiagnose.

Einige Geräusche verlieren sich, sobald das Motorrad steht und der Motor nicht belastet wird, andere nicht. In der Werkstatt können Geräusche mit beträchtlicher Genauigkeit mit Hilfe eines Stethoskops oder einer Sonde exakt identifiziert werden. Was ein Stethoskop ist, wird von der ärztlichen Untersuchung her wohl bekannt sein. Man steckt die Endstücke ins Ohr, legt die Membran am Motor an, und schon ist präzise zu hören, was im Innern vorgeht. Preiswerter ist jedoch ein langer Schraubendreher. Man legt das Ohr an den Griff, hält sich das andere Ohr zu und geht mit der Klinge an den Motor. Über die Vielfalt der Mißklänge wird man ins Staunen geraten, jedoch nach einiger Übung wird man in der Lage sein, tatsächlich jede Geräuschquelle zu identifizieren und zuzuordnen.

Die bekanntesten Geräusche sind die des laufenden Motors. Einige sind nicht mechanischen Ursprungs. Der ständige, metallisch klirrende Ton, den man bei Belastung oder beim Beschleunigen hören kann, ist Frühzündungsklingeln. Es wird von vorzeitig entzündetem Gemisch verursacht. Es läßt darauf schließen, daß das verwendete Benzin eine zu niedrige Oktanzahl hat – z. B. Normalbenzin anstelle von Super –, ebenso ist es möglich, daß Ölkohlerückstände im Brennraum zu glühen begonnen haben und die Frischgase vorzeitig entzünden, oder der Zündzeitpunkt ist zu früh eingestellt.

Nachknallen ist die andere Seite der Medaille. In diesem Fall wird unverbranntes Benzin durch den Auslaßkanal ausgestoßen. Es sammelt sich im Schalldämpfer und wird dann von durchströmenden heißen Gasen entzündet. Zu fettes Gemisch ist eine Möglichkeit. Eine andere ist ein zerstörter Sitz des Auslaßventils – oder nur ein zu stramm eingestelltes Ventil. Zurückpatschen durch die Vergaser wird durch Gase hervorgerufen, die irgendwie durch den Sitz des Einlaßventils hindurchgepreßt werden. Ein zu stramm eingestelltes oder beschädigtes Einlaßventil, ein schadhafter Ventilsitz, oder ein sträflich weit verspäteter Zündzeitpunkt – all dies kommt als Ursache in Frage.

Klappern aus dem Motor kommt gewöhnlich von den Kolben, der Laufbahn oder den Pleueln. Kolbenkippen, hervorgerufen durch übermäßiges Kolben-/Laufbahn-Spiel oder verbrauchte Kolbenringe, ist ein gleichförmiges Geräusch, dessen Frequenz sich drehzahlabhängig ändert. Es kann auch mit ausgelaufenen Pleuelbuchsen zusammenhängen; in solchen Fällen entwikkelt es sich bald zu einem anhaltenden eindringlichen Rasseln, wenn der Kolbenbolzen in der zunehmend lockeren Buchse herumflattert.

Knisternde oder klickende Geräusche stammen gewöhnlich aus dem Ventiltrieb, obschon auch der Primärtrieb oder die Kupplung die Urheber sein können. Mit dem Schraubendreher als Sonde hat man sie bald identifiziert. Poltergeräusche hingegen deuten einen Schaden im unteren Bereich des Motors an – Hauptverdächtige sind die Kurbelwellenlager. Schläge von unten her hängen oft mit einem Pleuellagerschaden zusammen.

Geräusche hoher Frequenz – Jaulen oder Quietschen – weisen auf Kupplungs- oder Getriebeprobleme hin. Wenn sich Zahnräder abgenutzt haben, werden ihre Zähne laut und das Getriebe jault ständig. Gleichbleibendes Quietschen bedeutet, daß ein rotierendes Teil – z. B. die Kupplungstrommel – Berührung mit einem anderen Metallteil hat und daß der Ölfilm zwischen beiden abgerissen ist. Dabei findet enormer Abrieb statt, und man sollte sofort anhalten. Eine weitere Möglichkeit ist ein surrender Ton, der auf eine hängengebliebene Kickstarter-Sperrklinke hindeutet.

Auch das Fahrwerk kann seinen Anteil zur Geräuschbildung beitragen. Quietschende Scheibenbremsen verweisen auf erhöhte oder verglaste Stellen auf der Reibfläche der Bremsklötze. Bei Trommelbremsen bedeutet es Staubrückstände auf den Bremsbelägen.

Kein Rauch ohne Feuer?

Bei Viertaktern sind Qualmwolken aus dem Auspuff ein Indikator für den inneren Zustand des Motors. Weißer oder grauer Qualm bedeuten, daß Öl mitverbrannt wird – das also offenbar auch irgendwie in den Brennraum gelangt. Das kann eine vergleichsweise harmlose Ursache haben, wie z. B. zu viel eingefülltes Motoröl – wovon übrigens abzuraten ist, denn das überschüssige Öl kann durch das Entlüftungssystem oder die Gehäusetrennfugen nach draußen gedrückt werden.

Falls der Ölstand stimmt, gibt es mehrere Ursachen, die außerdem in Frage kommen. Falls das Phänomen sich allmählich entwickelt hat, ist es wahrscheinlich auf Laufbahnverschleiß oder eine ausgelaufene Einlaßventilführung zurückzuführen. Plötzliche Rauchentwicklung – insbesondere im Zusammenhang mit nachlassendem oder gänzlich eingebüßtem Kompressionsdruck – bedeutet gebrochene oder festgebackene Kolbenringe.

Schwarzer Rauch entsteht bei einer Verbrennung mit Benzinüberschuß. Vielleicht ist der Schwimmerstand in der Schwimmerkammer zu hoch, entweder durch falsche Einstellung oder durch hängengebliebenes Schwimmernadelventil. Eine Hauptdüse kann sich losgeschütttelt haben und schließlich in die Schwimmerkammer gefallen sein; oder, bei Motorrädern, deren Kaltstarteinrichtung per Startkolben betätigt wird, kann dieser Kolben in der Startstellung hängengeblieben sein. Bei Vergasern mit Starterklappe kann es vorkommen, daß die Klappe nicht richtig öffnet (zudem heult der Motor in beiden Fällen in hohen Drehzahlen); die letzte Möglichkeit besteht darin, daß das Luftfilter irgendwie verstopft ist und nicht genügend Luft durchläßt.

Brauner Qualm bedeutet mageres Gemisch. Die wahrscheinlichsten Ursachen sind Benzinmangel, hervorgerufen durch zu niedrigen Benzinstand, Verstopfung der Benzinleitungen oder der Hauptdüsen; Gemischabmagerung kann sich jedoch auch durch Ansaugen von Nebenluft ergeben – bei Vergasern, die sich auf den Ansaugstutzen gelockert haben, oder durch undichte Stellen am Ansaugschlauch bzw. an den Dichtkanten des Filtereinsatzes.

Überholen von Zylinder und -kopf

Eine der einfachsten Arbeiten für einen Hobbymechaniker bei solchen Überholungen, das Entkohlen von Brennraum, Kolben etc., wird dennoch sehr häufig mißverstanden. Es ist nicht als Schnellkur gegen Leistungsverlust zu verstehen; in den meisten Fällen wird es viel zu oft durchgeführt. Sogar bei Zweitaktern – die bekanntlich auf Ablagerung von Ölkohle im Auslaßkanal und im Schalldämpfer-Endstück empfindlich reagieren – sind vollständige Zylinder- und -kopfüberholungen erst nach sehr langen Zeitabständen notwendig. Es reicht, wenn man die Ölkohle im Auslaßkanal und aus dem abnehmbaren Schalldämpfer-Endstück entfernt. Bei Viertaktern treten nur leichte Ablagerungen am Kolbenboden und der Brennraumoberfläche auf. Erst nach mehrjähriger Laufzeit werden die Ablagerungen eventuell solche Ausmaße erreicht haben, daß sie entfernt werden *müssen;* in der Zwischenzeit tut man dem Motor den größten Gefallen, wenn man ihn in Ruhe läßt. Gute Wartung heißt, immer so wenig wie möglich zu tun, aber dieses Wenige richtig zu tun.

Was regelmäßig durchgeführt werden *muß*, ist die Kompressionsmessung beim Viertakter – exakt, mit einem Kompressionsdruckprüfer – und falls der Test undichte Ventile verrät, müssen der Kopf sofort abgenommen und die Ventilsitze nachgearbeitet werden. Dabei ist es im allgemeinen ein schlauer Zug, bei dieser Gelegenheit die Ventilfedern und die Öldichtungen für die Führungen gleich mit auszutauschen. Nun, da der Kopf abgebaut ist, wird man auch die Ölkohle entfernen – nicht als Hauptsache der Überholung, sondern eben beiläufig, weil es praktisch ist.

Nicht jeder Kohlebelag ist von Nachteil. Bei älteren Motoren fungiert die Schicht um die Kante des Kolbenbodens herum und im oberen Bereich der Bohrung häufig als zusätzliche Öldichtung zwischen dem Brennraum und dem unteren Teil des Motors. Beseitigt man sie, steigt der Ölverbrauch an. Schmiermittel, das bisher nur die Stel-

Das Schnittmodell eines typischen Zweitaktmotors, einer 125 cm³ Morini

◀ Ausbau eines Suzuki Zweitaktmotors

len erreichte, wo es hingehörte, wird nun stattdessen in den Brennraum gepumpt und verbrannt. Daraus bildet sich dann Ölkohle. Der Trick dabei ist, den Kolbenboden nur so weit zu reinigen, daß außenherum an der Kante ein Ring Kohle von einigen Millimetern Breite stehenbleibt. Das ist zu weit weg von der ›heißen Mitte‹ des Kolbens, um Glühzündungen verursachen zu können; auf diese Weise kann sie ihre nützliche Funktion beibehalten und das Öl bleibt, wo es hingehört.

Arbeitsvorbereitungen

Zuerst einmal legt man sich alle Werkzeuge und Materialien, die man braucht, zurecht, bevor man anfängt. Obwohl das natürlich vom jeweiligen Vorhaben und vom betreffenden Motorrad abhängt, gibt es eine Grundausstattung, die man in jedem Fall braucht.

Material

- Dichtungs-Sortiment (neue Dichtungen für Zylinderkopf, Ventildeckel, Auspuffkrümmer; Dichtungskappen für Ventilführungen bzw. -schäfte, Dichtringe für Ölbohrungen im Inneren)
- Schmirgelleinen (feine Körnung, evtl. Polierleinen) zum Polieren von Kolbenboden, Brennkammern und Ventilschäften
- Schleifpaste (fein) zum Ventileinschleifen
- Dichtungsmasse
- Metallpolitur
- Petroleum (mindestens 2 l) zum Reinigen von Teilen
- Ventilfedern
- Stahlwolle

Werkzeuge

- Bürste
- Fühlerlehre
- Schaber, stumpfkantig
- Schraubendreher mit Flachklinge
- Kreuzschlitzschraubendreher – oder Innensechskantschlüssel, je nach Bedarf
- Schraubenschlüssel für alle Schrauben und Muttern
- Drehmomentschlüssel
- Wanne und Pinsel zum Reinigen von Teilen
- Ventileinschleifer
- Drahtbürste (oder rotierende Drahtbürsten für die Bohrmaschine)

Arbeitserleichterungen

Den Motor, wenn irgend möglich, im Rahmen belassen. Damit hat man die beste und stabilste Werkbank. Unglücklicherweise ist dies bei den meisten Motorrädern nicht möglich, aus dem einfachen Grund, weil zwischen den Rahmenrohren und dem Zylinderkopf zu wenig Spielraum ist, um den

Kopf abzuheben. Um den Umgang mit dem Motor auf der Werkbank zu erleichtern, kann man sich aus Abfallholz einen geeigneten Rahmen bauen. Ein paar Meter festes Bauholz von einem Abbruchgrundstück – mit 60 mm×40 mm Querschnitt – und einige Nägel, mehr braucht man nicht dafür.

Man sägt vier Stücke, ungefähr 400 mm lang und als Querverbindungen zwei Stücke 300 mm lang. Die längeren Stücke nagelt man paarweise zusammen, so daß zwei Träger von 60 mm Breite und 80 mm Höhe entstehen. Sie ergeben die Seitenteile des Rahmens. Jetzt nagelt man an jedem Ende eine Querverbindung fest. Damit hat man einen Montagerahmen mit erhöhten Seitenteilen, der den Motor in mehreren verschiedenen Lagen aufnehmen kann, ohne daß er auf der Werkbank herumrollt.

Zweitakter: ›Kleine Inspektion‹ für Zylinder und Kopf

Ohne begründeten Verdacht, daß die Kolbenringe eine Kontrolle gebrauchen könnten, kann man diese Arbeit beim Zweitakter auf das Nötigste beschränken; sie erfordert nicht viel mehr als den Kopf abzunehmen und den Auspuff auszubauen.

Das Verfahren ist simpel; man löst die Auspuffanlage – gewöhnlich ist sie mit Muttern und Stehbolzen am Auslaßkanal und einer einzelnen Schraube am Schalldämpfer befestigt – und nimmt sie vom Fahrzeug ab. Vielleicht ist es notwendig, den Krümmer durch leichte Schläge mit dem Handballen von seinem Dichtring am Flansch zu trennen.

Als nächstes löst man die Befestigungen für den Kopf. Das können Mut-

Zuerst den Auspuffkrümmer abbauen

Als nächstes die Kopfmuttern lösen

Der Zylinderkopf ist möglicherweise mit separaten kurzen Stehbolzen am Zylinder befestigt.

Wenn die Verschraubung gelöst ist, kann man das Endrohr aus dem Schalldämpfer herausziehen.

tern auf langen Stehbolzen sein, mit denen beide – Kopf und Zylinder – befestigt sind, oder Schrauben, mit denen der Kopf am Zylinder allein verschraubt ist. Wiederum sind vielleicht ein paar Schläge an der Trennfuge vonnöten, damit sich die innige Verbindung beider Teile löst. Am besten nimmt man dafür einen Gummihammer. Andernfalls probiert man es mit einem Holzklotz. Manchmal kann man einen festgebackenen Kopf durch bloßes Durchdrehen des Motors, entweder per Anlasser oder per Kickstarter, aus seinem Sitz befreien. Vorausgesetzt, man hat die Zündkerze dringelassen, wird der Kompressionsdruck den Kopf abheben. Bei diesem Verfahren muß man aufpassen, daß der Zylinder nicht beschädigt wird. Am besten ist es, die Befestigungsschrauben oder -muttern bis auf einige Millimeter über dem Kopf wieder aufzuschrauben. Sie wirken dann als Anschlag.

Sobald man den Kopf abgenommen hat, dreht man den Motor, bis der Kolben auf OT steht; dann schabt man die Ölkohle vom Kolbenboden ab. Für die letzten Überreste nimmt man Stahlwolle und poliert zum Schluß noch einmal mit feinem Schmirgelleinen (Siliciumkarbid) nach, das in Metallpolitur angefeuchtet wurde. Danach wäscht man den Kolbenboden sorgsam mit Petroleum ab, um auch die letzte Spur Schleifmittel zu entfernen, und tupft ihn trocken.

Nun schmiert man einen Fettfilm auf den Kolbenboden und dreht den Motor, bis der Kolben auf UT steht. Auch die jetzt freiliegende Zylinderlauffläche fettet man leicht ein.

Nun kann man den Auslaßkanal von außen reinigen. Grober Ölkohleansatz wird zunächst mit dem Schaber herausgebrochen; dann wird, wenn möglich, mit einer rotierenden Drahtbürste auf einer Bohrmaschine mit flexibler Welle nachpoliert. Zwischendurch hilft ein Staubsaugerschlauch, lose Kohlestücke abzusaugen. Falls das nicht funktioniert, kann man sie mit einem kleinen, trockenen Pinsel herausschnippen.

Unvermeidlich werden einige Kohlesplitter in den Zylinder fallen. Sie bleiben aber an der Fettschicht auf dem Kohlenboden und der Laufbahn hängen.

Wenn der Auslaßkanal sauber ist, ist es kein Problem, den Kolben langsam wieder auf OT zu bringen; dabei schiebt er den ganzen Kohleschutt und das Fett vor sich her. Sobald der Kolben auf OT ist, wischt man das Ganze ab und reibt noch einmal mit dem Petroleumlappen nach. Dann entkohlt man den Kopf auf die übliche Weise, indem man die gröbsten Rückstände mit dem Schaber entfernt und den Rest mit der rotierenden Drahtbürste wegpoliert. Wiederum mit Stahlwolle bzw. mit poliermittelgetränktem Schmirgelleinen schließt man diese Arbeit ab.

Zum Abschluß der Arbeit nimmt man das Schalldämpfer-Endstück heraus und befreit es vollständig von allen Ölkohlerückständen. Letztere tendieren dazu, die Bohrungen zuzusetzen; ein gewöhnlicher Handbohrer ist für solche Stellen ein gut brauchbares Instrument. Die Prallplatte wird gründlich mit der Drahtbürste von Ölkohle gereinigt und anschließend wieder eingebaut.

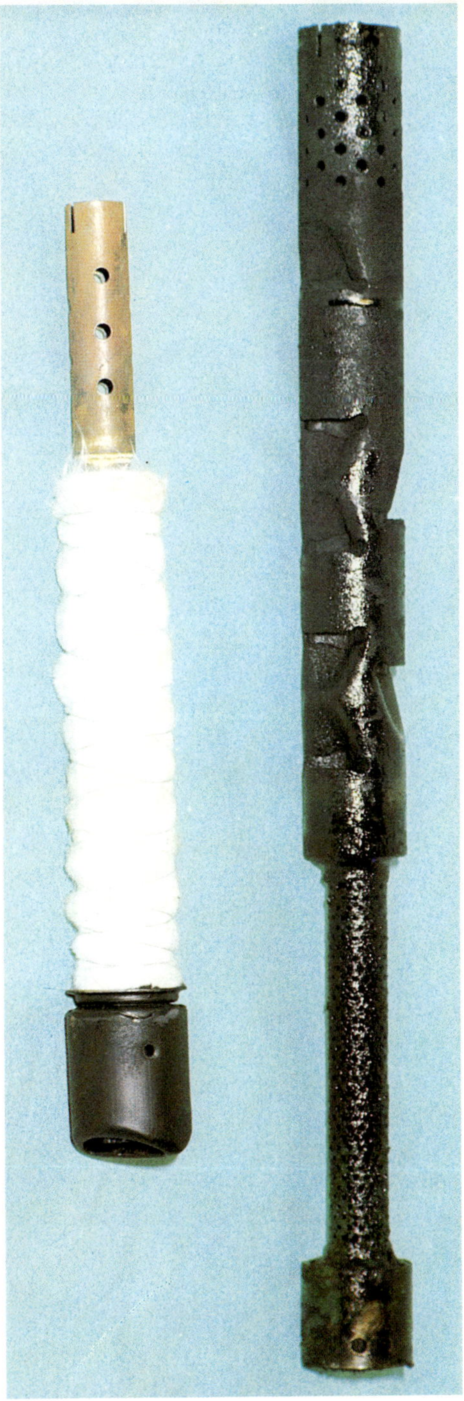

Zweitakt-Schalldämpfereinsätze, alt und neu

Dieser Zylinder hat eigene, kurze Stehbolzen zur Befestigung.

Nach dem Lösen der Muttern den Zylinder sehr behutsam abnehmen.

Falls man in der Vergangenheit versäumt hat, den Schalldämpfer sauberzuhalten, kann es sein, daß das Endrohr sich nur schwer ausbauen läßt. Wenn man sorgsam vorgeht, kann man es gewöhnlich mit einem Stück Weichholz freiklopfen. Falls es an der Mündung mit einem Quersteg versehen ist, schlingt man ein Stück starken Draht hindurch und klemmt die Enden in einer Gripzange fest; damit hat man einen behelfsmäßigen Abzieher.

Mit der Montage von Kopf- und Auspuffanlage ist die ›kleine Inspektion‹ beendet. Die Zylinderkopfschrauben (bzw. -muttern) werden schrittweise in der vorgeschriebenen Reihenfolge angezogen; wo erforderlich, sollten neue Dichtungen montiert werden. An einem Einzylindermotor dauert die Arbeit etwa 1 Stunde.

Zweitakter: ›Große Inspektion‹ für Zylinder und Kopf

In den Fällen, wo simples Entkohlen nicht ausreicht, muß man die ganze Prozedur noch auf Zylinder und Kolben ausdehnen. Der Zylinder wird normalerweise von den gleichen Muttern, die auch den Kopf sichern, mit langen, durchgehenden Stehbolzen am Kurbelgehäuse gehalten; er wird sozusagen zwischen beiden ›eingeklemmt‹. Manchmal wird er jedoch auch durch eigene kurze Stehbolzen am Zylinderfußflansch gehalten.

Bei Mehrzylindern ist es allgemein üblich, daß die Zylinder und Köpfe getrennt ausgeführt sind, jedoch ist das nicht immer so. Bei der Suzuki GT 250 A Reihe beispielsweise haben die beiden einzeln stehenden Zylinder einen

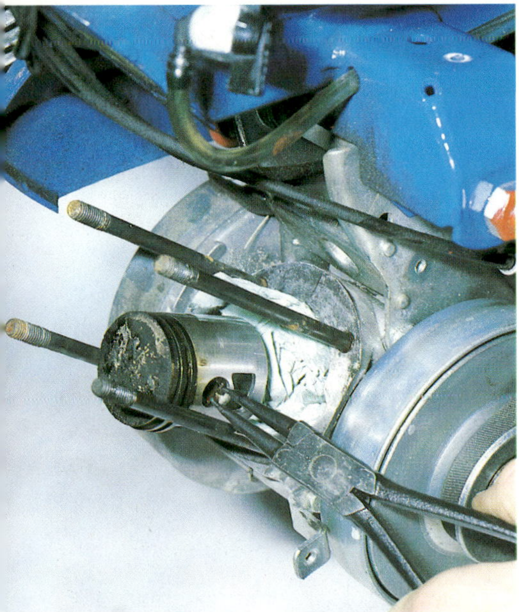

Den Sicherungsring des Kohlbenbolzens herausnehmen

Der Kolbenbolzen ist wahrscheinlich leicht herauszudrücken

gemeinsamen Kopf. Einige der älteren Zweitakt-Twins hatten beide Zylinder in einem Block.

Beim Abnehmen der Zylinder von Zweitaktern ist es gut, wenn der Kolben auf halber Höhe steht, so daß man ihn mit einer Hand unterfassen kann, sobald er unten aus der Zylinderbohrung herausrutscht. Damit verhütet man, daß der Kolben gegen die Stehbolzen oder andere Hindernisse schlägt. Das ist ein wichtiger Punkt, denn die Gleitflächen des Kolbens sind recht empfindlich. Dafür gibt es jedoch keine feste Regel, und einige Mechaniker ziehen es vor, den Kolben auf OT zu stellen, so daß der Zylinder Kolben und Stehbolzen im gleichen Moment freigibt. Es geht beides; es kommt nur darauf an, zu vermeiden, daß die Lauffläche des Kolbens gegen irgendein anderes Motorteil schlägt.

Sobald der Zylinder abgenommen ist, kann man den Kolben ausbauen. Als erstes sieht man nach, ob die Einbaurichtung des Kolbens auf dem Kol-

Für hartnäckige Kolbenbolzen braucht man eventuell einen Dorn.

benboden markiert ist. Gewöhnlich ist ein Pfeil eingestempelt, der zum Auslaß zeigt. Er ist vielleicht noch unter der Ölkohle verborgen, daher ist es durchaus zulässig, vorsichtshalber eine eigene feine Markierung entweder auf den Kolbenboden oder auf die *Innenseite* – nicht außen – des Kolbenhemds zu kratzen. Da der Kolben symmetrisch aussieht, mag man dies für pedantisch halten. Aber die Dinge sind nicht immer so, wie sie scheinen, und in einigen Fällen – z. B. an den Kawasaki-Dreizylindern – sind die Bohrungen für die Kolbenbolzen in der Tat leicht außermittig versetzt (Desachsierung), um Kolbenkippen zu vermeiden. Andere besitzen Fenster zur Gassteuerung; verkehrt herum eingebaut, streiken sie einfach. Vor allem aber stimmt die genau festgelegte Position der Kolbenringstöße nicht mehr (die ja keine Schlitze überlaufen dürfen!), und das Resultat kann ein Totalschaden von Ring, Kolben und sogar Zylinder sein. Aus dem gleichen Grund ist es zudem notwendig, den Kolben bezüglich seiner Zugehörigkeit zum betreffenden Zylinder zu kennzeichnen.

Wenn dieser Punkt erledigt ist, wird die Kurbelgehäuseöffnung mit sauberen Lappen oder zerknülltem Zeitungspapier abgedeckt; dann entfernt man die Kolbenbolzensicherung. Das können einfache Drahtsprengringe sein oder Sicherungsringe aus Federstahl. Sprengringe können mit einem Schraubendreher herausgehebelt werden, aber Sicherungsringe erfordern eine Sicherungsringzange. Diese Zange wird mit ihren Spitzen in die Löcher des Rings eingeführt und zusammengedrückt; der Ring federt dadurch so weit ein, daß man ihn aus der Bohrung herausheben kann.

Pfiffige Schrauber entfernen übrigens nur einen Sicherungsring, es sei denn, der Kolbenbolzen hat eine so stramme Passung, daß er ausgepreßt werden muß. Manche Bolzen lassen sich leicht genug schieben, wenn sie gedrückt werden, andere haben einen festeren Sitz und müssen herausgeklopft werden. Man sucht sich einen Treibdorn aus Weichmetall, im Durchmesser etwas kleiner als der Kolbenbolzen; zum Gegenhalten umschließt man den Kolben mit der Hand – sicherlich läßt sich der Dorn zwischen Daumen und Zeigefinger noch festhalten – und klopft leicht mit dem Hammer auf den Dorn. Sobald der Bolzen nachgibt, greift man um, damit man die Hand freibekommt. Falls der Bolzen sehr fest sitzt, sollte man lieber nicht zum Hammer greifen, um ihn auszutreiben. Die Baugruppe Pleuel/Kolben ist für diese Art von seitlicher Belastung nicht konstruiert. Man kann ja den Aluminiumkolben einfach etwas dehnen, bis er seinen Griff um den Bolzen lockert. Aluminium dehnt sich schneller aus als Stahl; also wird örtliches Erwärmen die Bohrung schneller erweitern, als der Bolzen sich vergrößern kann. Zum Erwärmen kann man einen kleinen Gasbrenner nehmen, oder – wenn man aufpaßt, daß man sich nicht verbrüht – einen Lappen, den man in heißem Wasser auswringt und um den Kolben wickelt. Das Ganze läßt man eine Minute lang ›ziehen‹, nimmt es wieder ab, und der Bolzen müßte sich frei bewegen lassen. Tut er es nicht, wiederholt man die Prozedur solange, bis es geht.

Das Abnehmen der Kolbenringe ist eine heikle Arbeit, da die Ringe spröde sind und in tiefen Nuten sitzen. Bei diesem Arbeitsgang besteht immer das Risiko, welche zu zerbrochen oder zu deformieren; deshalb sollte man entweder immer einige in Reserve haben, oder genügend Zeit einplanen, um sie beim Händler noch besorgen zu können. Bei einem gebrauchten Motorrad muß man zuerst den Kolbenboden überprüfen; der Motor kann schon einmal nachgeschliffen worden sein, und dann ist ein Übermaßkolben eingebaut. Wenn das der Fall ist,

Beim Zweitakter-Kolben verhindert ein Steg, daß sich der Kolbenring in der Nut dreht.

braucht man auch Übermaßringe. Normalerweise wird das Übermaß im Kolbenboden eingestempelt und auch auf der Oberseite jedes Kolbenrings vermerkt. Die Bezeichnungen lauten typischerweise '50', '100', oder ähnlich. Dementsprechend beziehen sie sich auf Kolben mit 0,5 bzw, 1,0 mm Übermaß. Ebenso tragen Ringe gemeinhin einen Buchstaben auf der Oberseite. Das ist keine Größenbezeichnung, sondern einfach ein Herstellerhinweis. Für alle gelten die gleichen Normen; Ringe verschiedener Hersteller können untereinander ausgetauscht werden, *vorausgesetzt*, daß dies satzweise geschieht.

Zum Ausbauen der Ringe stellt man den Kolben fest so auf die Werkbank, daß man den Ringstoß direkt vor sich hat. Mit dem obersten Ring beginnt man. Man faßt jedes Ende mit einem Daumen und drückt sachte nach außen, um den Ring aufzubiegen. Sobald er aus seiner Nut heraus ist, zieht man ihn – den Daumendruck unverändert beibehaltend – nach oben und hebt ihn vom Kolben ab.

Beim obersten Ring geht das relativ leicht, aber die restlichen müssen noch weitere Ringnuten passieren; dabei muß man sorgsam vorgehen, um sie nicht zu beschädigen. Zweitaktkolben besitzen einen Steg quer durch jede Nut, der verhindern soll, daß sich der Ring dreht und in einen der Steuerschlitze einhakt. Diese Stege können beim Wechseln der Kolbenringe hilfreich sein. Hat man einen Ring einmal auseinandergebogen, dreht man ihn so weit, daß der Steg der nächsten Nut

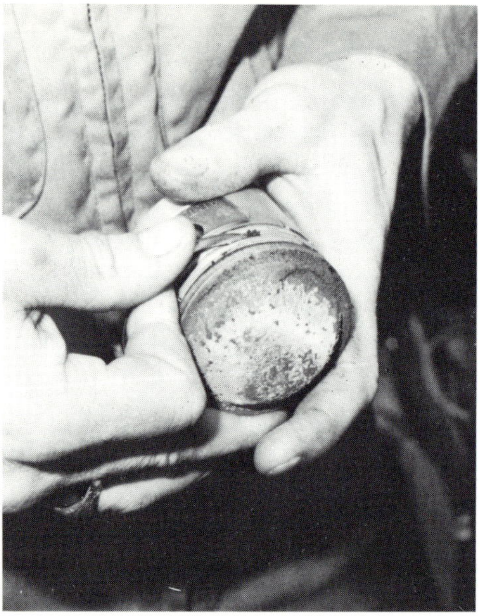

Um die Ringnuten zu reinigen, nimmt man ein Kolbenring-Bruchstück.

Man legt den Ring winklig in die Bohrung ein und mißt das Stoßspiel.

dem Ringstoß genau gegenüberliegt. Beim Passieren dieser Nut kann er dann nicht so tief einschnappen; damit hat man einen gewissen Schutz gegen die Gefahr des Hängenbleibens während des Ausbauvorgangs. Einige Mechaniker ziehen es vor, die unteren Ringe nach unten, über das durchgehende Hemd des Kolbens, abzuziehen. Bei dieser Methode ist Sorgfalt geboten, damit man den Kolben nicht verschrammt.

Es gibt spezielle Kolbenringzangen zu kaufen, und da sie den Ring über den ganzen Umfang führen, ist die Gefahr, daß es beim Aus- oder Einbauen deformiert wird oder gar bricht, wesentlich geringer. Man sollte die Ausgabe für eine solche Zange nicht scheuen.

Man entkohlt den Kolbenboden, die Kanäle und den Brennraum wie bereits beschrieben. Als zusätzliches Hilfsmittel benutzt man ein abgebrochenes Stück Kolbenring (oder einen schmalen Streifen Hartholz, vorn angeschrägt) als Mini-Schaber, um Ölkohleansatz aus den Ringnuten zu entfernen. Auch die Unterseite des Kolbenbodens sollte man kontrollieren. Es ist möglich, daß sich in einem gewissen Zeitraum leichte Ablagerungen gebildet haben, durch Öldämpfe aus dem Kurbelgehäuse, die sich auf dem heißen Metall des Kolbens niedergeschlagen haben. Die Kolbenringe werden oben, unten und auf der Innenseite saubergeschabt.

Anschließend werden sie auf ihre Brauchbarkeit hin untersucht, indem sie, einzeln nacheinander, in die Bohrung eingeführt werden. Den Kolben schiebt man von der anderen Seite entgegen, um damit den Ring so auszurichten, daß er genau winklig in der Bohrung zu liegen kommt, und zwar ca. 6 – 8 mm über der Unterkante der Zylinderbohrung. Dann wird das Stoßspiel mit der Fühlerlehre gemessen. Das zulässige Spiel variiert jeweils von Modell zu Modell, aber ein gängiges Maß dafür ist etwa 0,15 – 0,20 mm; sobald das Stoßspiel 1,0 mm erreicht hat, ist der Ring schrottreif.

Die nächste Kontrolle gilt dem Sitz des Rings in seiner Nut. Der Ring wird mit der Stoßstelle voran in die Ringnut gesteckt. Von oben gesehen bildet der Kolben mit dem Ring nun eine Acht. Jetzt wird der Ring in der Nut vollständig um den Kolben herum gerollt. Er soll frei entlanggleiten. Sollte er an irgendeiner Stelle haken, merkt man sich die Position und erweitert die Ringnut sehr sachte mit einer feinen Schlüsselfeile. Auch eine Kontaktfeile, oder zur Not eine Nagelfeile, sind dafür geeignet.

Ein arg zerschrammter Kolben muß ausgewechselt werden.

Vor dem Wiedereinbauen der Ringe sollte man absolut sichergehen, daß man für jede Nut den richtigen Ring hat, und daß sie richtig herum montiert werden. Auf die Kennmarken des Herstellers auf der Ringoberseite achten! Auch ist der Sicherungssteg gewöhnlich so geformt, daß die Einschnitte im Ringstoß nur in einer Richtung passen. Manchmal sind obere und untere Ringe von verschiedener Färbung, z. B. kann der eine hell, der andere dunkel sein.

Die seitlichen Flächen des Kolbens werden auf Beschädigungen untersucht. Selbst ein leichtes Klemmen kann auf der Lauffläche Spuren in Form von feinen Materialerhebungen hinterlassen. Wenn man das nicht behebt, neigt der Zylinder ständig zum ›Rupfen‹. Beschädigte Stellen an einem Kolben zu egalisieren ist eine Arbeit, die Sorgfalt und Fingerspitzengefühl verlangt, trotzdem ist sie nicht zu schwierig. Mit 400er Polierleinen schmirgelt man – sehr behutsam – jede Spur aufgetragenen Metalls ab. (Besser freilich ist – weil man mit Polierleinen, wenn man nicht geübt ist, allzu leicht das weiche Material neben der Freßstelle wegnimmt statt diese – die Verwendung eines Korundsteins, eventuell aus der Honahle einer Zylinderschleiferei.) Wenn die Stelle glatt ist, wäscht man den Kolben gründlich in Petroleum, um alle Spuren des Schleifstaubs restlos zu beseitigen. Einige Puristen behaupten, daß jeder auch noch so zurückhaltende Gebrauch von Schmirgelpapier auf Aluminium zwangsläufig Schleifstaub in den

Poren des Materials hinterläßt. Sie ziehen die betroffenen Stellen lieber mit einer feinen Feile vorsichtig ab. Während bei leicht beschädigten Stellen beide Verfahrensweisen zulässig sind, ist es hingegen unsinnig, einen Kolben mit tiefgehenden Riefen wieder aufmöbeln zu wollen. Auch bei einem Kolben, bei dem die Stege zwischen den Ringnuten in Mitleidenschaft gezogen wurden, wäre dies verfehlt. In beiden Fällen ist es besser, den alten Kolben zu verschrotten und einen neuen einzubauen.

Wo ein Kolbenschaden festgestellt wird, muß auch die Bohrung überprüft werden. Vom Kolben abgetragene Materialreste können sich mit der Bohrung verschweißt haben; auch Riefen können vorhanden sein. Das ist insbesondere im Fall eines Kolbenringbruchs zu vermuten, da ja Kolbenringbruchstellen als hochwirksame Schneidwerkzeuge fungieren können.

Auf der Zylinderlaufbahn aufgetragenes Leichtmetall kann man mit einem passenden Schaber beseitigen. Auch der Gebrauch von 400er Schmirgelleinen – vorausgesetzt, die Bohrung wird anschließend sorgfältig mit Petroleum ausgewaschen – ist zulässig, wenn es darum geht, die letzten Überbleibsel wegzupolieren. Wenn man sich überzeugt hat, daß alle Teile in Ordnung sind, setzt man bei jedem Kolben die Ringe wieder ein; nun führt man nur noch eine abschließende Kontrolle durch: mit der Fühlerlehre mißt man das Kolbenring-Höhenspiel in den Ringnuten. Ein typischer Wert hierfür liegt etwa bei 0,09 mm für den oberen und ca. 0,05 mm für den unteren Ring. Die Verschleißgrenze für alle Ringe liegt gewöhnlich bei ca. 0,16 mm.

Bevor man den Kolben wieder einbaut, überprüft man den Kolbenbolzen und die Lagerbuchse im Pleuelauge. Den Bolzen nimmt man aus dem Kolben heraus und schiebt ihn in die Buchse hinein. In dieser hochbelasteten Zone bewegt sich das Einbauspiel meist in mikroskopischen Größenordnungen – ein Radialspiel von mehr als 0,05 mm macht das Lager unbrauchbar. Normal ist ein Spiel von wahrscheinlich nicht mehr als 0,02 mm; eine genaue Messung erfordert also ein Mikrometer. Jedoch ist auch der menschliche Tastsinn verläßlich genug. Derart enge Passungen können zwar unmöglich nach Gefühl gemessen werden; falls jedoch beim Hin- und Herdrücken des Bolzens auch nur die kleinste Bewegung spürbar ist, kann man davon ausgehen, daß die Buchse ausgelaufen ist.

Käfiggeführte Nadellager können mit leichtem Druck aus dem Pleuelauge herausgedrückt werden. Gleitlager – an modernen Maschinen weniger gebräuchlich – müssen ausgepreßt werden. Die althergebrachte Methode dafür besteht darin, die neue Buchse stirnseitig auf der alten aufzusetzen. Auf der anderen Seite des Pleuelauges wird ein kurzes Rohrstück, im Innendurchmesser geringfügig größer als die Buchse, gegengehalten. Mit einer Schraubzwinge werden die Teile zusammengeklemmt; dann dreht man die Spindel vorsichtig zu, wodurch in einem einzigen Arbeitsgang die alte Buchse heraus- und die neue hineingepreßt wird. Normalerweise muß die neue Buchse dann noch aufgerieben und mit Ölbohrungen oder Nuten versehen werden, wenn sie richtig sitzt.

Das letzte Kapitel der Überholung ist das Entkohlen der Auspuffanlage. Das Schalldämpfer-Endrohr wird wie beschrieben behandelt, aber der Vollständigkeit halber sollte man auch den Krümmer selbst überprüfen. In den Rohrkrümmungen kann sich sehr wohl Ölkohle ansetzen. Eine Möglichkeit, sie zu beseitigen, ist, den Krümmer in einer starken Lösung von kaustischem Soda einzuweichen. Das frißt die Ölkohle weg, aber man sei gewarnt – es greift auch Leichtmetall und menschliches Gewebe an. In das Bad mit kaustischem Soda sollte kein Leichtmetallteil eingelegt werden; es korrodiert sofort. Beim Umgang mit dem Sodabad Schutzhandschuhe und gegen Spritzer Schutzbrille tragen! Falls eventuell nichts anderes zur Hand ist, gibt ein Integralhelm mit geschlossenem Visier angemessenen Schutz für die Augen.

Als Alternative zum Einweichen kann eine alte Kette dienen – vorzugsweise ein Stück Fahrradkette oder Kette von einem alten Moped – die einfach durch den Krümmer gefädelt wird. Durch einfaches Hin- und Herziehen der Kette von einem Ende zum anderen erreicht man Stellen, an die man sonst nicht herankäme; die Kettenglieder schaben kontinuierlich alle Ölkohlereste ab.

Eine letzte Möglichkeit, mit dick verkrusteter Ölkohle im Auspuff fertig zu werden, ist das Ausbrennen mit einer Lötlampe. Das kann eine hochwirksame Methode sein, *vorausgesetzt*, die Anlage wird vom Motorrad abgebaut und die Arbeit in respektvoller Entfernung von feuergefährlichen Stellen jeglicher Art ausgeführt. Das beste Instrument für dieses Vorhaben ist ein Gasbrenner, obwohl eine Lötlampe auch geht. Wenn die Ölkohle erst einmal glüht, wird sie kontinuierlich abbrennen, wenn man nur ab und zu einmal die Flamme dranhält.

Für den Wiederzusammenbau des Motors braucht man etwas Öl zum Einölen der Zylinderbohrung und der Lagerstellen, neue Dichtungen, soweit erforderlich, bei Mehrzylindermotoren einige Holzleisten von gleicher Höhe und Kolbenringspannbänder für jeden Kolben.

Bei Einzylindern ist es recht einfach, die Kolbenringe der Reihe nach zusammenzudrücken, bis sie in den Zylinder eingefädelt sind – vorausgesetzt, man achtet sorgfältig darauf, daß der Ringstoß exakt am Sicherungssteg der Ringnut liegt. Um etwas Spielraum zu haben, beginnt man mit halbhoher Kolbenstellung und senkt den Zylinder einfach so weit ab, bis der Kolben eintritt. Sachte drückt man den oberen Ring zusammen und läßt den Zylinder so weit ab, bis der Ring gerade in der Bohrung festgehalten wird. Selbst wenn Stehbolzen im Spiel sind, ist es meist möglich, den Zylinder leicht hin und her zu kippen und so den ersten Ring regelrecht ›einzuschrauben‹.

Jetzt hält man den Zylinder still, drückt den zweiten Ring zusammen und senkt den Zylinder erneut ab. Sobald der Ring drinsitzt, unterstützt man den Kolben am unteren Rand und schiebt den Zylinder hinunter. Dann richtet man den Zylinder aus.

Man hält ihn fest und dreht vorsichtig die Kurbelwelle, um zu prüfen, ob der Kolben wirklich leicht in der Bohrung auf und ab gleitet. Nun setzt man den Kopf auf; die Kopfmuttern (-schrauben) werden schrittweise in der vom Hersteller angegebenen Reihenfolge angezogen. Falls diese unbekannt ist, zieht man sie über Kreuz an. Zum Schluß werden die Schrauben (Muttern) mit einem Drehmomentschlüssel bis zum vorgeschriebenen Moment angezogen.

Nun folgt der Anbau der übrigen Teile – die Einlaßmembran, falls sie ausgebaut wurde, der Auspuff, die gereinigte Zündkerze mit frisch eingestelltem Elektrodenabstand (bei jeder Überholung eine neue einzubauen, macht sich besser). Man läßt den Motor laufen und prüft nach zehn, zwanzig Kilometern bei abgekühltem Motor die Anzugsmomente aller Schrauben und Muttern nach.

Der Wiederzusammenbau eines Mehrzylindermotors weicht im Detail vielleicht etwas ab, nicht aber, was das Grundsätzliche anbetrifft. Das Problem besteht darin, zwei oder drei Kolben in ihre Bohrungen einzuführen. Glücklicherweise haben viele Mehrzylinder-Zweitakter einzeln stehende Zylinder; das Vorgehen entspricht dann der Montage von drei Einzylindermotoren. Wenn man es jedoch mit einem durchgehenden Block mit mehreren Bohrungen zu tun hat, muß die ganze Prozedur anders aussehen.

Alle Kolben werden ungefähr auf halbe Höhe eingestellt. An jedem werden Kobenringspannbänder angebracht, um die Ringe zusammengedrückt zu halten. Ein solches Spannband ist im Prinzip nichts weiter als eine Hülle aus Stahlblech, im Durchmesser geringfügig größer als der Kolben, mit Schraube und Mutter zum Zusammenziehen, damit die Ringe unter Druck gehalten werden. Da der Kolben nicht fest eingespannt wird, kann das Spannband an ihm abwärts gleiten, wenn der Zylinder auf die Oberkante des Bandes abgesenkt und nach unten geschoben wird; dabei wandern die Ringe glatt in die Bohrung hinein. Danach wird das Spannband geöffnet und vor dem Ausrichten des Zylinders abgenommen.

Spannbänder können aus jedem Stück Blech improvisiert werden; man

Den Zylinder nicht mit Gewalt hinunterdrükken, falls er sich nicht leicht schieben läßt.

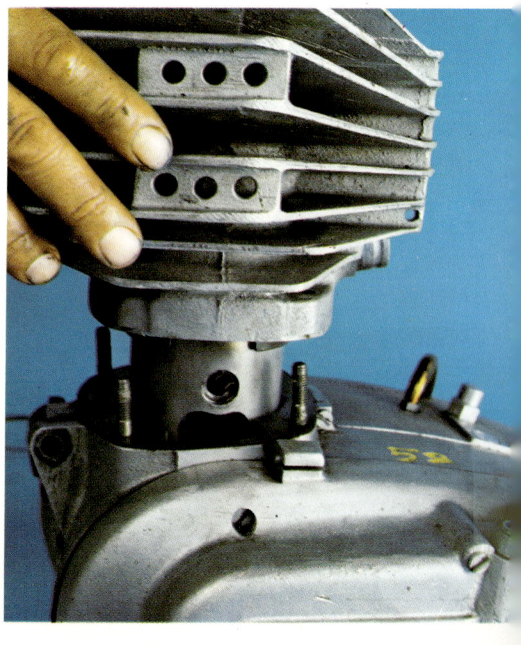

muß nur darauf achten, daß alle scharfen Kanten, die die Leichtmetall-Laufflächen zerkratzen könnten, sorgsam geglättet werden. Selbst eine alte Konservendose ergibt ein brauchbares Ausgangsmaterial. Als fix und fertige Alternative kann man eine normale geschraubte Schlauchschelle nehmen, die um eine Beilage in Form eines Blechstreifens herumgelegt und gerade eben so weit gespannt wird, daß die Ringe unter Druck gehalten werden.

Wenn die Kolben ausgerichtet und die Bänder an ihrem Platz sind, werden die Holzklötze zurechtgelegt – auf beiden Seiten je einer und einer in der Mitte, das genügt. Sie müssen so hoch sein, daß der Zylinderblock beim Ablassen knapp über den Kolben zu liegen kommt.

Sobald der Block auf den Holzklötzen aufliegt, führt man den ersten Kolben ein. Wenn die Ringe in der Bohrung sind, nimmt man das Spannband ab und hält dann den nächsten Kolben fest, während man die Kurbelwelle gerade soweit dreht, bis er auch am Eingang der Bohrung steht. Beim Drehen sollte man nicht zu übermütig ans Werk gehen, sonst rutscht der Kolben, den man gerade hineingefummelt hat, gleich wieder heraus. Falls nötig, kann man, bevor man versucht, den zweiten Kolben einzufädeln, die Höhe der Holzklötze verringern. Bei einem Zweizylinder bewegt sich der eine Kolben nach oben, während der andere nach unten geht.

Abhängig vom jeweiligen Motor kann es möglich sein, beide Kolben zur gleichen Zeit bei halbhoher Stellung einzuführen, wenn beide den gleichen Abstand von der Gehäuseöffnung haben. Es ist nur die Frage, wie groß der Spielraum unter dem Zylinderblock ist. Wo sich alle Kolben gleichzeitig einführen lassen, muß die Höhe der Unterlegklötze für den Zylinderblock so gewählt werden, daß der Block auf die Kolben heruntergeschoben werden kann, und nicht, umgekehrt, die Kolben nacheinander nach oben. Hier hilft eine dünne Holzleiste, aufgelegt auf einen dickeren Unterlegklotz. Auf diese Weise kann der Zylinderblock bis kurz oberhalb der Kolben abgelassen werden, so daß er abgestützt ist, während man sie ausrichtet. Wenn man nun die dünnen Leisten herauszieht, kann der Block sich gerade weit genug senken, um die Kolben aufzunehmen.

Viertakter: Vorgehen beim Überholen von Zylinder, Kopf und Kolben

Hinsichtlich der routinemäßigen Reinigung des Motors von Ölkohle gilt für Viertakter prinzipiell das gleiche wie für Zweitakter. Die erste Aufgabe für den Besitzer eines Viertakters ist also, den vorangegangenen Abschnitt über Zweitakter zu lesen.

Wie der Zweitakter besitzt auch der Viertakter Kolben, Ringe, Brennraum, Ein- und Auslaßkanäle, Auspuffkrümmer und Schalldämpfer. Er besitzt einen Zylinder oder -block, der abgenommen werden muß, um an Kolbenringe und Pleuelbuchse heranzukommen. Es ist möglich, kleinere Überholungs- und Reinigungsarbeiten durchzuführen, indem nur der Kopf ausgebaut wird, und Kolben und Zylinderblock unangetastet an Ort und Stelle bleiben. Bei Motoren, wie z. B. dem der Honda CX 500 oder der ›Gold Wing‹, bei denen jeweils immer die untere Motorhälfte – zumindest teilweise – geöffnet werden muß, um die Kolben auszubauen, kann man sich auf diese Weise viel Schrauberei ersparen. In solchen Fällen wird nur der Kolbenboden gereinigt, wie schon im Abschnitt für die Zweitakter dargestellt, während man die Kolbenringe unberührt läßt.

Auf den ersten Blick scheint diese Methode einen wichtigen Teil der Überholung zu vernachlässigen. Kolbenringe bei Viertaktern sind jedoch weitaus weniger empfindlich als bei Zweitaktern; da sie sich in ihren Nuten frei drehen können, ergibt sich auch ein Selbstreinigungseffekt. An Automotoren erfolgt ein Ausbau der Kolben erst nach langer Laufzeit, wenn Zylinderlaufbahnen und Ringe als verschlissen gelten können. Dies ist normalerweise erst nach mindestens 65 000 bis 80 000 km der Fall, nach der zweiten oder dritten Zylinderkopfüberholung. Trotz der normalerweise etwas höheren spezifischen Leistung eines Motorradmotors, was eine schärfere ›Tuningstufe‹ bedeutet, sollte innerhalb der ersten 45 000 bis 50 000 km noch keine Notwendigkeit bestehen, die Zylinder abzunehmen.

Wenn einmal der Zeitpunkt kommt, ist das Vorgehen allerdings einmal mehr fast identisch mit dem schon beschriebenen. Es gibt keine Komplikationen durch Kolbenring-Sicherungsstege, jedoch besitzen Viertaktmotoren gewöhnlich einen zusätzlichen Ring – einen breiteren, mit Schlitzen versehenen, dessen Aufgabe es ist, überschüssiges Öl von der Laufbahn abzustreifen. Daher ist er auch landläufig unter der Bezeichnung ›Ölabstreifring‹ bekannt.

Ein Punkt, auf den man achten muß, ist, daß die Ringe je nach Position in vielen Fällen verschiedene Profile haben. Der oberste Ring hat vielleicht eine abgerundete Oberkante, wie bei Suzukis GS 400/425er Reihe, oder die Kanten sind angeschrägt (gefast), mit der Kontaktfläche nach innen abgewinkelt, wie etwa bei den Honda-Mopeds. Der zweite Kompressionsring kann ein völlig anderes Profil haben, vielleicht mit einer schrägen Außenfläche oder einem Falz auf der Unterseite. Der Ölabstreifring kann aus einem Federstahl-Zwischenring und zwei dünnen, beiderseits anliegenden Ringen zusammengesetzt sein. Daher ist es lebenswichtig, daß jeder Ring, der vom Kolben abgenommen wurde, beim Wiedereinbau in der richtigen Nut und richtig herum eingesetzt wird. Bei Kolbenringen gibt es verschiedene Methoden der Kennzeichnung; jedoch wie bei den Zweitaktern kann man meist davon ausgehen, daß sich die Markierungen auf der Oberseite des Rings befinden. Der oberste Ring ist häufig auch hartverchromt und daher blank, während dies beim zweiten Ring nicht der Fall ist; er ist grau.

Wenn der Zylinderblock zwecks

Komplett-Überholung abgenommen wurde, ist es wichtig, auch alle Dichtringe für die Ölbohrungen, die zwischen Kurbelgehäuse und Zylinder eingelegt sind, zu erneuern. Eine neue Zylinderfußdichtung einzubauen sollte wohl selbstverständlich sein; bevor man dies tut, müssen alle Überreste der alten beseitigt werden. Man wird sie daher also meist mit einem scharfkantigen Stück Hartholz oder einem alten, am Ende abgerundeten Metallsägeblatt, und mit Petroleum als Schmiermittel, abschaben. Dabei ist sorgsam darauf zu achten, daß keine Brösel ins Kurbelgehäuse oder in Ölbohrungen hineinfallen.

Heute ist man in den Herstellerwerken allgemein dazu übergegangen, die Dichtungen mit einem speziellen hitzeaktiven Dichtmitttel zu imprägnieren, welches sich mit den angrenzenden Metallflächen verbindet, wenn der Motor auf Betriebstemperatur kommt. Dichtungen dieses Typs müssen trocken eingesetzt werden – kein Öl, kein Fett und auf gar keinen Fall etwa Dichtungsmasse. Sie erreichen auch eine zähe, feste Haftung, die es ziemlich schwierig macht, die Teile wieder auszubauen. Man vergesse nicht, daß für einen unnachgiebig fest sitzenden Zylinderblock auch eine verborgene Schraube oder Mutter, die man übersehen hat, verantwortlich sein kann; also besser zweimal nachsehen. Wenn man sicher ist, daß alle Befestigungen gelöst sind, ist es wahrscheinlich die Dichtung, die den Zylinder am Gehäuse festhält. Wenn man die Kühlrippen absucht, wird man sicher Stellen finden, an denen die Rippen kürzer sind oder wo ein Versteifungssteg angegossen ist, bzw. ein Ölkanal durchläuft. Das sind die Stellen, an denen man mit dem Gummihammer – fest – zuschlagen kann, um den Block freizukriegen. Das ist ziemlich brutal, aber gewöhnlich recht wirksam – obwohl selbst Profis nicht dagegen gefeit sind, bei solchen Aktionen vielleicht einmal eine Kühlrippe abzubrechen. Bei einigen wenigen Maschinen hat man durch Einkerbungen am Zylinderfuß vorgesorgt; dort kann man einen Hebel ansetzen. Wenn solche Erleichterungen vorgesehen sind, soll man sie nutzen; jedoch sollte man niemals versuchen, ein Werkzeug zwischen die Gehäusetrennfugen zu treiben und den Block auf diese Weise abzuhebeln. Jeder festsitzende Zylinderblock wird letzten Endes nachgeben; die – mit wissenschaftlicher Behutsamkeit eingesetzte – brutale Gewalt des Gummihammers, kombiniert mit wiederholtem, örtlich gezieltem Erwärmen der widerspenstigen Gehäusefugen, werden schließlich zum gewünschten Erfolg führen.

Viertakter: Ausbauen des Zylinderkopfs

Am Anfang der Arbeit sollte eine äußerliche Reinigung des Motors stehen. Das verhindert nicht nur das Eindringen von Schmutz in die ›Maschinerie‹, sondern macht auch den Umgang mit den Einzelteilen angenehmer.

Nicht immer kann man mehrere Vergaser im Satz ausbauen; sofern sich diese Möglichkeit jedoch bietet, sollte man sie nutzen.

Eventuell benötigt man zum Ausbauen des Krümmers einen Hakenschlüssel.

Je nach Modell nimmt man den Tank ab und baut dann alles aus, was irgendwie im Wege ist. Bei Motorrädern mit Mehrvergaseranlagen spart man sich eine Menge Arbeit und Ärger, wenn diese Baugruppe als Ganzes völlig unberührt gelassen wird. Im allgemeinen ist es möglich, die Einlaßstutzen zu lösen und die ganze Vergaserbatterie mitsamt dem Verbindungsgestänge an Ort und Stelle auf den Luft-Ansaugschläuchen zu lassen. Schlimmstenfalls muß die ganze Vergaserbatterie komplett mit Gestänge ausgebaut werden. Das erneute Abgleichen einer Mehrfach-Vergaseranlage macht aber *keinen* Spaß!

Gleichfalls als komplette Einheit ausbauen sollte man – wenn irgend möglich – die Auspuffanlage. Obschon sie natürlich zerlegt werden kann, ist es immer besser, die Verbindungsstellen von Krümmern und Schalldämpfern in Ruhe zu lassen; man verringert damit das Risiko, sich eine gas- oder ölundichte Stelle in einer bisher intakten Funktionseinheit einzuhandeln.

Bei Maschinen, an denen der Kopf bei eingebautem Motor abnehmbar ist, sind die Vorarbeiten an dieser Stelle bereits beendet. Nur noch die Zündkabel und eventuell noch die Leitungen von/zu Unterbrecher und Zündspule müssen gelöst werden, und auch die Welle des Drehzahlmessers, sofern dieser vom Kopf aus angetrieben wird. Muß der Motor aus dem Rahmen genommen werden, erfordert dies meist noch das Öffnen der Kette, Abschrauben der Fußrastenhalterung, Fußhebel, Luftfilterkasten u. s. w., um genügend Platz zum Arbeiten zu schaffen. Der Kupplungsseilzug muß gelöst werden – oft ist es besser, ihn am Gehäuse zu belassen und ihn stattdessen am Handhebel auszuhängen; wenn der Motor herausgehoben wird, zieht man ihn einfach mit heraus. Auch gibt es normalerweise einen Schaltkasten für die Lichtmaschinenkabel.

Es lohnt sich, das Öl abzulassen – bis zu 2½ l Schmiermittel spürt man durchaus beim Heben – und wo das Ölfilter in einem außenliegenden Gehäuse untergebracht ist, baut man es vorher aus; das macht den Motor weniger sperrig, wenn er aus dem Rahmen manövriert werden muß. Sorgfältig nachsehen, ob auch wirklich alle Seilzüge und Kabel des Motors ausgehängt sind! Dann löst man die Befestigungsschrauben und, wo erforderlich, die Knotenbleche. Der Motor sollte sich nun einigermaßen leicht herausheben lassen. Bis zu 250 cm^3 kann man das sicher allein machen. Größere Motoren verlangen aber zwei Paar Hände, besonders um sicherzustellen, daß nichts verkantet wird und dabei die Rahmenlackierung Schaden nimmt.

Bevor man den Kopf abzieht, vergewissert man sich noch einmal, ob alle Vorbereitungen getroffen sind. Beispielsweise muß die Reihenfolge der Ventile erhalten bleiben; ebenso die der Stößelstangen. Am besten legt man sich dafür ein Stück feste Pappe zurecht, in das man eine entsprechende Anzahl Löcher gestanzt hat. Diese Löcher werden gruppenweise bezeichnet –, 1. Zylinder: Einlaß-Stößelstange; Auslaß-Stößelstange; Einlaßventil; Auslaßventil' beispielsweise. Für die Ventilfedern ist solche Vorsorge überflüssig, da sie bei jeder Kopfüberholung gegen neue ausgetauscht werden sollten. Zugegeben, das erneuern der Federn bedeutet zusätzliche Kosten und Arbeit, aber es wäre kurzsichtig, diese Chance nicht zu nutzen.

Ebenso wird man Teile wie etwa die

Der Schalldämpfer ist meist mit einem Ausleger am Hilfsrahmen verschraubt.

Eventuell müssen einige Kabel zwischen Rahmen und Motor abgeklemmt werden.

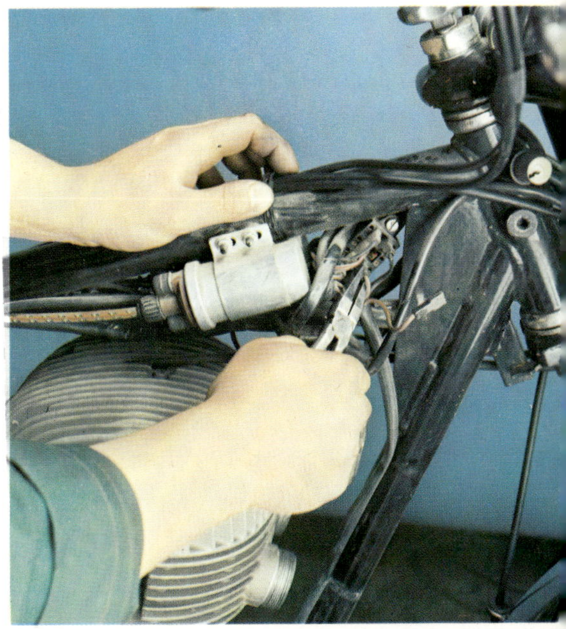

Zum Ausbauen der Stiftschrauben zur Motorbefestigung braucht man u. U. einen Dorn.

Befestigungsschrauben befinden sich sowohl vorn als auch hinten am Motor.

Dichtkappen der Einlaß-Ventilführungen und die O-Ringe für die Öldruckleitungen wohl wegwerfen und beim Zusammenbauen neue verwenden. In einer neuen Garnitur Dichtungen sind sie normalerweise auch enthalten, aber damit man nicht ohne Ersatzteile vor einem zerlegten Fahrzeug steht, sollte man den Dichtungssatz lieber gleich beim Kauf überprüfen, ob er tatsächlich komplett ist.

Motoren mit einer obenliegenden Nockenwelle

Ein typischer Zylinderkopf-Ausbau an einem Twin-Motor mit einer obenliegenden Nockenwelle (OHC = Over-Head Camshaft), wie beispielsweise beim Yamaha XS 250-Motor, würde mit dem Abschrauben des Unterbrecherdeckels und dem Anbringen von Körnermarkierungen auf der Unterbrechergrundplatte und am Kopf direkt daneben beginnen (auf diese Weise geht die Zündeinstellung nicht verloren). Danach kann die gesamte Unterbrecher-Einheit herausgenommen werden. Dazu muß man zumeist die Schraube in der Mitte des Unterbrechernockens und die Befestigungsschrauben der Grundplatte lösen (*nicht* jedoch die Klemmschraube für den Kontaktträger), dann kann der Nocken mit der Grundplatte herausgenommen werden. Nun wird der Fliehkraftversteller von der Welle abgezogen. Hierbei findet man unterschiedliche Konstruktionen, aber meist gibt es da auch noch einen Zentrierstift o. ä.

Manche Motoren haben einen durchgehenden Ventilkammerdeckel, der mit Schlitz- oder Sechskantschrauben befestigt ist; bei anderen ist darauf noch ein zusätzliches Entlüfterventil verschraubt. Zuerst nimmt man den Ventilkammerdeckel ab. Im allgemeinen werden bei OHC-Motoren damit auch die Kipphebel freigelegt.

Über Kette angetriebene Nockenwellen

Zu diesem Zeitpunkt muß bei kettengetriebenen Nockenwellen normalerweise der Kettenspanner gelöst werden. Die Gleitschienen können entweder einfach herausgezogen werden, oder sie sind mit einer Schraube am Kettenschacht gehalten. Man baut sie aus und erreicht dadurch ein ausreichendes Entspannen der Steuerkette, um die Nockenwelle ausbauen zu können.

Am besten kommt man mit der Kette zurecht, wenn man sie mit einem Stück steifen Draht festbindet, so daß sie ruhig im Kettenschacht verschwinden kann; bei Bedarf kann man sie dann wieder hervorziehen. Wenn man den Draht angebracht hat, löst man die Befestigungsschrauben des Nockenwellenritzels – das sind gewöhnlich Spezialschrauben, die unbedingt in ihre ursprüngliche Einbaulage zurückgebracht werden *müssen* – dann zieht man das Ritzel mit der Kette zusammen von der Nockenwelle ab. Nun kann die Welle aus dem Kopf herausgezogen, das Ritzel abgenommen und die Steuerkette in den Schacht abgelassen werden.

Für jede Arbeit am Zylinderkopf muß der Ventilkammerdeckel abgenommen werden.

Motoren mit doppelter obenliegender Nockenwelle

Bei einem Motor mit doppelter obenliegender Nockenwelle (DOHC = Double OverHead Camshaft), wie z. B. der von Suzukis GS 750 ›Four‹ oder der GS 425 Twin, ist die Sache durch die Tassenstößel und die lange Simplexkette, die zwei Nockenwellen antreibt, etwas komplizierter. Bei dieser Motorenbauart muß der Steuerkettenspanner zuerst festgeklemmt werden – Kontermutter der Einstellschraube leicht lockern, dann die Einstellschraube anziehen – dann wird er ausgebaut. Sobald die Kette nicht mehr unter Spannung steht, läßt sich das obere Kettenführungsrad lösen.

Um zu verhindern, daß sich die Nockenwellen unter dem Druck der Ventilfedern verkanten, wenn die Oberteile der Lagerböckchen gelockert werden, und die Laufflächen der Lagerzapfen beschädigen, muß jede Nockenwelle bei dieser Operation festgeklemmt werden. Die Spannzwinge bleibt solange auf der Welle, bis die Lagerböckchen abgenommen sind; dann wird sie gelöst, um die Welle herauszunehmen. Nun werden die Stößeltassen mit den Ausgleichsscheiben herausgezogen – am besten nimmt man für diese knifflige Arbeit einen Stabmagneten, obschon man es in einigen Fällen auch mit einer Pinzette oder sogar mit einem Stück Rundmaterial schafft, das vorn mit einem Klümpchen Fett präpariert ist.

An Tassenstößelmotoren wird das

Bei DOHC-Motoren muß das obere Kettenführungsrad abgeschraubt werden.

Die Nockenwellen festklemmen, bis die Oberteile der Lagerböckchen abgenommen sind.

Zum Einstellen des Ventilspiels werden hier Ausgleichsscheiben (Shims) verwendet.

Ventilspiel mit Hilfe der ›Shims‹ eingestellt, deren Dicke jeweils sehr wohl von Zylinder zu Zylinder variieren kann. Es ist wichtig, daß ihre Reihenfolge beim Ausbauen erhalten bleibt, andernfalls erschwert man sich den Wiedereinbau.

Stoßstangenmotoren

An Stoßstangenmotoren – wie z. B. dem der Honda CX 500 V-Zweizylinder – arbeitet sich's im allgemeinen leichter, weil sie keine zylinderkopfgesteuerten Unterbrecher haben und auch keine Tassenstößel. Der Aufbau ist hier etwas bescheidener. Man nimmt den Ventilkammerdeckel ab. Überkreuz löst man die Halteschrauben der Kipphebelböcke, damit die Federn gleichmäßig entlastet werden, dann hebt man das Ganze heraus. Nun dreht man die Stoßstangen tüchtig, damit der Ölfilm auf der Kontaktfläche des Stößels selbst abreißt (tut man das nicht, zieht man vielleicht den Stößel mit hoch und verändert dadurch seine Lage) und zieht sie heraus. Das ist alles (bei allen wassergekühlten Motoren allerdings muß zusätzlich noch das Kühlsystem entleert werden).

Allgemeines zum Ausbauen des Zylinderkopfs

Das nun folgende Vorgehen ist für alle Motoren ähnlich. Entsprechend der im Handbuch angegebenen Reihenfolge löst man nacheinander die Kopfschrauben jeweils um einige Umdrehungen.

Falls die vorgeschriebene Reihenfolge unbekannt ist, hält man sich an die Faustregel, immer von der Mitte nach außen zu arbeiten, links und rechts abwechselnd.

Die Kipphebelböcke sind normalerweise verschraubt.

Mit einem energischen Ruck müßte sich der Kopf abziehen lassen.

Man achte besonders auf versteckt angebrachte Schrauben bzw. Muttern. An einigen OHC-Motoren sitzt eine kleine Schraube, von unten her angebracht, am Steuerkettenschacht, und vielleicht eine weitere schüchtern verdeckt irgendwo in den Kühlrippen in der Nähe des Kerzenlochs. Schrauben an solchen Stellen sollte man zuerst ausbauen.

Nun gibt man dem Kopf einen kräftigen Ruck. Falls das nicht reicht, um ihn abzuheben – wir hatten bereits erwähnt, daß heutige Dichtungen zuweilen recht hartnäckig festsitzen können – erzeugt man inneren Druck. Wenn man die Kerzen steckengelassen hat, ist man hier nun im Vorteil. Ein schneller Tritt auf den Kickstarter – oder ein Druck aufs Starterknöpfchen, falls man vollelektrisch arbeitet – läßt die Kolben nach oben schnellen und einen Druck entwickeln, der gewöhnlich zum Trennen der Verbindung ausreicht. Falls es nicht klappt, muß der Kopf losgeklopft werden. Bevor man jedoch den Gummihammer zückt, schaut man noch ein zweites Mal sehr sorgfältig nach, ob auch wirklich alle Schraubverbindungen gelöst sind und nicht noch irgendwo eine übersehen wurde. Beim Abklopfen eines komplett losgeschraubten Kopfs mit den richtigen Werkzeugen und der richtig bemessenen Portion Kraft wird man normalerweise keinen Schaden anrichten – obgleich einem immer mal ein Mißgeschick passieren kann, denn wenn man auf einen noch irgendwo verschraubten Kopf einschlägt, endet das fast sicher mit abgebrochenen Kühlrippen.

Wenn man absolut sicher ist, daß außer der Dichtung nichts mehr den Kopf festhält (der Sitz der Stehbolzen ist dafür normalerweise nicht eng genug, er kann sich aber dennoch auswirken, wenn an den Berührungsflächen der Stehbolzen Korrosion aufgetreten ist) versetzt man ihm einen harten, kräftigen Schlag mit dem Gummihammer. Wie für alle Arbeiten mit dem Hammer gilt auch hier: ein guter, kräftiger Schlag ist wirkungsvoller und für das Werkstück weniger gefährlich als mehrere leichte Schläge.

Man klopft wiederholt an jeder Ecke des Zylinderkopfs, bis die Verbindung nachgibt.

Falls man keinen Gummihammer hat, nimmt man ein Stück Weichholz, setzt es mit der Stirnholz-Seite am Kopf an und schlägt mit einem schweren Schlosserhammer auf die Rückseite.

Wo Schläge nicht helfen, funktioniert vielleicht gezieltes Erwärmen. Man läßt die Flamme des Gasbrenners rund um die Trennfuge herumwandern – der Brenner soll immer in Bewegung sein, um gleichmäßiges Erwärmen zu gewährleisten –, und versucht es danach noch einmal mit Schlägen ; so wird man schließlich zum Ziel kommen. Hat man jedoch den Verdacht, daß Rost noch mit im Spiel ist, muß man sich wohl etwas in Geduld üben und mehrmals Kriechöl (Rostlöser) an den Stehbolzen hinunterträufeln, das man über Nacht einziehen läßt.

Ausbauen der Ventile

Abgesehen von ein paar ausgefallenen Lösungen – die Honda CB 450/CB 500 T Reihe mit Torsionsfederstäben und die ›Desmo‹ – Ducatis gänzlich ohne Ventilfedern – sind die Ventilkonstruktionen aller heutigen Motorräder einander sehr ähnlich.

An allen findet man das Tellerventil, das mit einfachen oder doppelten Schraubenfedern auf seinem Sitz gehalten wird, die sich gegen einen Federteller abstützen. Dieser Federteller wird von zweigeteilten Ventilkeilchen festgehalten, die in einem Einstich im

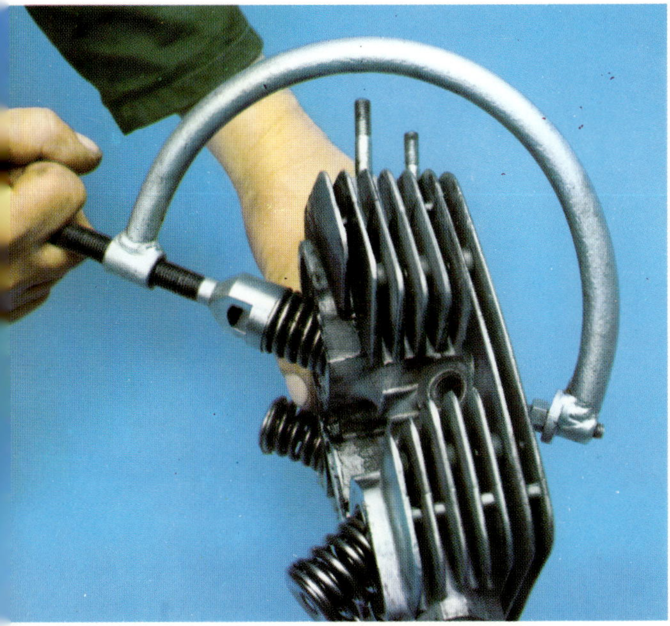

Zum Ausbauen der Ventile verwendet man einen Ventilfeder-Ausheber.

Ventilschaft sitzen und sich mit dem Federteller in einem Konussitz gegenseitig verkeilen. Um die Ventile freizukriegen, braucht man einen Ventilfeder-Ausheber. Das ist im Prinzip nichts anderes als eine Schraubzwinge, die mit einem Ende am Ventilteller und mit dem Druckstück der Spindel auf dem Federteller aufgesetzt wird. Durch Zudrehen der Spindel drückt man die Feder zusammen, bis der Federteller die Ventilkeilchen freigibt. Die können dann mit einem Schraubendreher herausgefummelt werden; man entspannt den Ausheber wieder, der nun Ventilfeder und Federteller freigibt. Das Ventil selbst rutscht aus seiner Führung heraus, obwohl man bei manchen Maschinen zuerst noch einen Öl-Dichtring vom Ventilschaft abziehen muß. Häufiger ist dieser Dichtring in einer Kappe untergebracht, die oben auf der Ventilführung aufgepreßt ist.

Beim Honda-Drehstabsystem wird zum Ausbauen zunächst die Halteschraube des Drehstabs gelöst und dann der Drehstab gespannt. Am Ende des Stabes ist ein Pfeil eingestempelt, der die Richtung der Kraftanwendung angibt. Dann wird unter Aufrechterhaltung der Spannung die Schraube herausgedreht und der Drehstab mit der einen Hand seitwärts aus dem Kopf herausgezogen, während die andere Hand den Ventil-Schließhebel festhält. Dieser sitzt mit einer Kerbverzahnung auf dem Drehstab und wird beim Herausziehen des Stabes freigegeben. Mit dem Torsionsstab muß man sorgsam umgehen, weil diese Art von Federn auf Oberflächen-Beschädigungen sehr empfindlich reagieren. Ebenso müssen sie unbedingt auch wieder in ihrer ursprünglichen Stellung eingebaut werden. Das Ventil wird durch einen ziemlich kleinen Federtel-

Der Federteller wird durch geteilte Ventilkeilchen auf dem Ventilschaft gehalten.

Nachdem die Federn abgenommen sind, kann das Ventil herausgezogen werden.

Bei den Desmo-Ducatis wird der Ventilfederteller mit winzigen Ventilkeilchen gehalten.

ler mit Ventilkeilchen gehalten, die sich abnehmen lassen, wenn man den Teller am Ventilschaft nach unten drückt.

Kontrolle der Ventilfedern

Bei allen anderen Motorrädern macht man es sich am besten zum Grundsatz, immer dann die Ventilfedern zu erneuern, wenn der Kopf abgenommen wird. Federn verkürzen sich unter ständiger Beanspruchung; es ist einfach sinnvoll, diese Gelegenheit zum Auswechseln wahrzunehmen. Falls man sparsam sein will, *kann* man die Federn natürlich auf ihre Weiterverwendbarkeit überprüfen. Dafür benötigt man eine neue Feder, eine Schraubzwinge oder einen Schraubstock und drei kleine Plättchen aus Stahlblech. Die neue und die alte Feder legt man gegeneinander, mit einem Stahlplättchen zwischen beiden, in die Schraubzwinge. Die restlichen zwei Plättchen fungieren als Beilage und werden an beiden Enden untergeschoben. Nun dreht man die Schraubzwinge etwas zu – vorsichtig, damit die

Der desmodromische Ventiltrieb in der Ducati

Die Kanäle kann man mit einer rotierenden Drahtbürste reinigen.

Federn nicht herausspringen – bis beide Federn leicht zusammengedrückt sind. Jetzt mißt man sie. Dabei sollte man keine wesentliche Längendifferenz feststellen, wenn die alte Feder noch brauchbar sein soll.

Dieser Test ist zuverlässiger, als nur die ungespannte Länge der Federn zu messen, da letztere eine Größe darstellt, die von Motor zu Motor differiert. Jedoch kann man sich an die Regel halten, daß jede Feder, deren ungespannte Länge sich um 2,5% verringert hat, unbrauchbar geworden ist. Wenn also eine Feder, die 50 mm lang sein müßte, nur noch etwas weniger als 49 mm ungespannte Länge aufweist, ist sie zur Weiterverwendung ungeeignet.

Öl-Dichtringe am Ventilschaft

Auch hier wieder betrachtet man solche billigen Kleinteile am besten als Verschleißartikel. Die Dichtringe verhindern, daß Öl am Ventilschaft entlang in den Brennraum eindringen kann – und durch den Mehrverbrauch an Öl hat man bald schon die Kosten für einen neuen Dichtring zum Auspuff hinausgeblasen!

Der alte Dichtring wird einfach abgezogen und weggeworfen. Bevor man beim Wiedereinbauen der Ventile die neuen Dichtringe einsetzt, sollte man nicht vergessen, sie einzuölen; damit vermeidet man jede Gefahr des Scheuerns an den Dichtflächen.

Entkohlen von Kopf und Kolben

Grundsätzlich hält man sich hier an das, was schon für den Zweitakter gesagt wurde. Wenn man zum Reinigen des Brennraums jedoch eine Bohrmaschine mit rotierender Stahlbürste verwendet, schützt man die Ventilsitze, indem man die Ventile auf Schließstellung bringt.

Überprüfen der Ventile

An den Ventilschäften kratzt man zuerst den gröbsten Ölkohlebelag weg und poliert dann die freiliegenden Stellen mit Schmirgelleinen nach, das am besten in 2 – 3 cm breite Streifen gerissen wird. Den Ventilteller freischaben und polieren! Den Ventilsitz unter die Lupe nehmen: leichtes Einschlagen der Sitzfläche ist normal, darf aber nur oberflächlich und nicht zu tief sein. Zu tiefes Einschlagen bedeutet, daß entweder das Ventil unbrauchbar ist, oder daß der Teller nachgeschliffen und die Sitzfläche nachgefräst werden muß, und zwar in einer Fachwerkstatt.

Einige Hersteller, wie z. B. Suzuki, beziehen die Verschleißgrenze für das Ventil auf die Dicke des Ventiltellers bis zur Sitz-Konusfläche hin. Das typische Maß dafür sollte bei etwa 1 mm liegen; das Ventil ist auszuwechseln, wenn nur noch halb so viel gemessen wird. Ein weiterer Kontrollblick gilt der Breite der eigentlichen Tragfläche am Ventilteller. Um sie einwandfrei bestimmen zu können, bringt man Tuschierfarbe oder Bleimennige auf die Sitzfläche und dreht das Ventil darauf hin und her. Dann nimmt man das Ventil hoch und mißt die Breite der hinterlassenen Markierung. Die tragende Fläche auf dem Ventilteller sollte in der Regel ca. 1 mm breit sein. Sobald sie sich auf das 1 ½-fache verbreitert hat, ist das Ventil nicht mehr verwendbar.

Ein stark eingeschlagenes Ventil muß ersetzt werden.

Das Tragbild des Ventilsitzes kann gut mit Tuschierfarbe ermittelt werden.

Überprüfen der Ventilsitze im Zylinderkopf

Mit dem gleichen Test sind eventuelle Mängel an den Sitzflächen im Kopf zu enthüllen. Auch hier beträgt das normale Maß für die Breite der tragenden Fläche ca. 1 mm, und wiederum ist ein Überschreiten dieses Wertes um das maximal 1 ½-fache noch zulässig. Es ist möglich, die Ventilsitze mit Hilfe von handbetriebenen Korrek-

Den Ventilsitz nicht nachfräsen, wenn der vorgeschriebene Sitzwinkel nicht bekannt ist.

turfräsern nachzusetzen, vorausgesetzt, die vorgeschriebenen Sitzwinkel sind bekannt; man kann sie gewöhnlich dem Werkstatthandbuch entnehmen. Bei der GS 425 beispielsweise haben die Sitze eine innere Anschrägung von 15°, die mittlere Fläche ist 45° geneigt, und die äußere Freifläche hat 75° Neigung. Die Abschrägungen mit 15° und 75° werden zuerst gefräst, dabei wird so wenig wie möglich Material abgenommen. Dann wird die 45°-Fläche hergestellt und so weit eingefräst, bis die korrekte Sitzbreite entstanden ist.

Bei der CB 200 werden Ventilsitz-Schleifsteine für 60°, 90° und 120°-Winkel verwendet; auch hier wird eine Sitzbreite von 1–1,4 mm angestrebt.

Einschleifen der Ventile

Diese Prozedur lief früher – ohne Verwendung von Korrekturfräsern – um einiges brutaler ab; mit grober Schleifpaste ging man sozusagen ins volle Material und schliff solange, bis das Ventil bis zu seinem endgültigen Sitz abgesenkt war. Bei den alten, von manchen Leuten als klassisch angesehenen Motoren funktionierte das auch, aber bei den heutigen Hochleistungsmotoren ist so etwas nicht mehr gefragt. Das Ventileinschleifen soll den sorgsam mit Korrekturfräser vorbearbeiteten Sitzflächen den allerletzten Schliff geben; oder man setzt es als eine Form feiner Nacharbeit an Ventilsitzen ein, die noch innerhalb der Toleranzgrenzen waren und nicht gefräst werden mußten.

Nach dem Reinigen und Polieren des Brennraums, der Kanäle, der Ventilteller und -schäfte konzentriert sich die letzte Aktivität auf das Wiederabdichten des Ventils; auch die feinsten Unebenheiten auf den tragenden Flächen werden nun durch Feinstschleifen (›Läppen‹) abgetragen und beseitigt.

Schleifpaste gleichmäßig um die Sitzfläche herum auftragen.

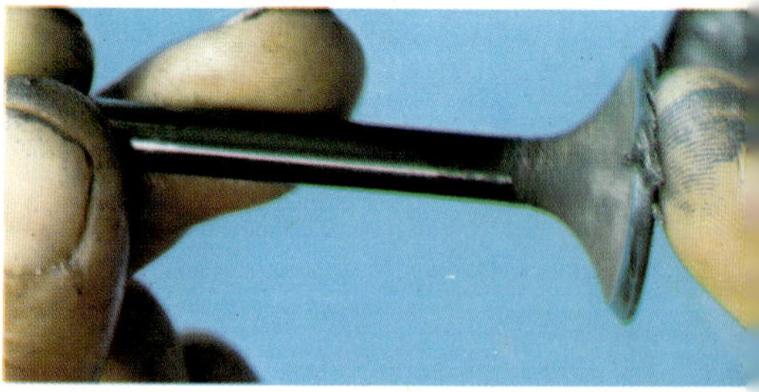

Man nimmt ausschließlich feine Schleifpaste. Das Einschleifwerkzeug wird auf dem Ventilteller befestigt – oder stattdessen ein Schraubendreher mit großer Klinge, falls der Teller mit einem entsprechenden Schlitz versehen ist. Die Schleifpaste verteilt man nun rundum auf der Sitzfläche des Ventiltellers und setzt das Ventil ein. Manche Mechaniker legen zwischen Ventilteller und Führung eine weiche Schraubenfeder ein, um das Ventil leichter drehen und abheben zu können. Mit leichtem Druck auf das Ventil zwirbelt man nun den Stiel des Werkzeugs zwischen den Handflächen und führt damit eine oszillierende Schleifbewegung aus. Nach 10 bis 15 mal hin und her hebt man das Ventil ab und dreht es um 90°. Nun drückt man es erneut in den Sitz und wiederholt den ganzen Vorgang, bis das Ventil eine volle Drehung gemacht hat. Dann zieht man es heraus und wäscht alle Paste mit Petroleum ab.

Die Sitzflächen im Kopf und am Ventil genau anschauen: es sollte nur eine einzige, an beiden rundum durchgehende, mattgraue Berührungslinie zu sehen sein. Falls die Linie unterbrochen ist, mehr Paste zugeben und weiterschleifen. Ganz pingelige Kollegen spendieren eine abschließende Politur durch zusätzliches Nachschleifen: nachdem eine durchgehende Berührungslinie entstanden ist, gehen sie noch einmal mit petroleumverdünnter Feinschleifpaste drüber.

Nach dem Schleifen werden alle Teile gründlich im Petroleumbad gewaschen, um sicherzustellen, daß alle Schleifmittelreste beseitigt sind. Sie sind schließlich das Letzte, was man in seinem Motor haben will, also sei man in diesem Punkt besonders gewissenhaft. Das meiste vom Petroleum kann man mit dem Lappen abwischen, dann läßt man die Teile zum Trocknen liegen.

Kontrollieren der Ventilführungen

Die einzig präzise Methode, um Verschleiß an Ventilschäften und -führungen festzustellen, besteht darin, eine Meßuhr waagerecht aufzubauen, deren Taststift gerade den – etwas aus der Führung gezogenen – Ventilschaft berührt. Nachdem man das maximale seitliche Spiel in dieser Richtung gemessen hat, dreht man die Meßuhr so, daß die zweite Ablesung im rechten Winkel zur ersten erfolgen kann. Im Durchschnitt sollte das Spiel 0,04 mm nicht überschreiten; die Verschleißgrenze liegt bei ungefähr 0,1 mm.

Nun werden die wenigsten von uns über eine Meßuhr verfügen, also müssen wir mit primitiveren Mitteln vorliebnehmen.

Man nimmt sich das Blatt einer Fühlerlehre, das dem Verschleißmaß entspricht, schneidet einen Streifen von 1 mm Breite davon ab, und schon hat man eine passende Mini-Fühlerlehre. Wenn man das Ventil nun ganz auf eine Seite drückt, kann man versuchen, diese Mini – ›Grenzlehre‹ in den entstandenen Spalt zwischen Ventilschaft und -führung hineinzuschieben.

Wenn sie paßt, hat man die Verschleißgrenze überschritten und braucht neue Führungen. Wenn nicht – und es ist kein übermäßiges Spiel *fühlbar,* wenn man das Ventil seitlich bewegt – dann sind die Führungen noch zu gebrauchen.

Austauschen der Ventilführungen

Die meisten Führungen sind mit Preßsitz im Kopf eingepaßt; sie werden entweder mit einem Sicherungsring oder durch einen angearbeiteten Bund in Längsrichtung fixiert. Man kann sie von der Brennraumseite aus mit einem abgesetzten Dorn und einem schweren Hammer nach oben herausschlagen.

Zuerst aber erwärmt man den Kopf auf etwa 100° C. Das geht am schnellsten mit einem Gasbrenner, man kann aber auch den Backofen nehmen, oder den Kopf gar in ein heißes Wasserbad legen.

Der Dorn wird in die Führung gesteckt, bis er mit der abgesetzten Schulter satt aufliegt. Mit einem energischen Hammerschlag müßte sie sich austreiben lassen. Falls erforderlich, setzt man nun den Sicherungsring auf die neue Führung und schiebt sie von der anderen Seite her ein. Dann steckt man den Dorn in die neue Führung, diesmal am oberen Ende, und schlägt sie bis zum Anschlag in ihren Sitz. Nachdem der Kopf abgekühlt ist, wird die Führung auf das vorgeschriebene Maß aufgerieben.

Ventilschäfte

Es ist sinnlos, neue Führungen zu montieren, wenn die Ventilschäfte verschlissen sind. Wie bei den Führungen mißt man den Verschleiß nach zwei Richtungen hin, vorzugsweise mit einem Mikrometer. Jedoch wird man auch mit einer Schieblehre zu einigermaßen genauen Messungen kommen. Falls der Schaft noch innerhalb der Toleranz liegt, prüft man ihn noch mit einem Stahllineal auf sichtbare Verbiegung. Stattdessen kann man den Ventilschaft auch an der Kante einer ebenen Fläche entlangrollen. Jedes ausgewechselte Stück gehört ins alte Eisen.

Kipphebel

Man zieht die Kipphebel von ihren Achsen ab – bei einigen Motoren ist

Die Kipphebel von den Achsen abziehen und auf Verschleiß kontrollieren.

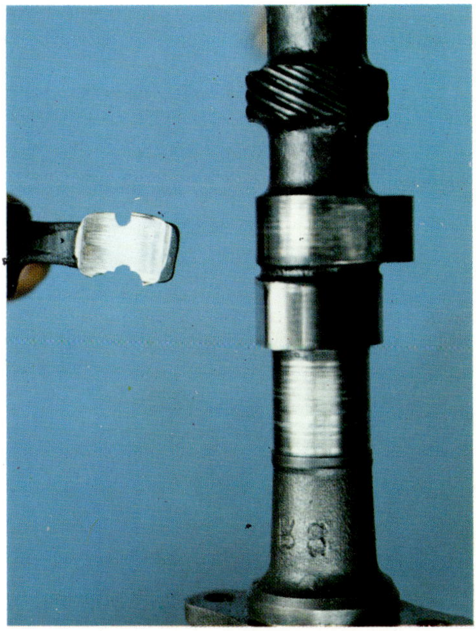

Derart starke Abnutzungsspuren weisen auf Ölmangel hin.

der Nockenwellenausbau nur möglich, wenn das vorher geschieht – und prüft die Lagerstellen auf Verschleiß. Es dürfen keine Laufspuren oder Druckstellen vorhanden sein. Bei Kipphebeln mit Einstellschrauben bildet sich mit der Zeit dort, wo das Ventilschaftende anstößt, eine leichte Vertiefung. Wenn sich dies fortsetzt, wird es bald unmöglich sein, das Ventilspiel korrekt einzustellen, weil ja die Fühlerlehre an den Stellen aufliegt, die nicht abgenutzt sind, während der Ventilschaft die abgenutzte Stelle berührt. Auf diese Weise abgenutzte Einstellschrauben wirft man am besten weg und ersetzt sie durch neue.

Man prüfe das Spiel der Kipphebel auf ihren Achsen. Es ist normalerweise sehr gering und darf nicht fühlbar sein. Ein Spiel von 0,1 mm ist eine typische Verschleißgrenze; falls sie überschritten wird, müssen beide Teile erneuert werden.

Stößelstangen

Verbogene Stößelstangen sind gewöhnlich auf ein zeitweises Überdrehen zurückzuführen; so etwas kann beim Verschalten passieren. Leistungsabfall und lauter werdender Ventiltrieb nach einem solchen Mißgeschick sollten uns dazu veranlassen, die Stößelstangen auf Unversehrtheit hin zu untersuchen.

Man legt die Stangen auf eine Flachglasplatte und prüft, ob sie glatt abrollen. Eine exakt gerade Stange tut das ohne weiteres, eine verbogene nicht. Eine Stößelstange, die diesen Test nicht besteht, muß ausgewechselt werden.

Auflagefläche des Zylinderkopfs

Um zu prüfen, ob die Auflagefläche des Kopfs eben ist, dreht man ihn um, legt ein Stahllineal leicht schräg darüber und fährt damit die ganze Breite des Kopfs ab. Wenn irgendwo ein Lichtspalt sichtbar wird, bleibt man an dieser Stelle und mißt mit einer Fühlerlehre im Spalt, um wieviel der Kopf verzogen ist.

Das zulässige Maß dafür variiert je

nach Typ des Motors, aber Kawasaki z. B. empfiehlt für die Z 1000 ›Four‹, den gesamten Kopf zu ersetzen, sobald ein Verzug von 0,25 mm festgestellt wird. Ein neuer Kawasaki-Kopf hat, nebenbei bemerkt, maximal einen Verzug von 0,05 mm.

Wenn die Unebenheiten weniger schwerwiegend sind, kann man den Kopf in einer Zylinderschleiferei überschleifen lassen. Bei minimalen Abnutzungsspuren kann man die Auflagefläche daheim durch Schleifen auf einer Abrichtplatte nacharbeiten.

Lagerstellen der Nockenwellen

Obenliegende Nockenwellen sind üblicherweise ohne Lagerbuchsen direkt im Kopf gelagert, aber Kawasaki z. B. verwendet geteilte Lagerschalen. Der Verschleiß in den Lagerstellen kann mit ›Plastigage‹ gemessen werden – ein sehr nützliches, allerdings hauptsächlich von Profis verwendetes Material, das nur bei einem spezialisierten Fachhändler erhältlich ist. Diese Arbeit macht man am besten, wenn der Kopf wieder aufgesetzt wird.

Die Unterteile der Nockenwellen-Lagerböckchen werden eingesetzt und ein Streifen ›Plastigage‹ längs zur Nockenwelle eingelegt. Komplett, mit Steuerkette, wird nun die Nockenwelle selbst draufgesetzt. Dann kommen die Oberteile der Lagerböckchen hinzu und das Ganze wird festgezogen, mit dem Effekt, daß der ›Plastigage‹-Streifen breitgequetscht wird.

Jetzt werden die Lagerböckchen wieder gelöst, die Nockenwelle herausgenommen und der plattgedrückte Probestreifen anhand einer Vergleichsskala gemessen. Die Verformung des Streifens ist ein Maß für das innere Spiel der Lagerstelle; der genaue Wert wird der Skala entnommen. Wenn bei der großen Kawasaki irgendein Lager ein Spiel von 0,16 mm erreicht hat, müssen *alle* ausgetauscht werden.

Die Firma Honda, die in ihren Zylinderköpfen aus siliziumhaltigem Aluminiumguß keine Lagerschalen verwendet, empfiehlt für die Vierzylindermodelle wie CB400 F und CB 550 F lediglich eine Sichtkontrolle der Nockenwellen-Lagerlaufflächen; wenn sie beschädigt oder ausgelaufen sind, rät Honda, den Kopf auszutauschen.

Überprüfung der Nockenwelle

Gewissenhafte Leute möchten vielleicht wissen, ob die Nockenwelle noch schlagfrei läuft. Dazu wird die Welle mit den äußeren Zapfen auf zwei Stahlprismen gedreht, seitlich eine Meßuhr angesetzt und an den Lagerstellen der eventuelle Schlag gemessen. Eine Abweichung von ungefähr 0,1 mm bedeutet, daß die Welle hoffnungslos verbogen ist. Die meisten Sportsfreunde müssen sich jedoch mit einer Überprüfung per Augenmaß zufriedengeben. Man achte auf irgendwelche Zeichen von Laufflächenschäden, sowohl auf den Lagerstellen als

Diese Nockenwelle zeigt Spuren von Überhitzung und übermäßig starkem Verschleiß.

auch auf den Nocken. Solche Wellen sind einsatzgehärtet, und wenn die äußere Schicht erst einmal durchbrochen ist, verschleißen sie in Windeseile. Das Resultat ist ständig sich veränderndes Ventilspiel, ein mechanisch sehr lauter Motor und Abrieb, der ins Kurbelgehäuse fällt. Falls deutliche Riefenbildung an der Oberfläche sichtbar ist, ist die Nockenwelle zu erneuern. Auch die Stößel sind auf ähnliche Schäden zu kontrollieren.

Zylinder und Kolben

Hier geht man auf die gleiche Weise vor wie beim Zweitaktmotor. Die zusätzlichen Punkte, auf die man beim Viertakter achten muß, sind zum einen die Dichtringe der Ölbohrungen in der Gehäusetrennfuge zwischen Zylinder und Kurbelhaus; des weiteren, daß in einigen Motoren die Kolbenbolzen nur mit Hilfe einer hydraulischen Presse ausgebaut werden können, und daß bei Stoßstangenmotoren im Zylinderfuß möglicherweise die Stößel laufen. Bevor man mit dem Zusammenbau beginnt, ist es zulässig, eine eventuelle Ölglasurbildung in einer Stahl- oder Gußlaufbuchse zu entfernen. Diese Stellen werden kreuzweise mit sehr feinem, in Petroleum gut angefeuchtetem Polierleinen auspoliert, bis eine matte Oberfläche entstanden ist. Dieses Verfahren wird normalerweise beim Einbau neuer Kolbenringe angewendet, um den Einlaufprozeß zu erleichtern.

Der Wiederzusammenbau

Das Vorgehen beim Wiederzusammenbauen ist bei Viertaktern und Zweitaktern ähnlich. Beim Viertakter jedoch kommt noch das Einrichten des Ventiltriebs hinzu.

Zuerst setzt man die Ventile in den Zylinderkopf ein. Wenn die Federteller an ihrem Platz sind, gibt man jedem Ventil einen energischen Schlag mit dem Plastikhammer axial auf das Schaftende; das gibt die Gewißheit, daß es frei beweglich ist und daß die Ventilkeilchen eingerastet sind. Dann dreht man den Kopf um und schüttet Petroleum in jeden Brennraum. Man läßt es eine Zeitlang drin und sieht nach, ob es irgendwelche Undichtigkeiten an den Ventilen gibt, die weiteres Einschleifen erfordern würden. In diesem Stadium messen Tuningspezialisten gern das Volumen jedes Brennraums, indem sie zum Einfüllen des Petroleums einen präzisen Meßzylinder benutzen. Sie fräsen dann die Brennräume mit den kleinsten Füllungen soweit nach, bis alle gleich sind. Das Resultat ist eine geringfügige Verbesserung der Laufkultur.

Nun wird der Zylinderkopf aufgesetzt und die Nockenwelle(n) bei OHC-Motoren eingelegt. Im Falle mehrerer Nockenwellen sind üblicherweise Stempelmarkierungen vorhanden, die die Einbaulage der Welle bezeichnen. Auslaßnockenwellen sind mit ›EX‹, Einlaßwellen mit ›IN‹ gekennzeichnet. Wo die Welle rechts- und linksherum paßt, ist sie an der entsprechenden Stelle mit ›R‹ oder ›L‹ markiert, damit ein Vertauschen der Seiten nicht möglich ist. Bevor man sie endgültig einbaut, sollte die Welle mit etwas Molybdän-Fett eingeschmiert werden – gleichmäßig über die Lagerstellen verteilt. Die verschiedenen Lagerflächen im Zylinderkopf ölt man mit Motoröl ein.

Für die richtige Einstellung des Ventiltriebs ist das Werkstatthandbuch für das betreffende Modell unerläßlich, da das Schema der Einstellmarkierungen je nach Fabrikat und Modell anders ist.

Bei Stoßstangenmotoren entsteht dieses Problem nicht, da ja die Nockenwelle im Kurbelgehäuse unberührt gelassen wurde. Hier ist es jedoch wichtig, die Stößel zu schmieren und etwas Motoröl in die Stoßstangenführungsrohre und auf den Kipphebelmechanismus zu träufeln.

Bevor man bei OHC-Motoren den Ventilkammerdeckel aufsetzt, spendiert man auch dort dem Ventiltrieb einige Spritzer Motoröl, damit der Arbeitsbeginn nicht trocken erfolgen muß. Dann setzt man den Deckel auf und zieht die Schrauben fest, um das Ganze zum Abschluß zu bringen.

Überholen des Kurbeltriebs

Zerlege-und Zusammenbauarbeiten am Kurbeltrieb sollten normalerweise auf der Werkbank stattfinden, aber da selbst ein leichter Motor manchmal doch recht schwer zu handhaben ist, empfiehlt es sich, an dem noch im Rahmen sitzenden Motor soviel wie möglich auszubauen.

Leichteres Arbeiten

Es ist nicht immer möglich, Kopf und Zylinder vor dem Herausnehmen des Motors abzubauen. Wenn es jedoch machbar ist, sollte man es tun. Außer der Verringerung des Gewichts, das manövriert werden muß, hat es noch den Vorteil, daß der Motor viel von seiner Plumpheit verliert, bevor er aus der ziemlich beengten Lage herausbugsiert wird.

Ein kleiner Hydraulikwagenheber im Einsatz.

Falls man diese Wahl jedoch nicht hat, gibt es immer noch etwas Nützliches zu tun. Nach Abnehmen der Seitendeckel kann man die Kupplung und ebenso die Lichtmaschine ausbauen. Zumeist kann auch der Anlasser abgenommen und die Vergaser können vom Kopf abgezogen werden.

Nachdem man den Motor soweit wie möglich erleichtert hat, legt man eine stabile Stütze unter – schwerere Motoren erfordern häufig einen kleinen Wagenheber – und löst die Befestigungen. Dann hebt man entweder den Motor aus dem Rahmen heraus, oder, bei Maschinen mit Rückgratrahmen, man hebt das Vorderrad an und schwenkt den Rest der Maschine vom Motor weg.

Reinigen

Die erste Arbeit auf der Werkbank besteht darin, den Motor von Schmutz zu befreien, der zweifellos an der Kurbelgehäuse-Unterseite hängt. Das ist zu neunzig Prozent Straßendreck, womöglich ziemlich grobkörnig, der keinesfalls ins Innere des Motors gelangen darf. Mit einer rauhen Bürste und etwas Petroleum bekommt man ihn schnell ab.

Vorarbeiten

Nach dem Ausbauen der Zusatzaggregate hat man nur noch den Kurbel-Getriebegehäuse-Block auf der Werkbank liegen; mit Kurbelwelle, Pleuelstangen, Getriebewellen, Schaltmechanismus, Kickstartmechanismus und Antriebselementen noch an Ort und Stelle. Beim Zerlegen des Kurbeltriebs sind zwar nur die Motorteile von Interesse; jedoch muß aufgrund der Blockbauweise moderner Motoren (Motor *und* Getriebe in einem Gehäuseblock) leider auch ein Teil des Antriebs ausgebaut werden.

Nachdem die Kupplung schon ausgebaut und bei den meisten Maschinen auch der Primärtrieb zerlegt ist, geht es beim nächsten Schritt darum, nur noch diejenigen Teile auszubauen, die dem Trennen der Gehäusehälften noch im Wege sind. Das ist natürlich von Maschine zu Maschine verschieden. Am Motor der Honda CB 250 N beispielsweise muß zuerst der Schaltarm abgenommen werden – er wird nur von der Schaltwalze abgehängt und herausgezogen. Bei der Yamaha XS 250 muß der Kickstartermechanismus vor dem Schaltmechanismus abgenommen werden.

Die Ausnahme bilden Motoren, bei denen das Gehäuse nicht horizontal, sondern vertikal geteilt ist. Bei der 50

Linke Seite: Kurbelgehäuse des Motors ohne Zusataggregate, jedoch mit Kurbelwelle, Pleuelstangen und Zahnrädern noch eingebaut.

Links: Die Gehäuseschrauben können unterschiedlich lang sein. Ihre Lage beim Zerlegen sorgfältig notieren.

Unten: Nachdem alle Schrauben entfernt sind, müßte sich das Gehäuse durch leichtes Klopfen öffnen lassen.

cm³ Suzuki z. B. kann der gesamte Schaltmechanismus in der rechten Gehäusehälfte verbleiben, während die linke Hälfte abgehoben wird – jedoch beim Zerlegen des GT 500 Zweitakt-Twins – der größeren Schwester der kleinen Suzuki – gibt es diese Möglichkeit nicht, weil dieser Motor ein horizontal geteiltes Gehäuse besitzt. Nach dem Ausbauen des Schaltarms bleibt der restliche Antrieb unangetastet, vorausgesetzt, man geht einigermaßen behutsam vor.

Trennen des Gehäuses

Alle Befestigungspunkte des Kurbelgehäuses sind sorgfältig zu überprüfen. Normalerweise sind es Schrauben, die von der Unterseite her zugänglich sind, aber es kann vorkommen, daß einige auch von der oberen Gehäusehälfte aus mit der unteren verschraubt sind. Eine weitere Komplikation besteht in der unterschiedlichen Länge der Befestigungsschrauben. Wenn man – wie bei der XS 250 – später vor einem gemischten Sortiment von 21 Schrauben steht, die aussortiert werden müssen, ist es ein guter Rat, schon während des Ausbaus eine grobe Skizze zu machen, aus der hervorgeht, welche wohin gehört.

Selbst die Ausführung der Schraubenköpfe kann sehr unterschiedlich sein. Noch vor einiger Zeit waren die japanischen Hersteller geradezu verbissene Anhänger von Kreuzschlitzschrauben, die normalerweise erst nach Losschlagen der Gewinde mit dem Hammer und einem auf dem Schraubenkopf gesetzten Dorn herauszudrehen waren (oder mit Hilfe eines Schlagschraubers).

Einige Hersteller gingen dann zu Innensechskantschrauben über – eine feine Sache, sofern man in der Lage war, sich ein Anschlußstück für die Verwendung eines Innensechskantschlüssels in Verbindung mit dem Steckschlüsselsatz zu basteln. Jetzt sind Sechskantkopfschrauben mit unverlierbaren Unterlegscheiben favorisiert, das macht die Arbeiten für alle Beteiligten leichter.

Beim Lösen der Verschraubungen des Kurbelgehäuses folgt man der bekannten Regel und arbeitet sich, so weit wie möglich von der Mitte ausgehend, diagonal nach beiden Seiten abwechselnd vor; dabei löst man jede Verschraubung zuerst nur ein wenig, um die Spannung zu lockern, und dreht sie erst vollständig heraus, wenn sie alle lose sind. Wenn man sicher ist, daß alle Schrauben bzw. Muttern zwischen den Gehäusehälften entfernt sind, klopft man mit einem Gummihammer an der Trennfuge entlang. Nun sollte die untere Gehäusehälfte des auf dem Kopf stehenden Motors abzuheben sein, wobei die obere Hälfte mit sämtlichen ›Innereien‹ auf der Werkbank liegenbleibt.

Ausbauen der Kurbelwelle

Bei den meisten Motorrädern ist das, was nun noch zu tun ist, soweit es den Motor betrifft, nur noch Formsache. Man nimmt die Kurbelwelle aus dem Gehäuse, komplett mit Pleuelstangen und vielleicht noch der Steuerkette, und kontrolliert nun die Lager. Dafür gibt es jedoch keine festen Regeln, da einige Motoren einen komplizierteren Aufbau haben. Die CB 250 N/CB400 N Parallel-Twins von Honda beispielsweise besitzen einen zusätzlichen, massiven Halterahmen für die Ölwanne und die Hauptlager, der noch immer die Kurbelwelle hält; Ausgleichswellen und ihre Antriebselemente müssen auch noch ausgebaut werden. Letztere sind unter anderem auch bei der Suzuki GS 400/425 Reihe zu berücksichtigen.

Bei den meisten Vierzylindern muß noch ein weiterer Zwischenschritt vor Ausbau der Kurbelwelle beachtet werden, der aber ziemlich einfach ist. Bei den Motoren dieser Bauart ist es allgemein üblich, daß der Primärtrieb über eine Endlos-Zahnkette von der Mitte der Kurbelwelle auf eine kombinierte Kettenrad-Antriebsruckdämpfer-Einheit erfolgt, die auf einer Zwischenwelle montiert ist. Der Getrieberadsatz

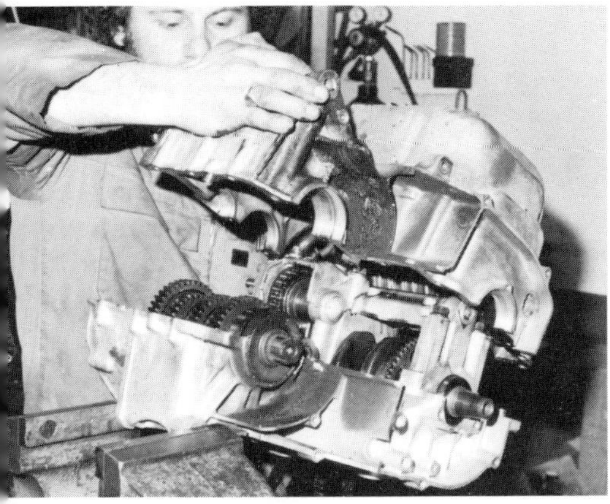

Hier wird das Kurbelgehäuse geöffnet, womit alle innenliegenden Teile in der unteren Hälfte freigelegt sind.

wird dann von dieser Welle aus mit einer zweiten Untersetzung über die Kupplung angetrieben. Da die Kette endlos – und zudem recht massiv – ausgeführt ist, muß diese Zwischenwelle freigelegt und die Kette von ihr abgenommen werden, bevor man die Kurbelwelle ausbauen kann. Das ist normalerweise recht einfach – bei der Honda CB 400 F beispielsweise kann die Welle ohne weiteres herausgezogen werden, und die Kettenrad-Einheit bleibt lose im Gehäuse zurück. Bei der

Der Halterahmen der Honda CB 250 N für die Ölwanne und die Kurbelwellenlager wird herausgehoben.

Kawasaki Z 650 läßt sich die Welle mit einem passenden Dorn herausschlagen, während man sie bei der Honda CB 550 F mit Hilfe eines Abziehers ausbaut, ebenso wie den Lichtmaschinenrotor. Ein interessanter Tip: die Steckachse einer alten C 90 ergibt einen vorzüglichen Abzieher für beide.

Trennen der Gehäusehälften beim Zweitakter

In diesem Punkt ist manchmal von der Einfachheit des Zweitaktmotors nicht mehr viel zu spüren. Zweitakt-Kurbelgehäuse müssen druckdicht sein, und es ist nicht immer leicht, sie zu zerlegen. Schlimmer noch: jene Motoren, die eigentlich die anspruchslosesten sein müßten, sind häufig die kompliziertesten.

Um festzustellen, ob ein bestimmtes Zweitakter-Gehäuse leicht oder schwer zu öffnen ist, ist ein Blick ins Werkstatthandbuch nützlich. Osteuropäische Motorräder gelten beispielsweise als wartungsfreundlich; dennoch erfordern die 350 cm^3 Jawa Twin und die MZ 250 Einzylinder ausgeklügelte Abziehvorrichtungen zum Trennen des Gehäuses. Bei der MZ kann man sich *zurNot* dadurch helfen, indem man das Motorgehäuse etwas von der Werkbank abhebt und durch behutsames Klopfen mit dem Gummihammer auf die nach oben zeigenden, überstehenden Wellenzapfen versucht, eine Hälfte freizukriegen. Wirklich empfehlenswert ist das aber nicht.

Eine mehrteilige Kurbelwelle, zerlegt und in zusammengebautem Zustand

Nicht einmal innerhalb der gleichen Marke geht es immer einheitlich zu. Während es z. B. bei der Suzuki GT 185 eine vollkommen unproblematische Arbeit ist – die obere Hälfte wird einfach von der unteren abgenommen, verlangt die TS 125 aus dem gleichen Stall einen komplizierten Spezialabzieher.

Überprüfen der Kurbelwelle

Wenn man die Welle auf der Werkbank vor sich hat, wird nun die Prüfmethode von der Bauart der Welle bestimmt. Alle Zweitakter und einige Viertakter, wie etwa die Honda CB 175, haben mehrteilige, zusammengesetzte Kurbelwellen. An zusammengesetzten Wellen gibt es nur wenig zu tun. Sie sind ausschließlich mit Wälzlagern (Kugel-, Rollen- oder Nadellager),

Ein rotierendes Hauptkugellager im Test; Verschleiß macht sich durch Laufgeräusche bemerkbar.

Die Rundlaufgenauigkeit einer Kurbelwelle wird mittels Meßuhr überprüfft.

sowohl an ihren Hauptlagerstellen als auch am Pleuelfuß, ausgestattet. Mehrteilige Kurbelwellen bestehen aus Kurbelwangen, Kurbelzapfen und Lagerzapfen, die unter einer hydraulischen Presse zusammengepreßt und anschließend präzise ausgerichtet werden. Für einen Durchschnitts-Heimwerker gibt es keine Möglichkeit, eine solche Welle zu zerlegen. Manchmal kann man nicht einmal die Hauptlager ohne Presse ausbauen. In manchen Fällen kann man sich eventuell durch vorsichtiges Abhebeln weiterhelfen; das kann jedoch auch zum Verziehen der Welle führen und sollte wirklich nur als Notbehelf betrachtet werden.

Deshalb muß man sich damit begnügen, den Verschleiß festzustellen und zu entscheiden, ob eine Austausch-Kurbelwelle fällig ist. Heutzutage sind Kurbelwellenlager meist groß dimensioniert und gut geschmiert. Es gibt keinen Grund, warum die Original-Lager nicht von gleicher Lebensdauer sein sollten wie das Fahrzeug selbst. Ein Wälzlager wird nach alter Väter Sitte folgendermaßen getestet: man hält den Innenring fest, läßt den Außenring mehrmals mit Schwung laufen und achtet dabei auf rauhen, geräuschvollen Lauf des Lagers. Man muß aber schon ziemlich Pech haben, wenn es diesen Test nicht besteht.

Eine andere Sache ist es mit dem Pleuellager, das sehr viel aushalten muß und nicht ebenso groß dimensio-

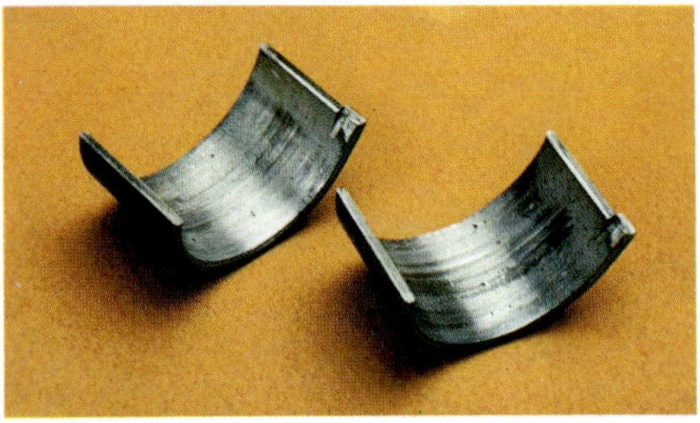

Untrügliche Beweise für schweren Lagerschalenverschleiß

niert werden kann wie die Kurbelwellenlager. Wenn man die Kurbelwelle auf OT stellt, das Pleuel im Bolzenauge faßt und abwechselnd auf und ab rüttelt, darf keinerlei Spiel festzustellen sein. Dann prüft man das seitliche Spiel der Pleuelstange. Dabei geht es ums Messen, nicht ums Schätzen oder Beurteilen. Das Pleuel wird so weit wie möglich zur Seite gedrückt und dann der Spalt zwischen dem Pleuelfuß und der inneren Kurbelwange mit einer Fühlerlehre gemessen. Das richtige Maß erfährt man aus dem Werkstatthandbuch; im allgemeinen kann man aber einen Wert von0,015/0,020 mm als Standard annehmen. Alles was über 0,1 mm liegt, hat die Verschleißgrenze überschritten.

Die Kurbelwelle kann man auf Schlag prüfen, indem man sie in zwei Stahlprismen legt bzw. zwischen zwei Zentrierspitzen einspannt und eine Meßuhr ansetzt. Die Welle ist in den Prismen so zu plazieren, daß sie sich frei drehen kann, dann ist mit der Meßuhr der Rundlauf zu prüfen. An einer simplen Einzylinderwelle eines Zweitakters, die aus zwei Hubscheiben und einem Kurbelzapfen dazwischen aufgebaut ist, genügt je eine Messung an jedem Lagerzapfen. Ein kleiner Parallel-Twin wie der der CB 200 erfordert jedoch Messungen an nicht weniger als einem halben Dutzend Meßstellen – an den beiden äußeren Lagerzapfen, den Lageraußenringen der beiden inneren Hauptlager und den beiden inneren Kurbelwangen. Bei diesem speziellen Motor sollten alle vier Hauptlager eine Rundlaufgenauigkeit von 0,02 mm, die beiden Kurbelwangen von 0,05 mm haben. An den Lagerzapfen eines einfachen Zweitakters wie dem der Kawasaki KE 175 muß die Rundlaufgenauigkeit 0,03 mm betragen – Verschleißgrenze 0,1 mm.

Gleitlager mit geteilten Lagerschalen (links) und Nadellager (rechts)

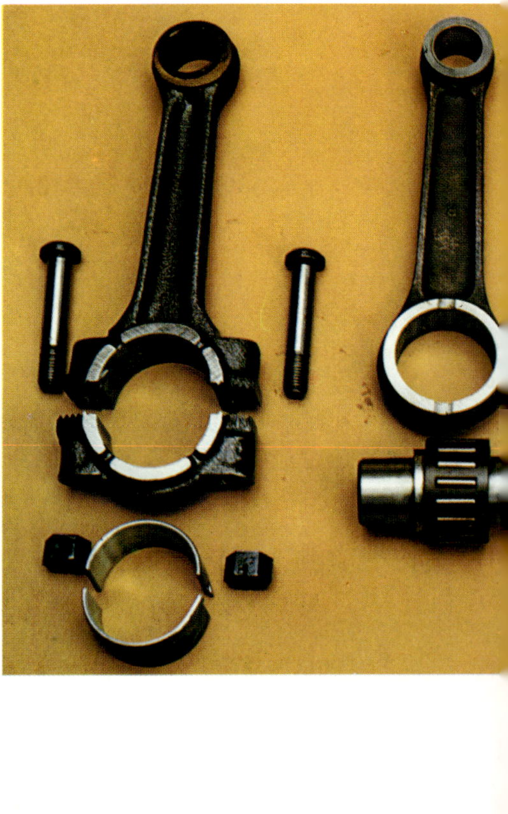

Einteilige Kurbelwellen

An einteiligen Kurbelwellen werden sehr ähnliche Messungen durchgeführt; allerdings werden bei dieser Bauart meist Gleitlager verwendet, womit das Rätselraten bei der Ermittlung des Lagerspiels ein Ende hat. Die Lagerschalen der Hauptlager sind geteilt und können – wenn nötig – von Hand aus dem Gehäuse ausgebaut werden. Die Pleuellager sind gleichfalls geteilt; das Abnehmen der Pleuelstangen von der Kurbelwelle erfordert daher keine größeren Komplikationen als lediglich das Öffnen einiger Muttern, um den Pleuellagerdeckel freizugeben. Dann kann man die restliche Pleuelstange komplett mit der oberen Lagerbuchse von der Welle abnehmen.

Zur genauen Verschleißmessung kann wieder ›Plastigage‹ verwendet werden. Man benutzt es wie schon beschrieben: man legt einen ›Plastigage‹-Streifen ein, setzt die Welle bzw. den Pleueldeckel ein, die Verschraubung wird festgezogen und anschließend wieder gelöst. Nun wird der plattgedrückte ›Plastigage‹-Streifen anhand der mitgelieferten Spezialskala gemessen.

Beim nächsten Schritt wird dann an jedem Lager- und Kurbelzapfen mit Mikrometer, notfalls Schieblehre, der Durchmesser gemessen; dabei mißt man wieder nach zwei Richtungen, jeweils um 90° versetzt. Damit hat man sich ein vollständiges Bild vom Zustand der Lager gemacht – und falls man auch die Rundlaufprüfung zwischen Prismen bzw. Zentrierspitzen durchgeführt hat, gilt dies gleichermaßen für die Kurbelwelle selbst.

Durch die ›Plastigage‹-Messung erfährt man, wieviel Spiel zwischen Lagerschale und Zapfen besteht. Typischerweise beträgt das maximal zulässige Spiel bei mittelgroßen Vierzylindern wie etwa der CB 400 F oder der CB 550 F von Honda um 0,08 mm. Mit einem Twin wie der Kawasaki Z 400 verhält es sich ähnlich; die Verschleißgrenze liegt etwa bei 0,1mm.

Ausgelaufene Lagerschalen sollten weggeworfen und neue montiert werden. Im allgemeinen kann man von einem Satz Lagerschalen eine Lebensdauer von ungefähr 80 000 km erwarten, obwohl manche Gleitlagermotoren schon Laufleistungen von 160 000 km und mehr erzielt haben, ohne geöffnet zu werden. Man fährt am besten, wenn man vorbeugend einen Austausch vornimmt, sobald der Motor aus irgendeinem anderen Grund zerlegt werden muß; damit erspart man sich größere Schraubereien, die später fällig geworden wären. Andernfalls wird man durch laute Betriebsgeräusche und Öldruckabfall auf die Notwendigkeit neuer Lagerschalen hingewiesen. Dort, wo schwerwiegender Lagerverschleiß eingetreten ist, ist das normalerweise bei der Überprüfung der Lagerschalen und Zapfen zu erkennen (Riefenbildung auf den Lager-/Kurbelzapfen und abgetragene Weißmetallschicht von den Schalen); zudem sind die Kurbelzapfen höchstwahrscheinlich oval.

Aus diesem Grund ist die Mehrfach-Messung (90° versetzt) notwendig. Lagerstellen dürfen nicht oval, sondern müssen rund sein, und falls das in einer Richtung abgenommene Maß bedeutend von dem abweicht, das im rechten Winkel dazu ermittelt wurde, muß die Lagerstelle überschliffen, müssen Übermaß-Lagerschalen eingesetzt werden. Diese Arbeit wird komplett von einer Schleiferei übernommen: alle Zapfen nachschleifen und die passenden Lagerschalen dazu liefern. Als Maßstab für die maximal zulässige Ovalität kann das Beispiel der 850 cm^3 Norton ›Commando‹ dienen: falls der Unterschied zwischen den beiden Messungen größer als 0,038 mm ist, müssen die Lagerstellen nachgeschliffen werden. Vier verschiedene Lager-Übergrößen stehen zur Verfügung, passend für vier verschiedene Kurbelwellen-Schleifmaße.

Auch bei Honda sollte man die Auswahl der Lagerschalen und Pleuel dem Fachmann überlassen, da für die Vierzylindermodelle ein kompliziertes Code-System verwendet wird, welches befolgt werden muß, damit im Motor keine Unwucht entstehen kann. Die Pleuelstangen sind mit Kennmarkierungen für sieben Gewichtsklassen versehen, die von 281 bis 315 Gramm reichen; auch die Pleuellager sind nach drei Größenklassen markiert. Für den Kurbelzapfen-Außendurchmesser der 400er sind drei, für die 500/550er Reihe zwei verschiedene Maßklassen vorgesehen. Schließlich sind die Lagerschalen selbst mit Farbmarkierungen versehen, um verschiedene Maßkombinationen zwischen Pleuel und Kurbelzapfen zu ermöglichen.

Seitliches Spiel der Kurbelwelle

Noch ein weiteres Maß muß berücksichtigt werden. Die Kurbelwelle muß ein seitliches (axiales) Spiel haben, das jedoch nicht zu groß sein darf. Dieses Spiel erlaubt der Welle, sich ohne seitliches Anlaufen frei zu drehen, wenn sich das Material unter Hitzeeinwirkung ausdehnt. Ungefähr 0,5 mm ist ein annehmbarer Durchschnittswert, der sich häufig von selbst beim Einbau der komplett bestückten Welle ergibt. Einige Motoren besitzen jedoch Anlaufscheiben zur Begrenzung des Axialspiels; andere wiederum sind auch mit Ausgleichsscheiben verschiedener Stärke versehen.

Ausgleichwellen

Einige Motoren mit unvollständigem Massenausgleich – bekanntermaßen Parallel-Twins in Motorrädern und V4-Motoren in Autos – brauchen Ausgleichwellen, um Vibrationen entgegenzuwirken, die andernfalls bei den heute üblichen hohen Drehzahlen unangenehm werden würden. Diese Wellen können über Zahnräder angetrieben sein, wie etwa bei der Suzuki GS 400/425-Serie; oder aber sie sind kettengetrieben, wie beispielsweise bei der Kawasaki Z 400 und den Honda CB 250/400 N ›Dream‹ und ›Super Dream‹. Beim Zusammenbauen dieser Motoren ist die exakte Winkelstellung dieser Wellen von ausschlaggebender Bedeutung. Bei der Suzuki ist

Ein Ausgleichgewicht der Honda CB 250 N

das wahrscheinlich am einfachsten, weil man zur Erreichung der korrekten Einstellung – Ausgleichwelle um 180° gegenläufig zur Kurbelwelle – nur zwei Körnermarkierungen auf den Zahnrädern zur Deckung bringen muß.

Bei den Hondas trägt jede Ausgleichwelle zwei Markierungen – TC und TH. Die vordere Welle wird so eingelegt, daß der Strich über der TC-Marke mit der oberen Gehäusetrennfuge fluchtet. Die vordere Ausgleichwelle bildet den Bezugspunkt für die hintere, deren TH-Marke so eingestellt wird, daß sie parallel zur TC-Marke der vorderen Welle steht, beides mit der Kurbelwelle auf OT-Stellung.

Das System der Kawasaki einzurichten, ist um einiges komplizierter, da jedes Ausgleichgewicht, Ausgleichkettenrad, Achse und die Hauptlagerschale zusammen aufgesetzt werden müssen. Zuerst wird das Ausgleichgewicht mit dem Kettenrad ausgerichtet, und zwar so, daß die Körnermarke auf dem Kettenrad nach außen zeigt und dabei in der Mitte des halbmondförmigen Gewichts steht. Nun muß man, bevor diese Baugruppe eingesetzt wird, zuerst die Kurbelwelle so drehen, daß ihre Ölbohrungen mit der oberen Gehäusehälfte fluchten. Dann wird ein Ausgleichgewicht komplett mit Ritzel so eingebaut, daß die Pfeile auf der Hauptlagerschale von der Kurbelwelle weg zeigen und das galvanisierte Kettenglied der Antriebskettte mit einem Strich auf der Hauptlagerschale übereinstimmt. Dann wird das zweite Ausgleichgewicht eingesetzt, wobei die Markierungslinie auf der Hauptlagerschale, das zweite galvanisierte Kettenglied und die Körnermarkierung auf dem Kettenrad übereinanderstehen müssen.

Einbauen der Kurbelwelle

Im Großen und Ganzen gibt es beim Einbauen der Kurbelwelle nichts weiter

Bei den meisten Honda-Motoren dient ein Paßstift zum Zentrieren der Lager.

zu tun als die Welle mitsamt den Pleueln ins Kurbelgehäuse einzulegen; allerdings muß man dabei auf so wichtige Kleinigkeiten wie z. B. Paßstifte achten, die bei den meisten Honda-Motoren verwendet werden, um die Lager in ihrem Sitz axial zu fixieren. Wenn der Stift nicht in das dafür vorgesehene Loch einrastet, wird das Ganze nicht zusammenpassen. Falls das Loch irgendwelche Flüssigkeitsreste enthält – Öl, Lösungsmittel, oder gar Wasser – kann der Stift darin wie ein Kolben abdichten und das Metall sprengen.

Man bedenke auch, daß keine Ketten mehr montiert werden können, sobald die Welle an ihrem Platz sitzt, es sei denn, es handelt sich um Ketten mit Schloß. Solche Ketten werden aber im Inneren des Motors selten verwendet. Deshalb müssen Primär- und Steuerkette *vor* dem Einlegen der Kurbelwelle um ihre Ritzel gelegt werden.

Bei geteilten Lagern werden die Lagerdeckel aufgesetzt und – nach und nach, entsprechend der im Handbuch vorgesehenen Reihenfolge – mit dem erforderlichen Anzugsdrehmoment festgezogen. Im Zweifelsfall arbeitet man von der Mitte nach außen, jeweils mit einem Schritt nach beiden Seiten abwechselnd.

Allen Lagern sollte man einen großzügigen Schuß Öl spendieren, bevor man sie einbaut; auf diese Weise müssen sie in den ersten Augenblicken nach dem Starten des Motors nicht trocken laufen, bevor der Ölkreislauf in Gang kommt.

Kolben-Ölpumpen bei Viertaktern

An wenigen der größeren Motoren werden heutzutage andere Ölpumpentypen als Zahnradpumpen oder Rotor(-Eaton-)pumpen verwendet. Kolbenpumpen verschiedener Bauart trifft man vereinzelt noch bei klassischen oder ›Vintage‹-Veteranen an; allerdings baut Triumph heute noch eine Kolbenpumpe in Viertakter ein. Beide Bauarten werden jedoch an Zweitaktern verwendet.

Die Ölpumpe der Triumph besteht eigentlich aus zwei Pumpen in einem – einer Druck- und einer Saugpumpe, die nebeneinander in einem gemeinsamen Gußgehäuse sitzen. Die Kolben werden von einem Gleitstein bewegt; ein Stift, der exzentrisch auf dem Ende der Einlaßnockenwelle sitzt, greift in diesen Gleitstein ein und treibt dadurch die Pumpe an. Diese Pumpe ist simpel und wartungsfreundlich. Wenn man sie vom Kurbelgehäuse abschraubt, kann man die beiden Kolben herausziehen und den Gleitstein abnehmen. Ein Deckel mit Vierkantansatz sitzt unter jedem Zylinder und hält die Feder und die Kugel, die als Ventil für den Saugkanal (bei der hinteren Pumpe) oder für den Druck- bzw. Versorgungskanal (vordere Pumpe) fungiert. Alle Teile werden in Lösungsmittel gewaschen, die Länge der Federn gemessen, die Kugeln auf Rundheit und Kratzer geprüft und die Durchmesser der Kolben mit einem Mikrometer kontrolliert. Den Gleitstein setzt man in die entsprechenden Nuten der Kolben ein und mißt das Arbeitsspiel, das nicht weniger als 0,0381 bis 0,1143 mm betragen sollte.

Zuerst sind die Federn, Kugeln und Kolben gut einzuölen. Dann setzt man die Ventile ein und füllt einen Kubikzentimeter Motoröl in jeden Pumpenzylinder. Nun führt man die Kolben ein und drückt sie so lange nieder, bis an den Ausgängen Öl sichtbar wird. Langsam nimmt man den Druck zurück und achtet dabei darauf, daß der Ölstand an den Ausgängen gleichbleibt. Falls Öl in die Pumpe zurückläuft, ist an der betreffenden Seite das Ventil nicht in Ordnung. Bei Pumpen mit Messinggehäuse ist es möglich, die Kugel nach Ausschrauben des kleinen Deckels und Abnehmen der Feder durch einen leichten Schlag in ihre Sitzfläche zu drücken und dadurch neu abzudichten. Natürlich funktioniert das bei einem gußeisernen Gehäuse nicht, aber vielleicht kann man in einem Fachbetrieb den Sitz nacharbeiten lassen.

Viele Jahre lang verwendete Honda eine Einfach-Kolbenpumpe, die über eine Pleuelstange von einem Exzenter hinter der Kupplungstrommel angetrieben wurde. Diese Pumpe kann erst nach Zerlegen der Kupplung ausgebaut werden, nachdem Kupplungstrommel, Pumpe und Antrieb in einem ausgebaut wurden.

Nun kann man den Kolben aus der Pumpe herausziehen, wobei man ihn mit seinem Pleuel, welches mit einem Sicherungsring und einer Beilagescheibe befestigt ist, an der Kupplung hängen läßt. Die früheren Versionen dieser Pumpe hatten federbelastete Kugelventile und konnten zur Reinigung und Kontrolle zerlegt werden; die späteren sind jedoch geschlossen ausgeführt und nur noch der Kolben und das untere Siebfilter können gelöst werden.

Nach dem Reinigen sollte an zwei Stellen gemessen werden. Zuerst gilt es, das Spiel zwischen Kolben und Gehäuse festzustellen – im Fall der CB 200 beträgt es beispielsweise 0,025 bis 0,036 mm, mit einer Verschleißgrenze von 0,17 mm; dann mißt man das Spiel zwischen Pleuel und Exzenter – hier betragen die normalen Werte für die CB 200 0,025 bis 0,075 mm, Verschleißgrenze 0,15 mm.

Zahnrad-Ölpumpen bei Viertaktern

Eine Zahnradpumpe, wie sie z. B. bei den Vierzylinder-Modellen Z 1, Z 900 und Z 1000 von Kawasaki eingebaut ist, funktioniert aufgrund des Druckeffekts, der entsteht, wenn zwei Zahnräder in einem eng umschließenden Gehäuse ineinandergreifen (›kämmen‹) und sich gegeneinander drehen. Im Fall der Kawasaki läuft die Pumpe unten im Ölsumpf und saugt durch ein relativ grobes Drahtfilter Öl an, welches über Kanäle durch ein Feinfilter gedrückt wird. Falls sich dieses Filter verstopft und den Durchlauf blockiert, öffnet ein Ventil (›Bypass‹-Ventil) und das Öl kann an dem Filter vorbei in den Schmierkreislauf gelangen; die Schmierung bleibt dann, wenn auch mit ungefiltertem Öl, aufrechterhalten.

Zum Ausbau der Ölpumpe muß die

Ölwanne abgenommen werden. Die Pumpe ist verschraubt und wird komplett mit ihrem großen Antriebszahnrad abgezogen. Letzteres ist mit einem Sicherungsring und einem Stift auf der Pumpenwelle befestigt und mit Distanzscheiben unterlegt. Nachdem die sechs Schrauben ringsum herausgedreht sind, kann man das Gehäuse auseinandernehmen; der Deckel läßt sich mit einem Gummi- oder Plastikhammer durch vorsichtige Schläge auf die Zahnradwellen losklopfen.

Eine Zahnradpumpe kann nur mit einwandfrei intakten Zähnen Druck erzeugen; sobald an ihnen irgendwelche Beschädigungen auftreten, ist die Pumpe meist unbrauchbar. Dieses Bauteil ist nicht reparabel. Daher achte man genau auf Kratzer und Bruchstellen an den Zähnen – jedes Zahnrad kann zur Kontrolle herausgenommen werden. Falls die Zahnräder den Test bestehen, werden sie wieder eingesetzt. Danach mißt man das Spiel zwischen Zahnradaußendurchmesser und der Innenseite des Pumpengehäuses mit einer Fühlerlehre. Zur Messung sucht man sich die engsten Stellen zwischen Zahnrad und Gehäuse heraus. Wenn das Spiel 0,10 mm überschreitet, muß die gesamte Pumpe erneuert werden.

Falls die Messung zwischen 0,003 und 0,0036 mm liegt, befindet sich die Pumpe in bestem Zustand. Am Gehäuse wird eine neue Dichtung eingelegt, Deckel und Antrieb werden wieder eingesetzt und die Pumpe eingebaut. Hierbei ist es sehr wichtig, vor Einlegen der neuen Dichtung die Paßflächen zwischen Pumpengehäuse und Deckel mit Lösungsmittel und einem stumpfkantigen Schaber zu reinigen. Dabei dürfen keinesfalls Krümel ins Innere der Pumpe fallen. Die Befestigungsschrauben für den Deckel und die Pumpe selbst setzt man mit Loctite ein – das ist unerläßlich. Wenn sich nämlich eine Schraube herausschüttelt und ›unter die Räder kommt‹, kann sie den ganzen Motor ruinieren.

Ein Beispiel für eine Rotor-(Eaton-)Ölpumpe

Rotor-(Eaton-)pumpen an Viertaktern

An heutigen Motorrädern ist die Rotor-Ölpumpe wohl am meisten verbreitet. Sie ist eine sehr leistungsfähige

Die Rotor-Ölpumpe, zerlegt

Konstruktion und besteht aus einem Gehäuse, in welchem ein exzentrisch gelagerter vierstrahliger Innenrotor einen fünfstrahligen Außenläufer antreibt.

Honda verwendet an so verschiedenartigen Modellen wie der CX 500, der CB 250/400 N und der C 50, Suzuki an den Vierzylindern und den DOHC-Twins und Kawasaki an der Z 400 Twin diesen Ölpumpentyp. Die Pumpe wird normalerweise über Zahnräder angetrieben; obschon die Honda-Modelle CX 500 und CB 250/400 N dafür eine Kette benutzen. Der Kettenantrieb muß natürlich nachgespannt werden. Bei der CX 500 geschieht dies durch Schwenken der Pumpe um einen Drehpunkt; wenn das obere Kettentrum in der Mitte ein Spiel von 2,0–3,5 mm hat, wird sie festgeschraubt.

Für die Verschleißkontrolle kann das Vorgehen an der Suzuki als Beispiel dienen: die beiden Gehäusehälften werden getrennt, und der innere Rotor wird so weit gedreht, bis einer seiner Zähne so eng wie möglich in der entsprechenden Aussparung des Außenläufers anliegt. Dann wird das Spiel zwischen beiden mit der Fühlerlehre gemessen. Bei der GS 400/425 Reihe sollte es 0,2 mm betragen. Für die GS 750 ist es 0,25 mm und für die Honda CX 500 0,35 mm. Beim Überschreiten des Verschleißmaßes sollten Rotor und Läufer ersetzt werden.

Als nächstes ist das Spiel zwischen Außenläufer und Gehäuse zu prüfen – wieder mit der Fühlerlehre. Bei den

Suzukis liegt die Grenze bei 0,25 mm, für die CX 500 ist es 0,35 mm und für die Kawasaki 0,25 mm.

Abschließend mißt man das seitliche Spiel von Rotor und Läufer, indem man ein Stahllineal quer darüber legt und mit der Fühlerlehre den entstandenen Spalt untersucht. Als Verschleißgrenze geben sowohl Suzuki als auch Kawasaki einen Wert von 0,15 mm an. Honda schreibt bei den größeren Ölpumpen hier kein Maß für das Spiel vor, jedoch an der viel kleineren Pumpe der 50er und 70er Modelle beträgt das normale Maß 0,02–0,07 mm – ebensoviel wie zwischen Rotor und Läufer. Bei dieser kleinsten Pumpe sollte das Spiel zwischen Außenläufer und Gehäuse normalerweise 0,15 mm sein, Verschleißgrenze 0,2 mm.

Entlüftungs- und Überdruckventile

Das ›Atmen‹ des Motors – womit nicht der Einlaß/Auslaß-Gaswechsel, sondern der ständig wechselnde Druck, der aufgrund der Kolbenbewegungen unvermeidlich im Kurbelgehäuse auftritt, gemeint ist – wurde früher durchweg über gesteuerte Ventile oder druckabhängige Ventile reguliert. Sie funktionierten selten zufriedenstellend, was vielleicht ein Grund dafür war, daß Motorräder in dem schlechten Ruf standen, immer und überall Öl zu verlieren. Der Druck, der sich im Gehäuse aufbaut, reicht durchaus, um eine Gehäusetrennfuge etwas aufzustemmen und Öl hinauszupumpen.

Heute ist es entweder üblich, die Luft durch ein Labyrinth abzuleiten oder die Gase über einen Schlauch in einen Abscheider im Luftfiltergehäuse zu führen, wo die flüssigen Ölanteile kondensieren und ablaufen können, während der Rest gefiltert in den Brennraum geleitet und mitverbrannt wird.

Ein Öl-Überdruckventil hat die Aufgabe, ›abzublasen‹, sobald der Öldruck in den Bereich von ca. 5 bis 6 bar ansteigt. Es besteht normalerweise aus einem federbelasteten Kolben, der in einem massiven Gehäuse sitzt. Er kann direkt auf der Pumpe selbst montiert sein – wie bei der CX 500 – oder im Kurbelgehäuse, wie bei den Triumph Twins. Es ist in der Regel wartungsfrei. Man kann eine Funktionsprüfung machen, indem man den Kolben niederdrückt – wozu natürlich ein ziemlicher Kraftaufwand nötig ist –, ebenso kann man es zwecks Reinigung zerlegen und die Einzelteile in Spiritus waschen. Das Ventil der Triumph hat einen Gewindestopfen, der Feder und Kolben sichert ; das der Honda besitzt einen Innen-Sicherungsring mit Scheibe. Wie bei allen Bauteilen, die mit starken Federn versehen sind, ist auch hier größte Vorsicht geboten, damit sie einem nicht ins Gesicht springt.

Nachdem man das Ganze gesäubert und sich vergewissert hat, daß die Überlaufbohrungen frei sind, durch die das Öl im Bedarfsfall entweicht, sollte man alle Einzelteile vor dem Wiederzusammenbauen einölen.

Ölpumpen an Zweitaktern

Ölpumpen an Zweitaktmotoren sind normalerweise nicht zerlegbar und daher zwangsläufig wartungsfrei. Im Falle eines Defekts werden sie kurzerhand abgeschraubt und ausgetauscht. Im Gegensatz zu Viertakter-Ölpumpen sind sie jedoch einstellbar, nachdem man in der heutigen Praxis dazu übergegangen ist, sie mit dem Gasdrehgriff zu koppeln und ihre Förderleistung lastabhängig zu steuern. Außer der Einstellung ist eventuell noch die Erneuerung der an die Pumpe angeschlossenen Seilzüge erforderlich. Dies geschieht auf übliche Weise durch Aufdrehen der Einstellschrauben und Aushängen der Nippel. Eine etwas ausgefallene Konstruktion findet sich bei den Jawa-Motorrädern, bei denen der Ölpumpenseilzug zum Gasschieber läuft. Die Seilzugeinstellung erfolgt hier über eine Einstellschraube oben auf der Mischkammer des Vergasers, bis der Gasschieber hörbar an das Vergasergehäuse stößt, wenn der Gasgriff geöffnet und anschließend wieder losgelassen wird. An diesem System muß die Einstellung sorgfältig

Beim Ausbauen der Ölpumpe sorgsam darauf achten, daß keine Dichtungen oder O-Ringe verlorengehen.

Die Dosierung von Ölpumpen an Zweitaktmotoren ist meist mit dem Gasdrehgriff gekoppelt.

vorgenommen werden, da die Ölpumpen-Seilzugtrommel direkt über den Gasgriff betätigt wird, dessen Bewegung über einen zweiten Seilzug an den Vergaser weitergegeben wird. Deshalb muß man immer zuerst die Einstellung der Ölpumpentrommel überprüfen und sich dann von der exakten Relation zwischen Trommelstellung und Gasschieber überzeugen.

Kraftübertragung

Abgesehen von einigen Mopedmodellen, die ein automatisches Getriebe nach dem Prinzip der verstellbaren Keilriemenscheiben besitzen, ist die große Mehrheit der heutigen Zweiräder mit rein mechanischen Antriebssystemen mit Variationen zwischen zwei und sechs Übersetzungsstufen ausgestattet. Im allgemeinen überträgt der Motor die Kraft über eine Ketten- oder Zahnraduntersetzung auf das Getriebe. Falls der Primärtrieb bei einem Mehrzylindermotor in der Mitte der Kurbelwelle angeordnet ist, ist diese Untersetzung durch Verwendung einer zusätzlichen Zwischenwelle nochmals unterteilt. Dieser Typ des zweistufigen Primärtriebs wirkt über eine Zahnkette von der Kurbelwelle auf die Zwischenwelle und von dort über Zahnräder auf die Kupplung. Sehr wenige Maschinen – z. B. die BMW Modelle – besitzen einen unmittelbar wirkenden Primärtrieb über eine mit Motordrehzahl laufende Kupplung.

Mit einer Untersetzung multipliziert sich das Drehmoment. Sie reduziert die Motordrehzahl und erhöht proportional dazu das Drehmoment. In einigen wenigen Fällen scheint die höchste Gangstufe des Getriebes eine Schnellgang-*Über*setzung (›Overdrive‹) zu sein – bei einem echten ›Overdrive‹ dreht die Getriebewelle sich schneller als die Kurbelwelle – zieht man jedoch den gesamten Primärtrieb mit in Betracht, stellt man fest, daß es sich nach wie vor um eine *Unter*setzung handelt.

Der Sekundärtrieb vom Getriebe auf das Hinterrad erfolgt – mit Ausnahme des Vespa-Rollers, bei dem Zahnräder verwendet werden – entweder über eine Kette und Kettenräder oder über eine Welle. Die Welle treibt das Hinterrad über ein spiralverzahntes Kegelradpaar; dabei wird der Antrieb um 90° umgelenkt.

Auch das Prinzip der Reibung spielt beim Antrieb eine wesentliche Rolle, da ja die Kraftübertragung über die Kupplung vonstatten geht. Sie besteht aus Reibscheiben, die mit der einen Seite des Antriebs verbunden sind, und glatten Stahlscheiben auf der anderen Seite des Antriebs. Federn pressen die Scheiben fest aufeinander, um die Kraft zu übertragen; sie können jedoch jederzeit durch Ziehen eines Handhebels getrennt werden. Der Hebel ist mit dem Ausrückmechanismus gekoppelt; mit ihm ist es möglich, die Kupplungsscheiben vom Federdruck zu entlasten, wodurch erreicht wird, daß sich die treibenden Scheiben weiterdrehen, während die getriebenen Scheiben entweder stillstehen oder mit einer anderen Drehzahl rotieren, je nach dem, wie schnell das Hinterrad läuft.

Das Antriebssystem wird meist durch Stoßdämpfer vervollständigt. Sie bestehen entweder aus Gummi-Elementen oder sind als federbelastete Knaggen-Stoßdämpfer ausgebildet. Sie machen die starr miteinander verbundenen Antriebselemente nachgiebiger und schützen sie somit gegen ruckartige Belastungen.

Verschiedene Bauarten des Primärtriebs

Was den Wartungsaufwand betrifft, besitzen alle Motorräder – bis auf ein paar ziemlich antiquierte Maschinen – einen festen, nicht nachstellbaren Primärtrieb. Es sind keine Wartungsarbeiten erforderlich; und da die betreffenden Teile sowohl stabil konstruiert als auch ausnahmslos gut geschmiert sind, wird ein moderner Primärtrieb normalerweise genauso lange halten wie die Maschine selbst.

Sofern es sich um einen Zahnrad-Primärtrieb handelt, sollte jede Motorüberholung dazu genutzt werden, auch die Zahnräder zu überprüfen. Auf typische Schäden wie Riefenbildung und beschädigte Zähne achten: all das bedeutet unausweichlich, daß der gesamte Zahnradsatz ersetzt werden muß. Ein einziges schadhaftes Zahnrad wird auch die restlichen ruinieren.

Primär-Antriebsketten, sofern es sich um endlose Zahnketten handelt, sollten vor allem auf beschädigte Nieten überprüft werden. Andere Probleme werden an solchen Ketten kaum auftreten.

Ein gewöhnlicher Ketten-Primärantrieb kann an den üblichen Kettenkrankheiten wie Längendehnung, gebrochenen Rollen und sägezahnartig ausgearbeiteten Kettenrädern leiden. Das ist in der Hauptsache wieder eine Frage laufender Inspektionen. Falls die Kette abgenutzt ist, sind es die Ritzel wahrscheinlich ebenso; somit muß *beides* ausgetauscht werden.

Solche Endlos-Primärketten sind ziemlich unproblematisch.

Sekundär-Kettenantrieb

Abnutzung – manchmal durch falsch eingestellte Spannung verursacht – ist das normale Schicksal eines jeden Ketten-Sekundärantriebs, einem der anfälligsten Bauteile an den meisten Motorrädern. Die Kette muß mit einem Minimum an Schmierung auskommen und ist die meiste Zeit ihres Lebens Wasser und Straßendreck ausgesetzt; dennoch muß sie ihre Aufgabe erfüllen. Daher ist es kaum verwunderlich, daß der Verschleißprozeß bei manchen Maschinen so schnell abläuft, daß die Kette schon nach 8000 km ausgetauscht werden muß. Solche beklagenswerten Rekorde sind teilweise auf Konstruktionsmängel zurückzuführen, häufig verschlimmert durch schiere Vernachlässigung. Offen laufende Ketten sind empfindlich, aber durch sorgsame Reinigung, Schmierung und Einstellung kann man ihre Mängel in Grenzen halten.

Eigenartigerweise ist eine Motorradkette ein beeindruckendes Präzisionsteil. Jedes Glied enthält gehärtete Rollen, eingelegt zwischen geschlossen vernieteten Laschen. Für die Schmierung ist ein gewisses Einbauspiel vorgesehen, und wenn die Kette zusammen mit genau passenden Kettenrädern verwendet wird, erzielt sie bei der Kraftübertragung einen Wirkungsgrad von nahezu achtzig Prozent, fast ebensoviel wie der beste Wellenantrieb mit spiralverzahnten Kegelrädern. Zudem ist eine Kette leichter und wirkt in einem gewissen Grade stoßdämpfend. Wo eine Kette unter idealen Bedingungen arbeiten kann – mit ständiger Schmierung und zwischen festen Drehpunkten – ist sie wahrscheinlich die beste technische Lösung, die je entwickelt wurde, um jene spezifische Art von Kräften zu übertragen, die ein Motorradmotor abgibt. Unglücklicherweise waren die wenigsten dieser Bedingungen jemals erfüllt. Vollkapselung in einem Kettenkasten kommt diesem Ziel ein Stück näher, jedoch sind solche Ausführungen auf dem Markt ziemlich rar; zudem peitscht die Kette um die Ritzel durch die Bewegungen der Hinterradfederung, was den Verschleiß noch beschleunigt. Ohne Kapselung ist ständiges Säubern und Schmieren der Kette das einzige, was man tun kann, aber selbst dabei gibt es noch einen Haken – man muß sicher sein, mit welcher Art von Kette man es zu tun hat. Die meisten gängigen Ketten profitieren davon, wenn man sie ausbaut und im Petroleumbad auswäscht. Jedoch sind die heutigen ›Superbikes‹ wie die Honda CBX und die großen Suzukis zunehmend mit versiegelten Ketten ausgestattet. Bei diesen sind zwischen den Laschen zu beiden Seiten der Rollen O-Ringe eingelegt, die eine bei der Herstellung eingebrachte Schmiermittelfüllung einschließen. Diese Ketten verlangen nicht mehr als eine Auffrischung von außen mit Hilfe einer Dose Kettenspray, um ihre Leistungsfähigkeit zu erhalten. Tatsächlich schadet man solchen Ketten, wenn man sie in ein Lösungmitttel taucht; es kann die O-Ringe zerstören und das Schmiermittel auswaschen.

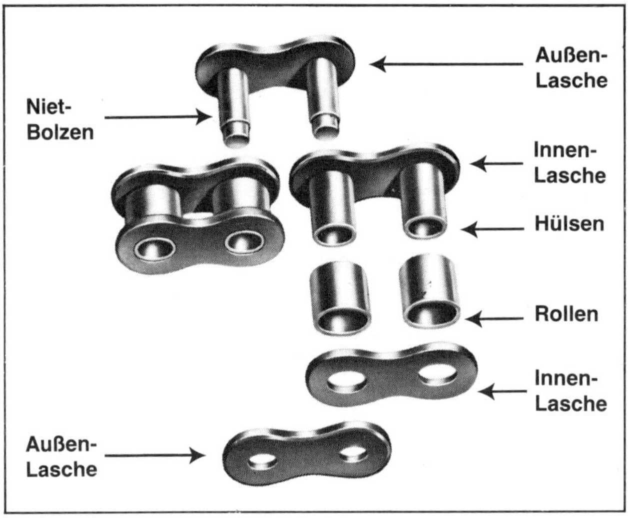

Die verschiedenen Einzelteile, aus denen sich ein Kettenglied zusammensetzt.

Rechte Seite oben: eine Zange, keinen Schraubendreher, zum Öffnen der Verschlußfedern verwenden!

Unten: O-Ring-Ketten brauchen wenig, allerdings regelmäßiges Einsprühen mit Kettenspray.

Die Mehrheit der Motorradfahrer muß jedoch mit der gewöhnlichen, altmodischen Kette leben. Ihre Pflege erfordert regelmäßigen Ausbau ca. alle 3000 km, Sauberwaschen im Petroleumbad mit Hilfe einer rauhen Bürste und anschließendes Aufhängen zum Trocknen.

Sie vom Fahrzeug loszumachen, ist manchmal nicht so einfach, da die Hersteller eine Zeitlang die Ketten endlos vernieteten, statt Kettenschlösser mit Federlasche anzubringen. Mit Kettenschlössern hat man leichtes Spiel. Man setzt eine Zange auf der offenen Seite der Federlasche an und faßt mit der anderen Klaue hinter den Nietbolzen. Wenn man nun zudrückt, weicht die Lasche nach vorn aus und ist offen. Das gröbere Mittel ist das Aufhebeln mit einem Schraubendreher; dies jedoch verbiegt u. U. die Feder, und wenn sie auf diese Weise abgenommen werden *mußte*, sollte sie tatsächlich auch weggeworfen und durch eine neue ersetzt werden. Die äußere Lasche läßt sich nun abnehmen, und die Kette kann nach Herausziehen des Steckgliedes getrennt werden.

Vernietete Ketten müssen mit einem Ketten-Trennwerkzeug geöffnet werden. Es hat federbelastete Klauen, mit deren Hilfe es über einen Nietbolzen geschoben werden kann; wenn das Druckstück des Werkzeugs eingeschraubt wird, drückt es den Nietbolzen heraus. Anschließend plaziert man das Werkzeug über dem zweiten Nietbolzen und wiederholt den Vorgang. Beim Schließen der Kette kann das neue Glied wieder vernietet werden; die meisten montieren jedoch dann ein Kettenschloß mit Federlasche.

Wenn man noch eine alte Kette hat, ist es praktisch, wenn man sie mit der auszubauenden Kette verbindet; während sie zwecks Reinigung abgezogen wird, nimmt die alte ihre Stelle ein. Wenn man den Deckel für das Getrieberitzel nicht abnehmen will, erleichtert

diese Maßnahme den Wiedereinbau der frisch geschmierten Kette beträchtlich. Ein Stück Schnur mag zwar auch gehen, aber wenn diese Arbeit anständig gemacht werden soll, muß der Deckel über dem Getrieberitzel auf jeden Fall geöffnet werden.

Der Sekundärtrieb besteht nicht bloß aus einer Kette, sondern aus einer Kette, einem Ritzel und einem Kettenrad. Falls das Ritzel oder das Kettenrad abgenutzt ist, sollte die gesamte Anordnung erneuert werden; es ist sinnlos, ein neues Einzelteil für sich allein zu montieren.

Zum Öffnen einer vernieteten Kette ist das entsprechende Ketten-Trennwerkzeug erforderlich.

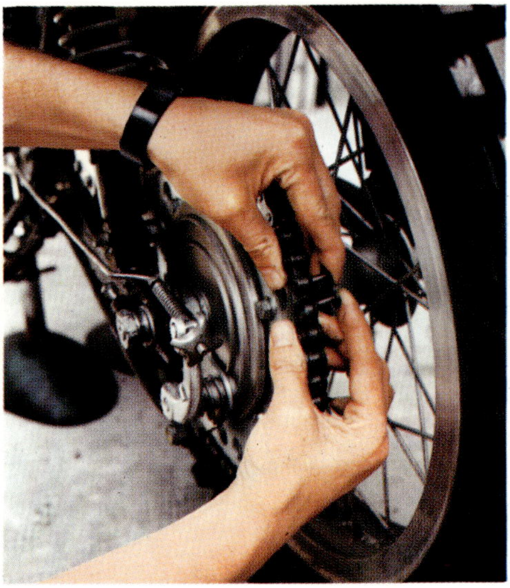

Ein Kettenschloß mit Verschlußfeder wird als Ersatz montiert. Die Kettenenden werden dabei auf dem Kettenrad zusammengeführt.

Ritzel und Kettenrad in Petroleum abwaschen – man kann ihre Zähne nicht prüfen, wenn sie noch mit Fett verschmiert sind – und jeden einzelnen Zahn genau untersuchen, einen nach dem anderen. Alle Zähne müssen symmetrisch sein. Falls ihre Spitzen an einer Seite abgearbeitet sind, ist das Ritzel verschlissen. Die Zahnzwischenräume dürfen nicht erweitert sein, da die Kette eine enge Umschlingung haben muß; das Ende der Zähne muß gerade und die ursprüngliche Abschrägung noch unverändert glatt sein. Falls die Zähne scharfkantig und sägezahnartig ausgearbeitet sind, ist der Verschleißprozeß schon weit fortgeschritten. Dann besteht die einzige Abhilfe darin, nicht nur das Ritzel, sondern auch das gesamte restliche System zu ersetzen.

Wenn Ritzel und Kettenrad die Inspektion bestanden haben, untersucht man die Kette. Sobald sie gewaschen ist, hängt man sie zum Trocknen auf. Dann legt man sie auf die Seite (hochkant) und hebt sie an beiden Enden gestreckt hoch. Dabei wird sie einen Bogen machen, weil ja an jedem Nietbolzen etwas Spiel vorhanden ist, das sich über die Menge der Nietbolzen auf eineinhalb Meter Kettenlänge ganz schön summiert. Die Kette sollte schlimmstenfalls eine flache Kurve mit einem Durchhang von nicht mehr als 130–150 mm bilden. Falls sie so stark durchhängt, daß die Kurve schon fast einen Viertel-Kreisbogen bildet, ist die Kette hoffnungslos abgenutzt.

Wenn sie jedoch diesen ersten groben Test bestanden hat, kann man zum zweiten Test übergehen und die

Längendehnung messen, was recht einfach ist. Man schlägt lediglich einen Nagel mit abgezwicktem Kopf am Kopfende der Werkbank ein und hängt die Kette daran mit dem obersten Nietloch ein. Nun braucht man einen Zollstock – praktisch alle Hersteller geben die Maße für ihre Ketten in Zoll an – für die erste Messung der Kette in zusammengeschobenem Zustand. Bei einer $\frac{5}{8}''$ Kette müßten 16 Glieder eine Länge von 10 Zoll (254 mm) ergeben. Eine $\frac{1}{2}''$ Kette müßte mit 23 Gliedern auf $11\frac{1}{2}$ Zoll (292,1 mm) Länge kommen, während 24 Glieder einer $\frac{3}{8}''$ Kette 9 Zoll (228,6 mm) ergeben müssen. Ein Glied ist definiert durch den Abstand zwischen den Nietbolzen.

Jetzt zieht man die Kette am Nagel straff und mißt erneut die Länge der entsprechenden Anzahl von Gliedern. An der $\frac{5}{8}''$ Kette darf die Länge bis auf $10\frac{7}{32}$ Zoll (259,56 mm) anwachsen, bevor eine neue Kette erforderlich ist. Für eine $\frac{1}{2}''$ Kette beträgt die Toleranzgrenze $11\frac{3}{4}$ Zoll (298,45 mm) und für die $\frac{3}{8}''$ Kette $9\frac{3}{16}$ Zoll (233,36 mm).

Dann bleibt noch ein dritter Test; er macht die Geschmeidigkeit der Kette sichtbar und ist simpel. Man hebt die Kette einfach an einem Ende hoch und läßt sie auf der Werkbank langsam zu einem Haufen zusammenlaufen. Dabei sollte sie an allen Gelenken geschmeidig sein. Schwergängige Stellen sollten mit Lösungsmittel behandelt und anschließend geölt werden. Falls die Schwergängigkeit nicht zu beseitigen ist, muß die Kette erneuert werden.

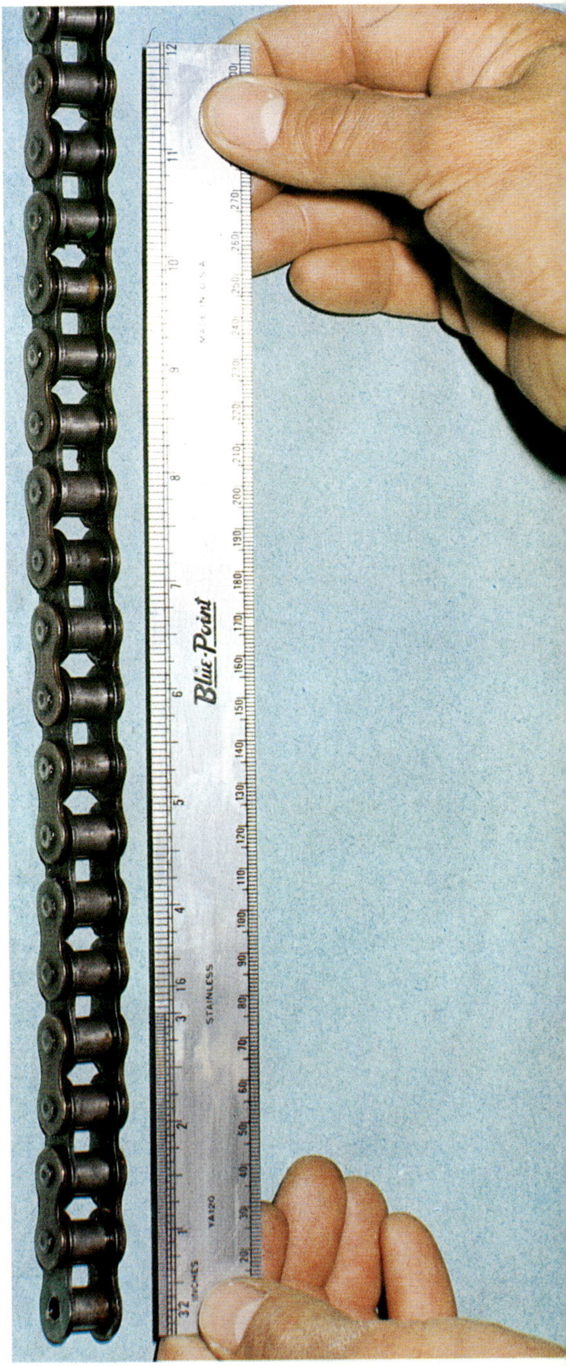

Um festzustellen, ob die Kettendehnung noch innerhalb der tolerierbaren Grenzen liegt, benötigt man einen Zollstock.

Jetzt ist man über die weitere Verwendungsfähigkeit seines Hinterradantriebs genau im Bilde; die noch verbleibenden Arbeitsgänge sind sowohl für neue als auch für gebrauchte Ketten gleich.

Man läßt zunächst eine Dose mit Kettenfett auf einer Kochplatte o. ä. heiß werden. Nun legt man eine Drahtschlinge um das Ende der Kette und läßt sie sachte in das geschmolzene Fett ab; dabei legt man sie schön in einer Spirale, damit sie überall richtig eingetaucht bleibt. Die Dose mit dem Fett jetzt vorsichtig von der Heizplatte nehmen und auskühlen lassen! Bevor es erstarrt, zieht man die Kette heraus, hängt sie über der Dose auf und läßt sie abtropfen. Alle ihre Gleitflächen sind nun reichlich mit Fett überzogen. Nach dem Erkalten überschüssiges Fett abwischen!

Falls neue Ritzel montiert werden sollen, tut man dies jetzt. Das Ritzel am Getriebeausgang ist normalerweise verschraubt und mit einem Sicherungsblech versehen, das die Schraubenköpfe gegen Verdrehen sichert. In diesem Fall wird man ein neues Sicherungsblech für jede Schraube benötigen. Zum Sichern des Ritzels sind an manchen Maschinen stattdessen Sicherungsringe montiert.

Zum Wechseln des hinteren Kettenrads muß das Hinterrad ausgebaut werden. Dazu muß gewöhnlich die Steckachse herausgezogen werden; bestimmt hat die Achse als zusätzliche Sicherung einen Splint oder einen Federsplint. Wenn es ein normaler Splint ist, wird man beim Zusammenbauen

einen neuen brauchen. Desgleichen ist auch die Schraube zur Befestigung des hinteren Bremsankers versplintet, die zum Herausnehmen des Hinterrads gelöst werden muß. Die Einstellmutter des Bremsgestänges muß ebenfalls abgenommen werden.

Bei einem Hinterrad mit Scheibenbremse ist es häufig notwendig, den Bremssattel abzuschrauben und am Rahmen festzubinden. Die Hydraulikleitung wirklich nur dann lösen, wenn es absolut notwendig ist! Sobald der Bremssattel von der Scheibe abgenommen ist, darf man das Bremspedal nicht mehr anfassen, sonst werden die Kolben aus den Bremszylindern herausgedrückt und Bremsflüssigkeit – ein sehr wirksamer Lackentferner – kann auf die lackierten Teile gelangen.

Nun das Hinterrad herausziehen und das Kettenrad abschrauben.

Linke Seite: Nachdem das Kettenrad abgenommen ist, können der Gummistoßdämpfer zerlegt und die Gummielemente freigelegt werden.

Daneben: Die Gummielemente sollten weder verformt noch zusammengeschrumpft sein.

Eventuell muß man es mit einem Stück Weichholz losschlagen.

Falls in der Nabe ein Gummistoßdämpfer eingebaut ist, kann man die Gelegenheit nutzen, die Gummielemente zu inspizieren. Diese sitzen wahrscheinlich zwischen sternförmig angeordneten Rippen des Kettenrad-Trägers als keilförmige Segmente, oder es sind einfache Gummibuchsen, in die Stifte eingreifen. An ihnen sollten weder Verformungen noch irgendwelche Auflösungserscheinungen festzustellen sein. Nun das neue Kettenrad montieren und das Rad wieder einbauen; die Achsmutter zunächst jedoch nur leicht mit der Hand festziehen.

Jetzt wird die Kette aufgelegt, das Kettenschloß montiert und die Verschlußfeder mit dem geschlossenen Ende in Kettenlaufrichtung angebracht. Die Kette wie gewohnt spannen, indem man an jeder Einstellschraube den gleichen Betrag ab- oder zugibt, bis das untere Kettentrum den korrekten Durchhang hat. Nun muß die Spur der beiden Räder geprüft werden, es sei denn, man besitzt eine Maschine, die, wie die Ducati, einen exzentrisch gelagerten Schwingendrehpunkt besitzt, mit dessen Hilfe beim Nachspannen die Spurtreue automatisch erhalten bleibt. Mit einem guten Auge kann man auch auf andere Weise eine hinreichend genaue Spurprüfung zustandebringen: das Vorderrad wird absolut gerade nach vorn ausgerichtet und man peilt aus einem gebührenden Abstand hinter der Maschine an der Fahrzeugmittellinie entlang. Die beiden Räder sollten sich genau decken. Am besten macht man sich jedoch eine Latte als Lineal zurecht. Man sucht sich eine Latte in der glei-

Beim Einstellen der Kettenspannung zählt man die Drehungen der Einstellschraube an den Flächen des Schraubenkopfs ab.

chen Länge wie die Maschine und nagelt am vorderen Ende eine Leiste an, deren Länge dem Vorrderrad-Durchmesser entspricht; ihre Dicke errechnet sich aus der halben Differenz zwischen der Vorder- und Hinterreifenbreite. Diese Lehre wird nun seitlich an beiden Rädern angelegt; sie muß beide jeweils an zwei Punkten berühren. Falls nicht, müssen die Einstellschrauben noch entsprechend nachjustiert werden.

Weitere Kettenpflege

Alle 1500 km die Kette mit einem Lappen abwischen und mit Kettenspray einsprühen; das Hinterrad dabei langsam drehen, um das Schmiermittel gut zu verteilen. Die Kettenspannung an vier Punkten kontrollieren. Die Kette längt sich nicht überall gleichmäßig. Sie längt sich durch Abnutzung an den Nietbolzen, die an einer Stelle stärker als an anderen sein kann. Die ›enge‹ Stelle an der Kette ist am wenigsten abgenutzt. Das Nachspannen sollte grundsätzlich immer in der Stellung erfolgen, in der die Kette den geringsten Durchhang hat. Damit die Spur korrekt bleibt, zählt man die Drehung der Einstellschrauben an den Flächen des Schraubenkopfes mit; jeweils immer nur um eine Fläche auf jeder Seite weiterdrehen.

Kupplung

Ein Versagen geht selten auf das Konto der Kupplung selbst; sie kann jedoch durch Vernachlässigung anderer Teile der Maschine in ihrer Funktion beeinträchtigt werden. Wenn die Kupplung z. B. nicht richtig trennt (›klebt‹), ist ein eingeklemmtes oder verrostetes Kupplungsseil eine viel wahrscheinlichere Ursache, als ein Kupplungsdefekt im eigentlichen Sinne. Auch solche Teile, die eine scheinbar untergeordnete Rolle spielen und offenbar mit der Kupplung gar nichts zu tun haben, können hier von Bedeutung sein. Wenn beispielsweise an bestimmten Honda-Modellen eine Schraube am Gehäusedeckel fehlt, unter dem die Kupplung sitzt, funktioniert sie nicht mehr richtig. Das kommt daher, daß in diesem Gehäusedeckel der Ausrückmechnismus sitzt, und wenn man die Kupplung zieht, über-

Hier werden die Muttern für die Kupplungsdruckfedern gelöst.

Kupplungsfedern zur Kontrolle herausnehmen. Falls erforderlich, müssen sie gegen neue ausgetauscht werden.

trägt sich die Kraft auf den Deckel und biegt ihn nach außen, statt voll auf die Kupplungsdruckstange zu wirken.

Das Überholen einer Kupplung an einem Motorrad mit Kettenantrieb ist recht einfach. Man muß nur das Öl ablassen, den Kickstarterhebel abnehmen und den Gehäusedeckel abschrauben, unter dem die Kupplung sitzt. Zum Austauschen der Kupplungsscheiben – eine der wenigen Arbeiten, die bei der Überholung jemals anfallen – werden nur die Schrauben oder Muttern aufgedreht, die die Kupplungsfedern spannen, dann nimmt man die Druckplatte ab und zieht die Scheiben heraus. Dabei wird man sich die Reihenfolge der Scheiben genau aufnotieren müssen, da es nicht selten vorkommt, daß innere und außenliegende Scheiben in ihrer Ausführung von den übrigen abweichen. Ansonsten bleiben nur noch die Reibscheiben und die glatten Scheiben, die abwechselnd eingelegt sind.

Glatte Kupplungsscheiben und Reibscheiben sind abwechselnd in der Kupplung eingelegt. Man sollte sie auf Abnutzung und Verzug prüfen.

Eine ungewöhnliche Kupplungskonstruktion findet man bei manchen Suzukis, bei denen die Druckfedern mit Querstiften, die seitlich durch Federaugen durchgesteckt sind, an der äußeren Platte befestigt sind. Um die Federn entspannen und die Stifte herausziehen zu können, muß man sich ein Spezialwerkzeug anfertigen. Zu diesem Zweck kann man einen alten Knopflochhaken verwenden; eine andere Möglichkeit ist eine Fahrradspeiche, die am einen Ende hakenförmig abgewinkelt und am anderen Ende zu einem ringförmigen Handgriff gebogen wird.

Die Nabe der Kupplung und die Kupplungstrommel brauchen im allgemeinen nicht ausgebaut zu werden, es sei denn, man muß irgendwelche anderen Teile erreichen – beispielsweise den Schaltmechanismus oder den Ölpumpenantrieb an manchen Hondas – die anders nicht zugänglich sind. Dabei kann es Probleme geben. Normalerweise ist die Kupplungsnabe mit einer einzigen Mutter auf der Welle befestigt und gewöhnlich durch ein Sicherungsblech gegen Verdrehen gesichert; es muß flachgedrückt werden. Als nächstes muß man den Antrieb blockieren, um die Welle am Drehen zu hindern. Dafür gibt es mehrere Möglichkeiten. Manchmal ist es am einfachsten, das Motorrad vom Hauptständer zu nehmen, einen Gang einzulegen, und nun die Mutter zu lösen, während ein Helfer auf der Maschine sitzt und fest auf die Fußbremse tritt.

Bei abgenommenem Zylinder bietet sich eine andere Methode an: an einem der Pleuel montiert man einen Kolben und legt nun einige passende Holzklötze zwischen das Kolbenhemd und die Kurbelgehäuseöffnung. Den Motor sachte durchdrehen, bis der Kolben auf den Holzklötzen aufliegt, und nun die Mutter lösen.

Bei einem Zahnrad-Primärtrieb gibt es noch einen weiteren Trick: man keilt einen fest zusammengeknäuelten Lappen zwischen das Zahnradpaar des Primärtriebs.

Die Kupplungsnabe zu blockieren, damit man die Mutter lösen kann, ist eine Sache; an die Mutter heranzukommen, ist eine andere. Insbesondere Honda verwendet häufig an dieser Stelle spezielle Kronenmuttern; sie ohne den passenden Schlüssel öffnen zu wollen, ist aussichtslos. Ohne das entsprechende Werkzeug bleibt kaum eine andere Wahl, als den Motor zum Honda-Händler zu bringen, oder das Spezialwerkzeug zu kaufen. Man kann sich natürlich auch einen alten Rohrsteckschlüssel so zurechtfeilen, bis er die passende Klauenform hat, um die Mutter zu packen.

Einige Honda-Kupplungen sind jedoch viel einfacher. Bei der CB 400 F ist die Kupplungsnabe durch einen Sprengring gesichert. Ein weiterer großer Sprengring hält bei diesem Modell eine der Spezialscheiben auf der Kupplungsnabe. Wenn die Nabe ausgebaut ist, kann man die Kupplungstrommel, die auf einem Gleitlager läuft, herausziehen.

Eine andere Konstruktion findet sich bei Suzuki an der Kupplung der GS 750; hier ist es ein käfiggeführtes Nadellager. Um an dieses Lager heranzukommen, muß man einen Distanzring in der Mitte der Kupplungstrommel ausbauen. Nachdem die Nabe abgenommen ist, dreht man einige 6 mm-Schrauben in diesen Distanzring und zieht ihn damit heraus. Jetzt rutscht das Lager heraus, und die Kupplungstrommel kann aus dem Eingriff des Primärzahnrads gelöst werden.

Kupplungsscheiben

Alle Scheiben auf Anzeichen von Riefenbildung, Blaufärbung (durch Hitzeeinwirkung) und Verzug prüfen. Eine glatte Scheibe prüft man, indem man sie auf eine glatte, ebene Fläche legt und die Stellen, an denen sie nicht satt aufliegt, mit einer Fühlerlehre mißt. Es ist üblich, eine Scheibe bei einem Verzug von 0,2 bis 0,3 mm auszuwechseln.

Die Belagstärke auf den Reibscheiben mißt man mit einer Schieblehre. Das exakte Maß variiert je nach Hersteller und Modell, jedoch ist 2,5 mm ein typisches Maß für eine Scheibe, die neu belegt werden muß.

Kupplungsdruckfedern

Die beste Prüfmethode für Kupplungsfedern ist die bereits für die Ventilfedern beschriebene, obwohl auch hier wiederum die ungespannte Länge der Feder ein brauchbares Maß darstellt. In diesem Fall muß man jedoch unbedingt die ungespannte Länge der

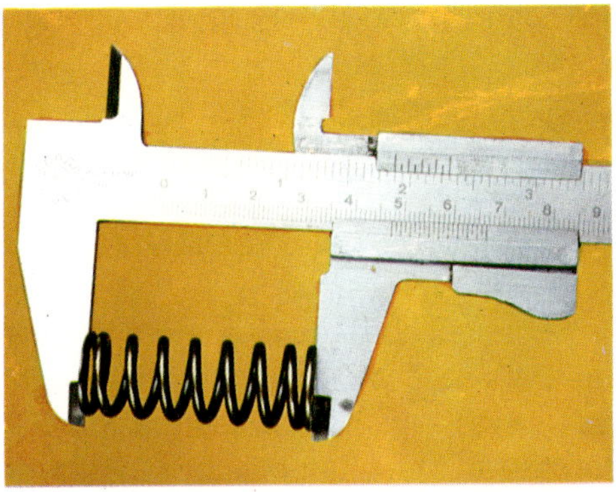

Zur Messung der ungespannten Länge der Kupplungsfedern nimmt man eine Schieblehre.

Feder im Neuzustand kennen oder zumindest die vom Hersteller angegebene Verschleißgrenze. Im allgemeinen ist eine maximale Verkürzung um drei oder vier Prozent das Äußerste, das noch toleriert werden kann. Demnach müssen die Federn der Kawasaki KH 250, ursprünglich 34,5 mm lang, erneuert werden, sobald ihre ungespannte Länge auf 32,5 mm zurückgegangen ist; bei den 40,4 mm langen Federn der GS 750 ist der Austausch mit 39 mm fällig; die 43,5 mm langen Federn der Triumph Tiger sind bei 41 mm auszuwechslen. Die Besitzer einer Norton ›Commando‹, deren Kupplung eine Membranfeder besitzt, können sich etwas darauf einbilden – außer, daß diese Art Feder ein sehr exklusives Spezialwerkzeug zum Zusammendrücken benötigt, um den zur Sicherung verwendeten Sprengring herausnehmen zu können. Übrigens sollte man niemals versuchen, eine Membranfeder ohne das richtige Werkzeug auszubauen. Ansonsten kann man noch von Glück reden, wenn man nur mit einer zertrümmerten Kupplungsglocke davonkommt.

Kupplungs-Ausrückvorrichtung

Abgesehen von einigen Konstruktionen, die aus dem Automobilbau entlehnt sind – z. B. die Ausrückvorrichtungen an manchen Maschinen, deren Kupplung mit Motordrehzahl läuft oder die Fliehkraftkupplungen an einigen Automatik-Mopeds – besteht der Ausrückmechanismus bei den meisten Motorrädern (in verschiedenen Abwandlungen) aus einer Druckstange und einem Druckpilz. Der Druckpilz liegt mit seinem gehärteten Kopf an der Innenfläche der Kupplungsdruckplatte an. Die Druckstange, im allgemeinen mit einer zwischengelegten Lagerkugel versehen, drückt mit einem Ende auf den Pilz und sitzt mit dem anderen Ende auf einem Druckstück mit Steilgewinde (oder Schnecke), an dem der Ausrückhebel befestigt ist. Wenn die Kupplung betätigt wird, läuft die Schnecke mit dem Druckstück nach innen und drückt auf die Druckstange. Diese wiederum drückt über den Pilz die Kupplungsdruckplatte gegen den Widerstand der Kupplungsfedern nach außen. Dadurch werden die Kupplungsscheiben entlastet und die kraftschlüssige Verbindung zwischen den Scheiben aufgehoben.

Das Einstellen der Kupplung basiert im wesentlichen auf der Veränderung der effektiven Gesamtlänge von Druckstück, Druckstange und Pilz, meist durch Vor- oder Zurückdrehen der Schnecke. Die Überholung des Ausrückmechanismus beschränkt sich darauf, die Ausrückvorrichtung vom Gehäusedeckel abzubauen – meist muß nur eine Schraube geöffnet werden – und in Petroleum auszuwaschen. Gut abtrocknen lassen, den Zustand der Schnecke prüfen und vor dem Wiedereinbau gut einfetten.

Membranfeder-Kupplungen erfordern ein Spezialwerkzeug zum Zerlegen.

Die Getriebe-Hauptwelle bietet kaum Möglichkeiten für eine Do-it-yourself-Reparatur.

Getriebewellen

Mit Ausnahme von einigen wenigen Maschinen, an denen es möglich ist, den Getriebedeckel separat abzunehmen, muß gewöhnlich der gesamte Motor/Getriebeblock zerlegt werden, um an die Innereien des Getriebes heranzukommen. Die grundsätzliche Methode der Demontage wurde in einem früheren Kapitel beschrieben (S. 101); man folgt dieser Anleitung bis zu dem Punkt, wo die Gehäusehälften getrennt werden. Dabei bleiben normalerweise die Getriebewellen und die Kickstarterwelle an ihrem Platz; allerdings muß bei der Yamaha XS 250 der gesamte Kickstartermechanismus schon beim Abnehmen des Kupplungsgehäusedeckels mit abgezogen werden.

Als nächstes werden die Getriebewellen zur Überprüfung herausgenommen. Dabei aufpassen, ob die Lager verstiftet sind und, falls ja, ob die Stifte an einer Seite einen Konus-Ansatz haben, welcher für den Wiedereinbau eine ganz bestimmte Lage vorschreibt.

Die Getriebehauptwelle bietet kaum Möglichkeiten einer Reparatur. In manchen Fällen ist sie aus einem einzigen Stück gefertigt, obgleich man heute eher dazu übergegangen ist, die einzelnen Zahnräder auf die Welle aufzupressen, während das Zahnrad für den ersten Gang nach wie vor mit der

Welle zusammen aus einem Schmiedestück gearbeitet ist. Theoretisch läßt sich also jedes beschädigte Zahnrad außer diesem einen von der Welle abziehen und erneuern. In der Praxis braucht man jedoch eine gut ausgestattete Werkstatt für solche Arbeiten. Auch das Ausbauen und Ersetzen der Lager verlangt im allgemeinen eine hydraulische Presse.

Die Zahnräder der Hauptwelle auf beschädigte Zähne hin überprüfen. Dann wäscht man die Lager in Benzin aus, ölt sie leicht ein und läßt sie rotieren. Sie sollten sich gleichmäßig und mit einem leicht surrenden Ton drehen. Falls die Lagerringe rauh und geräuschvoll laufen, müssen sie ausgetauscht werden.

Auf der Vorgelegewelle sind bestimmt alle Zahnräder herausnehmbar und austauschbar. Sie sind im allgemeinen durch Scheiben oder Sicherungsringe seitlich fixiert. Wenn man eine Vorgelegewelle zerlegt, sollte man jedoch immer Bleistift und Papier zur Hand haben, um sich die Position aller Einzelteile beim Abnehmen zu notieren.

Es ist unmöglich, ein exaktes Schema anzugeben, das auf jede Maschine anwendbar ist. Die Suzuki GS 400/425 ist hier jedoch recht charakteristisch. Ein Nadellager und das erste Zahnrad sind durch eine Scheibe voneinander getrennt. Danach kommt ein Zahnrad mit Schaltklauen, seitlich fixiert durch einen Sicherungsring, dann eine gezahnte Anlaufscheibe, danach ein weiteres Zahnrad. Nun kommt eine große gezahnte Anlaufscheibe, gefolgt von einem kleineren, ein weiteres Zahnrad, ein Sicherungsring, ein Zahnrad mit Schaltklauen, ein weiterer Sicherungsring, ein glatter Ring, ein Zahnrad und ein auf die Welle aufgepreßtes Lager.

Bei sorgfältiger Begutachtung des gesamten Zahnradsatzes gibt es im allgemeinen eigentlich keine Notwendigkeit, ihn zu zerlegen. Man überprüft den Zustand der Zähne und Schaltklauen, um sich zu überzeugen,daß sie unbeschädigt sind. Abgerundete Schaltklauen können dazu führen, daß die Gänge herausspringen, während der abgebrochene Zahn eines Zahnrads, der im Getriebe umhergespült wird, katastrophale Folgen haben kann.

Vom technischen Standpunkt aus ist festzustellen, daß beim Austausch eines Vorgelege-Zahnrads auch das Hauptwellenzahnrad, mit dem es kämmt, mit ausgetauscht werden sollte. Wahrscheinlich wird aber dieser manchem perfektionistisch erscheinende Rat normalerweise nicht in die Praxis umgesetzt.

Kickstartermechanismus

Ein Kickstarter arbeitet normalerweise entweder mit einer Schnecke oder nach dem Ratschen/Sperrklinkenprinzip. Die Schnecken-Bauart, wie beispielsweise an den Kawasaki-Dreizylindern, ist sehr simpel aufgebaut; das Kickstarter-Zahnrad schiebt sich in der Schnecke auf der Kickstarterwelle entlang – geführt von einer Haarnadelfeder – bis es mit dem Zahnrad des ersten Ganges in Eingriff steht. Sobald dieses Zahnrad anfängt, schneller zu laufen, wirft es das Kickstarterrad aus dem Eingriff. Das Kickstarterrad wird auch dann ausgerückt, wenn man den Kickstarterhebel losläßt und die Rückholfeder die Welle in Gegenrichtung zurückdreht.

Um dieses System zu zerlegen, muß man den Mechanismus vom Gehäuse abnehmen, den Führungsbolzen für die Feder, die Feder selbst und den Sicherungsring von der Federhalterung abziehen. Ein weiterer Sicherungsring muß entfernt werden, um das Zahnrad abzunehmen. Vor dem Wiederzusammenbauen überprüft man das Zahnrad auf beschädigte Zähne und die Schnecke auf Verschleiß. Man beachte, daß der Halter des Zahnrads in der Führung im Kurbelgehäuse einrasten *muß*; andernfalls wird sich das Starterzahnrad lediglich drehen, nicht aber zur Eingriffstelle im Getrieberad laufen.

Ein Kickstarter mit Sperrklinkenbetätigung funktioniert normalerweise so, daß die Sperrklinke (oder Ratsche) in einer Schnecke entlangläuft, um in ihr Gegenstück einzugreifen, das sich seitlich am Kickstarterzahnrad befindet. Dieses Zahnrad, das mit einem Zahnrad der Vorgelegewelle im Eingriff steht, kann nun gedreht werden. Ansonsten sind beide Systeme recht ähnlich und erfordern das gleiche Vorgehen. An einigen Triumph-Modellen wurde stattdessen eine Sperrklinke verwendet, die im Inneren des Zahnrads untergebracht war.

Schaltmechanismus

Falls am Schaltmechanismus Störungen auftreten, sind die empfindlichen Federn auf den Hebeln im Kupplungsgehäuse die wahrscheinlichste Ursache. Sie sollten immer zuerst überprüft werden. An manchen Maschinen sind die Feder auf dem Schaltarm oder die Haarnadelfeder auf dem Anschlaghebel am meisten bruchgefährdet. Auf diese Weise kann es passieren, daß die Gangschaltung nur noch in einer Richtung funktioniert, oder daß die richtige Gangwahl nur noch auf gut Glück möglich ist und die Gänge zum Herausspringen neigen.

Im Inneren besteht der übliche Schaltmechanismus aus einer Walze mit eingefrästen Kurvennuten,in denen die Zapfen der Schaltgabeln laufen. Wenn die Walze gedreht wird, bringen die Kurvennuten die Schaltgabeln nach einem vorgegebenen Muster in Stellung – wie eine Art mechanischer Computer.

Als beispielhaft für gängige konstruktive Lösungen kann der Schaltmechanismus der Honda CB 250/400 N gelten. Er wird auch an der CX 500 verwendet. Die Schaltwalze wird durch eine Platte gehalten, die durch Stiftschrauben gesichert ist. Die Schaltgabeln sitzen auf einer herausziehbaren Achse. Nachdem man die Schaltgabeln ausgebaut hat, kann man auch die Schaltwalze herausheben.

Die Kontrolle der Schaltgabeln muß sehr gründlich erfolgen, damit sichergestellt ist, daß sie sich nicht verzogen haben – in diesem Fall ist Austausch

Oben links: Die Federn im Schaltmechanismus sind häufig eine Schwachstelle; man sollte sie immer kontrollieren, sobald das Getriebe offen ist.

Daneben: Die Schaltwalze mit den Kurvennuten

Darunter: Der Schaltmechanismus

die einzig richtige Abhilfe. Ebenso muß die Dicke der Gabel gemessen, bzw. ihr Spiel in der Nut der zugehörigen Schaltmuffe auf der Getriebewelle ermittelt werden. Den entsprechenden Wert kann man aus dem Werkstatthandbuch des Motorrads erfahren.

Das seitliche Spiel der Gabeln soll beispielsweise bei den Kawasaki-Dreizylinder-Zweitaktern im Bereich zwischen 0,05 und 0,25 mm liegen; sobald es 0,6 mm erreicht, müssen neue Schaltgabeln eingebaut werden. Man mißt das Spiel, indem man die Gabel in die Nut steckt und mit der Fühlerlehre das seitliche Spiel feststellt.

Bei der CX 500 bezieht sich das vorgeschriebene Maß auf die Breite der Schaltgabelzinken. Die zulässigen Meßwerte liegen zwischen 5,93und 6,00 mm. Sobald sich die Zinken bis auf 5,50 mm abgenutzt haben, muß die Gabel ersetzt werden.

Man achte auf jede Art bogenförmiger Verschleißspuren seitlich an den Schaltgabeln – ein klares Zeichen dafür, daß sie an einem rotierenden Zahnrad geschliffen haben. Mit der Fingerkuppe fährt man seitlich an den Gabeln entlang, um eventuelle Gratbil-

Die Schaltgabeln auf Verschleiß prüfen

Bei abgenutzten Schaltgabeln bleibt als einzige Reparaturmöglichkeit nur der Austausch.

dung festzustellen. Leichter Grat kann durch feines Schmirgeln auf einer ebenen Fläche beseitigt werden; bei stärkerem Verschleiß müssen neue Gabeln eingebaut werden.

Auch auf ihrer Innenseite, dort wo sie auf den Schaltstangen gleiten, können Schaltgabeln sich abnutzen. Bis zu 0,03 mm – das ist alles, was Honda in diesem Punkt zugesteht – ein auch sonst geltendes Verschleißmaß.

Wellenantrieb zum Hinterrad

Die Zerlegung des Hinterradantriebs einer wellengetriebenen Maschine ist keine Arbeit für einen Amateur. Das Einstellen des Zahnflankenspiels an spiralverzahnten Kegelrädern ist eine knifflige Sache; außerdem muß vorher das Tragbild der Kegelräder überprüft werden. Hier hat man schnell etwas verpfuscht.

Gemischaufbereitung

Bei Motorradvergasern unterscheidet man zwei Haupt-Bauarten: Schiebervergaser und Gleichdruckvergaser. Das Arbeiten an ihnen ist, wie bei den meisten Vergasern, recht einfach, sofern man nur eine banale Regel beachtet: beim Öffnen des Vergasers immer nur jeweils ein einziges Teil herausnehmen.

Darüberhinaus braucht man ein gewisses Fingerspitzengefühl für Arbeiten am Vergaser. Wenn man das Kraftstoffniveau in der Schwimmerkammer neu regulieren will und dafür die Lasche der Schwimmernadel verbiegt, erreicht man sicher *etwas*; aber nicht das, was man will. Ausschlaggebend ist hier feinfühliges Hantieren; schließlich hat man es mit einem Präzisions-Aggregat zu tun. Es reicht schon, zum Durchstoßen einer verstopften Düse ein Stück Draht zu benutzen: die Durchflußbohrung kann dadurch so vergrößert werden, daß die Zusammensetzung des Kraftstoff/Luft-Gemischs nicht mehr stimmt. Deshalb sollte man zum Reinigen verstopfter Düsen Preßluft benutzen, oder, falls sich eine Verstopfung nicht anders beseitigen läßt, eine Naturborste.

Einige Motorrad-Vergaser

Schiebervergaser

Bei dieser Vergaserbauart sitzt ein (Kolben)-Schieber (auch Gasschieber genannt) in der Mischkammer; zur Regulierung der Durchlaßmenge des Gemischs, das in den Zylinder gelangt, ist der Schieber mit dem Gasdrehgriff verbunden. Das Gemisch soll sich aus vierzehn Gewichtsanteilen Luft und einem Gewichtsanteil Kraftstoff zusammensetzen. Das bedeutet, daß von 100 cm^3 Ansauggemisch etwa 99,9 cm^3 aus Luft bestehen. Es ist die Aufgabe des Vergasers, die winzige Menge von 0,1 cm^3 beizumischen.

Im Schiebervergaser wird dieses Verhältnis bestimmt durch die vom Gasschieber durchgelassene Luftmenge, weiterhin wird es bestimmt durch eine am Schieber befestigte, sich verjüngende Nadel, welche die durch die Nadeldüse aufsteigende Kraftstoffmenge reguliert, sowie vom Durchlaßquerschnitt der Hauptdüse und durch die Höhe des Kraftstoffstands in der Schwimmerkammer. Zusätzlich gibt es besondere Vorrichtungen zur Gemischanreicherung beim Kaltstart und eine Leerlaufeinrichtung.

Gleichdruckvergaser

Von der äußeren Erscheinung her könnte man den Gleichdruckvergaser für eine großväterliche Ausgabe eines Schiebervergasers halten. Er ist letzterem nicht unähnlich, wirkt aber wuchtiger. Seine Größe kommt hauptsächlich durch die Verwendung eines Kolbens bzw. einer Membran mit Schieber zustande, welcher die Düsennadel

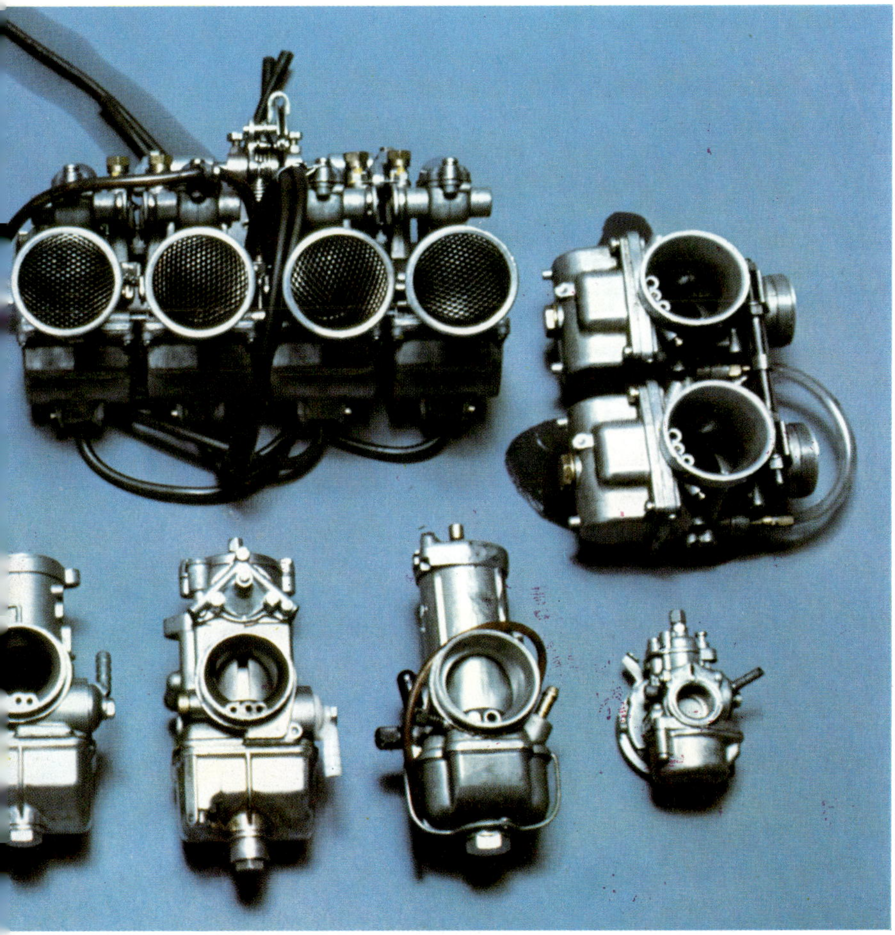

Mehrvergaser-anlagen sollten möglichst ›en bloc‹ abgebaut werden.

trägt. Hier dient der Schieber jedoch nur dazu, das korrekte Mischverhältnis zu gewährleisten. Die Luftmengenregulierung erfolgt über eine Drosselklappe im Ansaugquerschnitt des Vergasers.

Das Funktionsprinzip des Gleichdruckvergasers besteht darin, daß der über dem Gasschieber bzw. der Membran liegende Raum (Unterdruckkammer) mit dem Ansaugrohr des Vergasers, nicht aber mit der Außenluft in Verbindung steht. Eine zweite Kammer unterhalb der Membran steht hingegen mit der Außenluft in Verbindung. Sobald der Druckunterschied zwischen den beiden Kammern sich ändert, werden Kolben bzw. Schieber und Düsennadel angehoben oder abgesenkt. Theoretisch strömt die Luft unter dem Kolben immer mit konstanter Geschwindigkeit, obgleich mit veränderlichem Volumen. Das Ergebnis ist eine automatische Regulierung des Kraftstoff/Luft-Gemischs, je nach Lastbedingungen.

Mehrvergaser-Anlagen

Pro Zylinder ein Vergaser – das hört sich gut an, solange man nicht daran arbeiten muß. Das Abgleichen von bis zu sechs Vergasern in einer Anlage verlangt ein Meßinstrument – entweder eine Vakuum-Meßuhr pro Vergaser oder ein Manometer. Glücklicherweise ist das Verbindungsgestänge an Mehrvergaseranlagen recht robust, so daß die Einstellung stabil bleibt und nicht ständig nachkorrigiert werden muß.

Bei Arbeiten an einem Mehrvergaser-Motor sollte die Vergaseranlage als komplette, verschraubte Einheit abgebaut und das vorhandene Gestänge nicht verstellt werden, es sei denn, es ist absolut unumgänglich. Wenn es einmal gelöst wurde, muß die gesamte Abgleichprozedur beim Zusammenbauen von neuem vorgenommen werden.

Demontage eines Schiebervergasers

Die gegenwärtig am meisten verbreiteten Fabrikate von Schiebervergasern sind Keihin, Mikuni, Amal, Bing, DellOrto und Jikov, dennoch sind alle im Grundaufbau so ähnlich, daß man die Anleitung verallgemeinern kann.

Zuerst muß der Mischkammerdeckel abgenommen werden. Er besitzt normalerweise eine gerändelte Ringmutter, die von Hand aufgedreht werden kann. Danach kann man den Gasschieber komplett mit Düsennadel am Gaszug hängend herausziehen.

Um den Gaszug auszuhängen, bedarf es keiner komplizierten Verrenkungen: Gaszug festhalten und den Gasschieber gegen den Druck der Rückholfeder nach oben drücken, bis der Seilzugnippel aus seiner Vertiefung herausrutscht.

Die Rückholfeder ist nun frei und darunter liegt die ringförmige Klam mer, mit der die Düsennadel befestigt ist. Die Nadel kann auch mit einem

Der Gaszug ist ganz einfach auszuhängen

U-förmigen- Federclip befestigt sein. Beim Herausnehmen der Nadel macht man sich sofort eine Notiz darüber, in welche Nut die Klammer gehört. Wird sie im Schieber höher plaziert, kann mehr Kraftstoff durch die Nadeldüse austreten; setzt man sie tiefer, wird der Durchfluß verringert. Die Düsennadel überprüfen. Die häufigste Beschädigung ist Verbiegung, oftmals zurückzuführen auf einen Vorbesitzer, der sie beim Zusammenbauen des Vergasers gegen das Gehäuse geschlagen hat. Besonders bei einigen der früheren Amal-Vergaser war es fatalerweise im Handumdrehen möglich, die Nadel im falschen Loch zu montieren.

Mit einer nicht mehr ganz einwandfreien Düsennadel sollte man sich nicht aufhalten. Da sie billig ist, nimmt man gleich eine neue. Den Schieber auf oberflächliche Beschädigungen untersuchen; bei einem alten Motorrad sind möglicherweise auch Verschleißspuren festzustellen. Er sollte einen weichen Laufsitz im Gehäuse haben, aber nicht so locker sein, daß er klappert. Im Zweifelsfall sollte man ihn erneuern.

Im übrigen ist es unerläßlich, einen Gasschieber mit dem richtigen Ausschnitt zu verwenden. Er ist nicht zur Dekoration angebracht, sondern hat entscheidenden Einfluß auf die Gemischzusammensetzung im Bereich zwischen ⅛ und ¼ Schieberöffnung. Zu fettes Gemisch in diesem Bereich verweist auf einen zu kleinen Anschnitt, ein zu mageres bedeutet, daß er zu groß ist. Aus dem Werkstatthandbuch kann man erfahren, welcher Schieberausschnitt für seine Maschine vorgeschrieben ist.

Jetzt den Vergaser vom Motor abnehmen – gewöhnlich ist er mit zwei Muttern auf zwei Stehbolzen befestigt. Die Benzinleitung sitzt meist recht stramm auf dem Schlauchnippel der Schwimmerkammer; eventuell muß man einen Federclip auseinanderbiegen, bevor man sie abziehen kann. Unter Umständen findet man auch einen Überlaufschlauch, der aus der

Die Einzelteile eines Dell'Orto Vergasers
1. Schieberfeder
2. Mischkammerdeckel
3. Beschleunigungspumpen membran
4. Beschleunigungspumpenfeder
5. Beschleunigungspumpendeckel
6. Gasschieber
7. Schlauchnippel-Befestigungs schraube
8. Vergasergehäuse
9. Schwimmerkammer-Verschluß-schraube
10. Schlauchnippel mit Filtersieb
11. Düsennadel-Haltefeder
12. Düsennadel
13. Schwimmerachse
14. Schwimmernadel
15. Schwimmer
16. Starterdüse
17. Beschleunigungspumpen-Düse
18. Zerstäuber
19. Hauptdüsenträger
20. Leerlaufdüse
21. Hauptdüse
22. Schwimmerkammer

Schwimmerkammer herausführt; möglicherweise ist er mit Federclips zusammen mit dem Batterieentlüftungsschlauch und ein paar Ablaufleitungen aus den Luftfiltern verlegt und muß aus diesem Strang herausgelöst werden. Der Vergaser sollte nun ohne Schwierigkeiten aus dem Luftfilter-Verbindungsschlauch herausrutschen. Bei einigen Maschinen muß vorher eine geschraubte Schlauchschelle geöffnet werden, andere haben einen Federclip auf dem Ansaugschlauch, die das Abziehen des Vergasers ermöglicht.

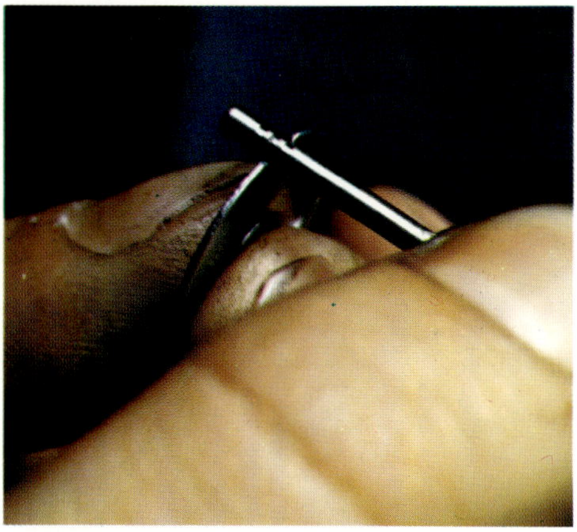

Die Düsennadel hat mehrere Nuten, in welche die Haltefeder eingesetzt werden kann.

Falls der Gasschieber arg zerkratzt ist, muß er ausgetauscht werden.

Nun die Schwimmerkammer entleeren. Bei neueren Vergasermodellen braucht man dafür nur die Schwimmerkammer-Ablaßschraube zu öffnen – ein Kegelventil – und das Benzin kann durch den Ablaßschlauch entleert werden. Frühere Modelle sind da etwas trickreicher: was wie eine Ablaßschraube aussieht und unten an der Schwimmkammer sitzt, ist tatsächlich ein Verschlußstopfen. Wenn man ihn einfach abschraubt, läuft einem gleich der gesamte Schwimmerkammerinhalt über die Finger.

Leute mit einer ruhigen Hand können die Schwimmerkammer – meist ist sie mit vier Kreuzschlitzschrauben befestigt – abschrauben und mitsamt dem darin befindlichen Benzin vorsichtig nach unten abziehen. Das ist vorzuziehen, weil man so die Möglichkeit hat, das Benzien auf eventuelle Rückstände zu untersuchen. Geringe Spuren von feinem Schmutz auf dem Boden der Kammer sind zu erwarten – was nicht herausgespült wird, kann später nach dem Entleeren mit dem Lappen weggewischt werden – jedoch Wassertropfen sind ein Warnsignal, daß der Tank selbst gespült werden muß. Etwas Wasser ist immer im Benzin enthalten , aber es darf eigentlich nicht bis in den Vergaser gelangen.

Falls sich am Nadelventil Grat gebildet hat, muß es ersetzt werden.

Als nächstes können der Schwimmer und das Schwimmernadelventil ausgebaut und kontrolliert werden. Die Art der Schwimmerbefestigung ist unterschiedlich; sie reicht von einer per Kreuzschlitzschraube verschraubten Klemmlasche, die die Schwimmerachse hält, bis zu einer herausziehbaren Schwimmerachse, die mit festem Sitz in zwei am Deckel angegossenen Nasen befestigt ist. Diese Art ist manchmal leicht konisch, in den meisten Fällen jedoch ist die Achse zylindrisch. Falls sie auf leichten Druck von einer Seite her nicht reagieren sollte, darf man nicht mit einem Durchschlag zu klopfen anfangen. Einfach nur von der anderen Seite her probieren, und sie wird sich wahrscheinlich bewegen. Falls sie sich löst, aufschreiben, wie herum sie hineingehört! Der Schwimmer mit seiner Hebelei ist ein empfindliches Teil, und man muß aufpassen, daß man den Schwimmerarm bzw. die entsprechende Lasche, mit der das Kraftstoffniveau in der Schwimmerkammer geregelt wird, nicht verbiegt (eventuell trägt der Arm einen Schlitz, in dem die Schwimmernadel mit einer Schulter o. ä. anliegt).

Den Metall-Schwimmer auf Leckstellen kontrollieren: einfach ans Ohr halten und schütteln; falls Benzin eingedrungen ist, hört man es hin und her schwappen. Ein weiterer Test bei Verdacht auf einen undichten Schwimmer: man legt ihn in heißes Wasser; die in der Wärme sich ausdehnende Luft sucht sich einen Weg durch eine eventuelle Leckstelle und zeigt sich in Form von aufsteigenden Bläschen.

Leckstellen im Schwimmer können repariert werden – mit Lötzinn bei einem Messingschwimmer oder mit Epoxidharz bei einem Schwimmer aus Plastik – aber *nur*, wenn man extrem sorgfältig darauf achtet, dadurch nicht zu viel Gewicht aufzutragen, damit der Schwimmer noch ordentlich funktionieren kann. Alles in allem ist es besser, einen neuen Schwimmer zu montieren, statt zu versuchen, den alten noch einmal zu reparieren.

Das Schwimmernadelventil überprüfen. Manchmal ist es nicht demontierbar und kann einfach aus dem Schwimmerkammerdeckel herausgeschraubt werden. Normalerweise sitzt noch ein Kupfersitzring darunter, der in gutem Zustand sein muß. Das Nadelventil in geschlossener Bauart kontrolliert man, indem man die Nadel in Schließstellung festhält und in die Zuflußöffnung hineinzublasen versucht; es ist leicht festzustellen, ob das Ventil den Durchlaß exakt verschließt oder nicht. Dann läßt man die Nadel wieder los; das Ventil sollte sofort öffnen, ohne hängenzubleiben. Während des Durchblasens öfters abwechselnd festhalten und loslassen. Das Öffnen und Schließen muß jeweils unverzüglich erfolgen.

Falls die Nadel herausnehmbar ist, zieht man sie zur sorgfältigen Kontrolle aus dem Gehäuse. Der Kegel sollte völlig glatt und die Nadel gerade sein; an der Spitze darf es keine Furchen- oder Gratbildung geben. Dies ist ein sicheres Zeichen, daß die Schwimmernadel arg abgenutzt ist; es reicht schon, wenn man mit dem Fingernagel

Die Düsen werden ins Vergasergehäuse eingeschraubt.

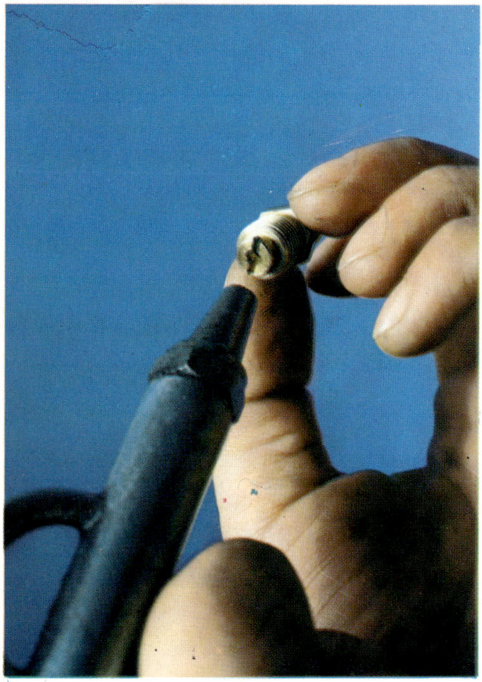

Alle Düsen sollten mit Preßluft durchgeblasen werden.

eine feine Rille *fühlen* kann, wenn man an der Schwimmernadel entlangfährt – dann hat sie nämlich ihre Bestform verloren und muß ersetzt werden. Wahrscheinlich ist dann auch der Sitz in Mitleidenschaft gezogen worden und sollte gleich zusammen mit der Nadel ausgetauscht werden. Man kann annehmen, daß ein Austausch bei ungefähr 30 000 – 35 000 km Laufzeit des Fahrzeugs fällig ist.

Nach dieser Kilometerleistung sollten auch alle demontierbaren Düsen einem Austausch unterzogen werden; obwohl nur eine Flüssigkeit hindurchfließt, so enthält diese Flüssigkeit doch mikroskopisch kleine Partikel, wodurch eine gewisse Erosionswirkung und damit eben Abnutzung entsteht. Zum Austauschen oder zum Prüfen und Reinigen werden die Düsen lediglich herausgeschraubt; wenn man daran denkt, sich darauf zu beschränken, immer nur eine einzige herauszunehmen und wieder einzusetzen, bevor man an die nächste geht, kann man keine gravierenden Fehler machen.

Dennoch gibt es hier einen Haken: nicht bei allen Düsen ist Demontierbarkeit beabsichtigt und es gibt keine allgemeine Anleitung, die allen Eventualitäten gerecht wird. Es ist jedoch mit Sicherheit anzunehmen, daß jedes Gewindeteil am Vergaser, das entweder zusätzlich verstiftet oder mit Farbe markiert ist, unberührt bleiben sollte. Ein Beispiel dafür ist die kleine versenkte Düse direkt hinter der Hauptdüse bei den Mikunis der GS 750. Sie ist vom Werk eingestellt, mit gelber Farbe plombiert und darf nicht verändert werden.

Man bläst jede Düse, die man ausgebaut hat, durch und hält sie zur Kontrolle gegen das Licht, um festzustellen, ob sie wirklich sauber ist. Auch alle Gehäusebohrungen des Vergasers durchblasen. Die einfachste Methode: Druckluft-Sprühflaschen verwenden, wie sie zum Betrieb tragbarer Nebelhörner oder für kleine Farb-Spritzpistolen hergestellt werden. Als Alternative kann man auch ein konisches Mundstück verwenden, welches dann auf eine Reifen-Luftpumpe aufgesteckt werden kann. Es lohnt sich, die Schwimmerkammerdichtung – heutzutage zumeist ein O-Ring, der in einer Nut liegt – zu erneuern. Einfach den alten heraushebeln und den neuen in die Nut hineindrücken.

Das Schwimmernadelventil und den Schwimmer wieder einbauen und, sofern empfohlen, den Schwimmerstand überprüfen. Er wird gemessen, wenn der Schwimmer die Schwimmernadel gerade berührt, jedoch ohne Druck auszuüben. Bei den Keihin-Vergasern der CB 400 F beträgt das exakte Maß 21 mm; bei den Vergasern der CB 500 F und CB 550 F sind es 22 mm, gemessen zwischen der Unterkante des Vergasergehäuses und dem Schwimmerboden. Man kann den Stand korrigieren, indem man den Schwimmerarm vorsichtig verbiegt, bis der korrekte Abstand erreicht ist. Nach der gleichen Methode geht man bei den Mikunis der GS 400/450 Reihe vor; hier beträgt die Höhe 26,3 mm (± 1 mm).

Die Schwimmerkammerdichtung sollte erneuert werden.

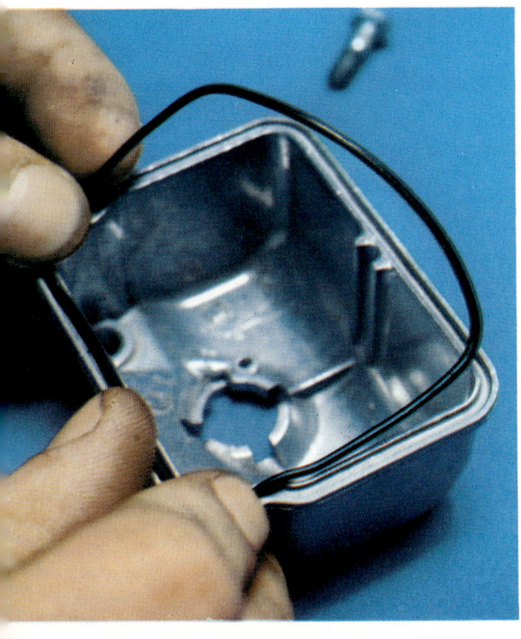

Aufpassen, daß der Gasschieber beim Wiederzusammenbau mit seiner seitlichen Nut mit der Führungsnase am Vergasergehäuse im Eingriff steht. Wenn sich der Schieber nicht ins Gehäuse einführen läßt, dreht man ihn etwas hin und her, bis die Nase in die Nut hineinrutscht, aber niemals Gewalt anwenden. Wenn er schwergängig ist, ist irgendetwas nicht in Ordnung. Dann nimmt man ihn noch einmal ab, um die Ursache festzustellen.

Choke

Man unterscheidet im allgemeinen zwei verschiedene Arten von Vorrichtungen zur Gemischanreicherung. Die erste besteht aus einem zusätzlichen Luftschieber, der einfach nur die vom Motor angesaugte Luftmenge verringert, während die Kraftstoffmenge unverändert gleichbleibt. Bei Schiebervergasern ist der Luftschieber gewöhnlich koaxial zum Gasschieber in einer eigenen Führung angeordnet. Er wird über ein direktwirkendes Betätigungsteil angehoben; bei Mehrvergaseranlagen gibt es meist ein Verbindungsgestänge zwischen den einzelnen Chokes, so daß sie gemeinsam betätigt werden. Bei Gleichdruckvergasern verwendet man eine Starterklappe. Sie besitzt gewöhnlich noch ein kleines zusätzliches federbelastetes Luftventil, durch das Luft trotz geschlossener Starterklappe angesaugt werden kann – andernfalls könnte der Motor überhaupt nicht laufen.

Die zweite Möglichkeit der Gemischanreicherung, an den Mikuni Vergasern angewendet, ist ein Startvergaser. Es ist ein kleiner federbelasteter Kolben, der eine zusätzliche Kraftstoffdüse freigibt, wenn er gezogen (angehoben) wird; auf diese Weise wird ein angereichertes Gemisch angesaugt.

Demontage eines Gleichdruckvergasers

Praktisch gesehen entspricht ein Gleichdruckvergaser in vielerlei Hinsicht einer größer dimensionierten Version des Schiebervergasers; ein Großteil der vorangegangenen allgemeinen Beschreibung trifft hier gleichermaßen zu.

Ein typischer Gleichdruckvergaser ist der von Mikuni, ausgestattet mit Membran und Schieber (im Gegensatz zum Keihin, der statt des Schiebers einen Kolben besitzt). Der Bing-Vergaser ist ein weiterer Vertreter dieser Art.

Die Demontage eines Mikuni-Vergasers beginnt man mit dem Abschrauben der Schwimmerkammer; dabei dreht man den Vergaser um und mißt die Höhe des Schwimmers mit Hilfe des Tiefenmaßes an der Schieblehre. Bei dieser Messung darf sich keine Dichtung am Gehäuse befinden, der Schwimmerarm muß die Schwimmernadel berühren, darf jedoch nicht auf sie drücken. Eine andere Methode, die auf jeden Vergaser anwendbar ist, dessen Schwimmer einseitig aufgehängt ist, besteht darin, den Vergaser so zu halten, daß die Schwimmerachse nach oben zeigt und der frei herunterhängende Schwimmer an der Nadel anliegt. Bei dem Mikuni der GS 400 sollte die Schwimmerhöhe bei diesem Test 23,6 mm betragen. Wieder erfolgt das Einstellen durch das Verbiegen der Schwimmerzunge – sehr behutsam, bis man den richtigen Abstand gefunden hat.,

Als nächster Schritt der Demontage kann die Schwimmerachse herausgezogen, der komplette Schwimmer abgenommen und die Schwimmernadel zur Überprüfung abgenommen werden. Danach das Mischrohr in der Mitte des Gehäuses abschrauben, gefolgt vom Gemischanreicherungssystem. Alle Bohrungen auf Verstopfung prüfen.

Der Deckel der Unterdruckkammer ist mit vier Kreuzschlitzschrauben befestigt. Darunter sitzt die Feder und die

Membran. Die Membran sorgfältig – im eingebauten Zustand – auf Risse und Löcher überprüfen. Falls sie in Ordnung ist, läßt man sie am besten eingebaut, es sei denn, es ist notwendig, auch Schieber und Düsennadel zu kontrollieren. Falls die Membran defekt ist, muß der Kolbenschieber auch erneuert werden, weil beide Teile immer gemeinsam ausgetauscht werden müssen.

Beim Einsetzen der Membran am Mikuni darauf achten, daß die Unterdruckkammer oben zwei Einschnitte hat, in welche die beiden Laschen der Membran eingreifen müssen.

Zur Kontrolle der Düsen geht man genauso vor wie beim Schiebervergaser.

Verbindungsteile an Mehrvergaseranlagen

Wie bereits bemerkt, ist es nicht notwendig, die in einer kompletten Batterie zusammengefaßten Vergaser zu trennen, da ja alle modernen Mehrvergaseranlagen ein gemeinsames Betätigungsgestänge und eine gemeinsame Halterung haben. Falls man den Ausbau eines oder mehrerer Vergaser aus der Batterie beabsichtigt – z. B. um sie individuell zu begutachten – sollte man auf jeden Fall das betreffende Werkstatthandbuch zu Rate ziehen, um eine detaillierte Anleitung für die Demontage und das Einjustieren der Verbindungselemente zur Hand zu haben.

Einstellen eines einzelnen Vergasers

Strengenommen müßte man, wenn man den Schadstoffemissionsgesetzen gerecht werden will, die Vergasereinstellung mit Hilfe eines Drehzahlmessers und eines CO-Meßgerätes, d.h. eines Abgastesters, vornehmen.
In der Praxis kann man so vorgehen, daß man die Leerlauf-Gemischschraube erst einmal um 1½ Umdrehungen aus geschlossener Stellung herausdreht und dann, bei warmgelaufenem Motor, die Leerlaufluft-Einstellschraube (bzw. die Gasschieber-Anschlagschraube) so einstellt, daß eine Leerlaufdrehzahl von üblicherweise etwa 1000 Umdrehungen pro Minute entsteht. Danach dreht man die Gemischschraube zuerst in eine Richtung, dann in die andere, jeweils immer nur eine halbe Umdrehung, bis man die höchste Leerlaufdrehzahl gefunden hat.

Sobald dies geschehen ist, dreht man die Gasschieber-Anschlagschraube soweit zurück, bis der Leerlauf wieder im vorgeschriebenen Drehzahlbereich liegt. Durch abwechselndes Auf- und Zumachen des Gasgriffs testet man, wie gut der Motor ›am Gas hängt‹; er darf nicht stehenbleiben oder sich verschlucken. Falls der Motor auf das Gas zögernd reagiert, dreht man die Gemischschraube noch etwas heraus, um das Gemisch fetter zu machen, und justiert dann die Schieber-Anschlagschraube entsprechend nach, um den korrekten Leerlauf zu haben.

Das ist die Leerlauf-Anschlagschraube an einer Mehrvergaserbatterie.

Die Gemischzusammensetzung kann mit dieser Schraube eingestellt werden; das Synchronisieren der Vergaser erfordert jedoch Meßinstrumente.

Einstellen mehrerer Vergaser

Gewöhnlich besitzt eine Batterie mit mehreren Vergasern eine gemeinsame Leerlauf-Einstellschraube. Zum Einstellen braucht man noch einen Satz Vakuum-Meßuhren – jeweils eine pro Vergaser – oder einen Satz Manometer.

Am warmgelaufenen Motor stellt man die niedrigstmögliche Leerlaufdrehzahl ein, mit der er gerade noch in Gang gehalten wird. Nun wird jede Gemischschraube der Reihe nach eingestellt, indem sie jeweils nicht mehr als 45° in jeder Richtung verdreht wird, bis die höchstmögliche Leerlaufdrehzahl gefunden ist. Dies gilt für alle Vergaser, egal ob Zwei-, Vier- oder Sechszylindermotor. An dieser Stelle kommen nun die Vakuum-Meßuhren ins Spiel. An jedem Ansaugstutzen befindet sich eine Verschlußschraube.Sie wird herausgedreht und der passende Verbindungs-Adapter für den Schlauch der Vakuum-Meßuhr angebracht. Die kurzen Adapter gehören auf die äußeren Leitungen, die langen auf die inneren. Bei manchen Maschinen wird man vielleicht feststellen, daß man unter dem Tank nicht genug Platz hat, um die Anschlüsse unterzubringen. In solchen Fällen sollte der Tank abgenommen und an der Sitzbank oder am Gepäckträger befestigt werden. Man nimmt dann einen längeren Schlauch, um den Tank an die Vergaser anzuschließen.

Die Vakuum-Meßuhren besitzen Dämpfungsventile. Man schließt diese Ventile, startet den Motor und dreht dann jedes einzelne wieder so weit auf, bis die Nadel der betreffenden Meßuhr gerade zu zittern beginnt. Sie sollte *nicht* wild hin und her flattern, sondern gerade leicht vibrieren. Das Ziel dabei ist, auf jeder Meßuhr die gleichen Ablesewerte zu erhalten. Ein normaler Wert würde etwa zwischen 16 und 24 cm Quecksilbersäule (cm Hg) liegen und konstant sein. Korrekturen werden in der Weise vorgenommen, daß man die Klemmschrauben am Schieberbetätigungsgestänge lokkert und jeden einzelnen Betätigungshebel so weit hebt oder senkt, bis alle Uhren die gleichen Werte zeigen – in der Praxis heißt das mit maximalen Abweichungen von 3cm Hg innerhalb des ›normalen‹ Unterdruckbereichs.

Bei zwei Vergasern kommt man möglicherweise ohne spezielle Geräte aus, indem man die Ansauggeräusche der beiden nach Gehör beurteilt. Luftfilter-Verbindungsschläuche abnehmen und den Motor laufen lassen. Die Gemischschraube wie beschrieben einstellen und dann die Leerlauf-Luftschraube an nur einem Vergaser so drehen, daß der richtige Leerlauf entsteht.

Um das Zischen der Ansaugluft richtig hören zu können, benutzt man ein Stück Schlauch – zuerst an dem einen, dann an dem anderen Vergaser. Man stellt nun den zweiten Vergaser so lange nach, bis an beiden das gleiche Ansauggeräusch zu hören ist. Auf diese Weise kann man den Schlauch nacheinander an jeden Vergaser halten und nachprüfen, ob jedesmal der gleiche Zischton hörbar ist.

Der Luftfiltereinsatz ist gewöhnlich mit einer einzigen Schraube befestigt.

Luftfilter

Abgesehen von der üblichen Pflege verlangen Luftfilter normalerweise sonst keine Aufmerksamkeit. Ständige Zündstörungen während oder nach Regenwetter sind jedoch möglicherweise auf Wasser zurückzuführen, welches ins Filtergehäuse eingedrungen ist und vom Filter selbst aufgesogen wurde. Man darf den Motor nicht

Das Filter ist mit einem Luftschlauch gut zu reinigen.

ohne das Filterelement laufen lassen. Bei der Düsenbestückung des Vergasers wurde ja der Luftwiderstand des Filters mit in Betracht gezogen; der vergrößerte Luftdurchsatz, der ohne den Filtereinsatz entsteht, hat eine drastische Gemischabmagerung zur Folge.

Kraftstofftank

Der Benzintank besitzt einige mechanische Teile, um die man sich ab und zu kümmern muß. Das Filtersieb im Benzinhahn muß von Zeit zu Zeit gereinigt werden; das geschieht am besten zum Ende des Winters, wenn der Bodensatz des Benzins eventuell auch Wasser enthält. Es wird normalerweise ganz gut im Tank zurückgehalten, weil die Einlauföffnungen des Benzinhahns ein Stück über den Tankboden hinausragen. Den Tank zuerst leerlaufen lassen und dann erst abnehmen – das Vorderteil sitzt gewöhnlich auf Gummipuffern; das hintere Ende ist zumeist mit einem Gummiband oder einer Schraube befestigt. Den Tankdeckel öffnen und das ganze restliche Benzin in eine Schale schütten. Nun den Benzinhahn abschrauben. Wenn das Filtersieb arg zugekleistert ist, sollte es in einem Lösungsmittel wie z. B. Spiritus ausgewaschen werden.

Falls Anzeichen für Rost im Tank erkennbar sind, verschließt man das Gewindeloch für den Benzinhahn mit einem Korken oder Klebeband und füllt eine Handvoll Stahlkugeln aus alten Kugellagern hinein. Falls man so etwas nicht auftreiben kann, wendet man sich an eine Autowerkstatt oder den nächsten Motorradhändler. Den Tank gründlich schütteln, so daß die Kugeln den Rost von den Wänden abschlagen können. Dann die Kugeln wieder herausnehmen und den Tank mit Spiritus ausspülen. Es ist schwierig, den Rost im Inneren des Tanks endgültig loszuwerden, aber es gibt diverse Chemikalien im Handel, mit denen das angeblich gelingt.

Die Dichtheit des Benzinhahns prüft man, indem man vom Schlauchnippel aus hineinbläst. In geschlossener Stellung darf keine Luft hindurchgehen. In der Stellung ›Auf‹ und ›Reserve‹ sollte am Filtersieb ein deutlich vernehmbares Zischen zu hören sein. Falls der Hebel des Benzinhahns zu leichtgängig ist, kann man dem meist dadurch abhelfen, indem man die Schrauben der Deckplatte etwas fester anzieht.

Auch den Tankdeckel kontrollieren. Die Belüftungsbohrung muß frei sein – falls keine Luft in den Tank gelangen kann, fließt wegen des entstehenden Vakuums auch kein Benzin ab. Auch der Gummidichtring muß in Ordnung sein, damit bei vollem Tank kein Benzin auslaufen kann.

Benzinleitungen

Die Benzinschläuche sollten von Zeit zu Zeit abgenommen und auf Risse überprüft werden. Falls sie von außen einwandfrei aussehen, zieht man sie straff und hält sie gegen das Licht. Nun kann man hindurchsehen und feststellen, ob sie innen durch Fremdkörper etc. verschmutzt sind.

Zündanlage

Abgesehen von den bereits beschriebenen Routinearbeiten an der Anlage bleibt hier nur noch eine einzige Aufgabe zum ›Do-it-yourself‹ übrig – Kontrolle und Einstellen der Zündung. Diese Arbeit kann je nach der verfügbaren Ausrüstung variieren zwischen einer Einstellung ›über den Daumen‹ bis hin zu einem akribisch wissenschaftlichen Vorgehen.

Im einfachsten Fall benötigt man lediglich ein gutes Auge, einen guten Tastsinn und ein Stück Zigarettenpapier. Im anderen Fall hat man vielleicht eine Meßuhr oder einen elektronischen Motortester, komplett mit einem präzisen Drehzahlmesser und eine Stroboskoplampe zur Verfügung.

Im primitivsten Fall, bei einigen Mopeds, besteht die Zündeinstellung darin, daß eine Markierung außen auf der Schwungscheibe mit einer Marke am Kurbelgehäuse zur Deckung gebracht, und der Abstand zwischen den Unterbrecherkontakten kontrolliert wird; er sollte an höchster Nockenstelle 0,3 – 0,4 mm betragen. Decken sich die Markierungen von Schwungscheibe und Gehäuse, so müssen die Unterbrecherkontakte sich gerade zu trennen beginnen.

Zumeist sind jedoch diese Einstellarbeiten komplizierter als an Mopeds. Die beste Methode ist sicherlich das Blitzen mit einem Stroboskop (heutzutage schon zu einem Preis erhältlich, den man für eine Tankfüllung Benzin bezahlen muß), obgleich genaues Arbeiten auch mit einfacherer Werkzeugausstattung möglich ist.

Das Justieren des Zündzeitpunkts selbst erfolgt dadurch, daß die Kontakte dazu gebracht werden, je nach der Winkelstellung der Kurbelwelle früher

Ein Transistorradio oder ein spezielles Gerät wie dieses hier geben ein akustisches Signal, wenn die Kontakte öffnen.

Bei Vierzylindermotoren haben häufig die Zylinder 1&4 und 2&3 jeweils einen gemeinsamen Unterbrecher.

oder später zu öffnen, da ja in diesem Moment der Zündfunke überspringt. Mit einer Stroboskoplampe läßt sich der Zündzeitpunkt akkurat und bei jeder Motordrehzahl überprüfen, während eine simple Prüflampe oder ein Summer den Öffnungszeitpunkt der Unterbrecherkontakte nur bei stehendem Motor signalisiert. Der Öffnungszeitpunkt läßt sich auch mit Hilfe eines Transistorradios ermitteln, welches auf eine Nullposition zwischen zwei Sendestationen eingestellt wurde und dicht am Motor plaziert wird: wenn man die Kurbelwelle langsam dreht, verkündet ein deutlich hörbares Klicken das Öffnen der Kontakte.

Zündeinstellung beim Einzylindermotor

Die Zündeinstellung bei der Honda C 50/C 70-Reihe – um ein einfaches

Beispiel zu nehmen – ist ziemlich typisch. Auf dem Polrad gibt es eine ›F‹ (›Firing‹) – Markierung und auf dem Kurbelgehäuse ebenfalls eine Marke. Ein Durchbruch im Polrad ermöglicht den Zugang zu den Unterbrecherkontakten; daher sind hier einfachere Methoden angebracht. Das Transistorradio ist hier vielleicht das beste. Zündung einschalten, das entsprechend vorbereitete Radio bereitstellen und dann das Polrad langsam drehen. Sobald die beiden Markierungen fluchten, sollte aus dem Radio ein Klicken ertönen. Klickt es vorher, steht die Zündung zu früh, klickt es danach, steht sie zu spät. Zum Korrigieren löst man die Schraube, mit der der Unterbrecher an der Grundplatte befestigt ist. Bewegt man den Unterbrecher nach rechts, wird die Zündung nach ›Früh‹, schiebt man ihn nach links, wird sie nach ›Spät‹ verstellt. Schraube wieder anziehen und Zündung erneut kontrollieren. Falls nötig, weitere kleine Korrekturen vornehmen, bis der Zündzeitpunkt stimmt. Vor der Zündzeitpunkteinstellung muß der Unterbrecher-Kontaktabstand auf das obengenannte Maß an höchster Nockenstelle geprüft bzw. nachgestellt worden sein.

Zündeinstellung an Mehrzylinder-Viertaktmotoren

Bei einem Zweizylindermotor ist es üblich, daß jeder Zylinder seinen eigenen Unterbrecher hat, während beim Vierzylinder zumeist jeweils ein Unterbrecher zwei Zylinder versorgt. In diesem Fall sind Zylinder 1 mit 4 und 2 mit 3 zusammengeschaltet. Beide Unter-

Im Licht der Stroboskoplampe erscheinen diese Zündmarkierungen bei laufendem Motor stillstehend.

brecher sind unabhängig voneinander einstellbar. So verhält es sich beispielsweise bei der Suzuki GS 750.

Wird die Einstellung mit einer Prüflampe vorgenommen, überprüft und korrigiert man gegebenenfalls zuerst den Unterbrecherabstand und klemmt dann die Lampe mit einem Kabel an Masse, mit dem anderen an den spannungsführenden Anschluß des Unterbrechers für Zylinder 1/4. Bei eingeschalteter Zündung wird die Prüflampe erst dann aufleuchten, wenn die Unterbrecherkontakte gerade öffnen. Den Motor von Hand durchdrehen, dabei die Zündmarkierungen und die Lampe beobachten. Sobald die F 1/4 Markierung mit der Markierung auf dem Gehäuse übereinstimmt, muß die Lampe aufleuchten. Zur Kontrolle dreht man die Kurbelwelle nach beiden Seiten über die F 1/4 Marke hinweg hin und her. Die Lampe soll davor und dahinter verlöschen und beim Fluchten der Markierungen aufleuchten. Ist dies nicht der Fall, muß die Zündung der Zylinder 1 und 4 korrigiert werden. Dazu müssen die drei Schrauben, die die gesamte Grundplatte halten, gelockert werden. Die F 1/4 Markierung der Gehäusemarkierung genau gegenüberstellen; nun die Grundplatte drehen, bis die Lampe aufleuchtet. Schrauben wieder anziehen und Einstellung nochmals überprüfen.

Jetzt klemmt man die Prüflampe an den spannungsführenden Anschluß des zweiten Unterbrechers und wiederholt die gleiche Prüfprozedur an der F 2/3 Markierung. Falls korrigiert werden muß, dreht man jedoch nun *nicht* mehr die Schrauben der Grundplatte auf. Dieser Unterbrechersatz besitzt eine separat drehbare Montageplatte, also werden nur die zu ihr gehörigen drei Schrauben gelockert und die Einstellung auf die gleiche Weise wie vorher vorgenommen.

Mit einer Stroboskoplampe ist diese Arbeit noch einfacher. Zuerst einmal zieht man die Zündmarkierungen mit Farbe oder Nagellack nach, um sie deutlicher hervorzuheben. Dann schließt man die Lampe nach den Angaben des Herstellers am Zylinder Nr. 1 an. Normalerweise muß man dazu nur den Kerzenstecker abziehen und ein Kabel des Stroboskops darin befestigen, während das andere Lampenkabel direkt auf die Kerze gesteckt wird. Jedesmal, wenn ein Hochspannungsstoß durch das Kabel fließt, wird die Lampe aufblitzen. Empfindlichere professionelle Geräte besitzen einen Klemmkontakt.

Den Motor starten und mit 1000 bis 1500 U/min laufen lassen. Die Stroboskoplampe auf die Zündmarkierungen richten. Sie erscheinen stillstehend, wie ›eingefroren‹. Wenn sie übereinanderstehen, stimmt die Zündung. Falls nicht, die Halteschrauben der Grundplatte gerade so viel lockern, daß sie sich bewegen läßt. Nun wird die Grundplatte – bei nach wie vor laufendem Motor – verdreht, bis die Markierungen übereinstimmen. Falls die rotierende ›F‹-Markierung vor der festen Gehäusemarkierung stillzustehen scheint, ist die Zündung verfrüht und die Grundplatte muß im gleichen Drehsinn wie der Unterbrechernocken weitergedreht werden. Erscheint die ›F‹-Markierung jedoch hinter der festen Marke, steht die Zündung zu spät; die Grundplatte muß entgegengesetzt zur Drehrichtung des Unterbrechernockens verschoben werden. Sobald die Markierungen fluchten, Grundplatte festziehen.

Als nächstes kann man die Funktion des Fliehkraftverstellers, der den Zündzeitpunkt bei höheren Drehzahlen automatisch vorzieht, bei etwa 2500 U/min kontrollieren. Bei dieser Drehzahl sollte die ›T‹-Markierung mit der Gehäusemarke übereinstimmen. Um dies zu erreichen, kann man – falls nötig – eine weitere Korrektur der Position der Grundplatte vornehmen.

Jetzt den Motor abstellen, die Lampenkabel abnehmen und den Kerzenstecker von Zylinder 1 wieder aufstecken. Das Stroboskop wird nun am zweiten Zylinder angeschlossen und die gesamte Prozedur mit der ›F 2/3‹-Markierung wiederholt; diesmal darf jedoch nur die separate Montageplatte des Unterbrechers für das zweite Zylinderpaar verdreht werden, falls notwendig.

Mehrzylinder-Zweitaktmotoren

Bei Zweitaktmotoren muß bei der Einstellprozedur zumeist eine Meßuhr zur Bestimmung der Kolbenstellung zu Hilfe genommen werden, kombiniert mit Prüflampe, Transistorradio oder Summer, um festzustellen, wann die Unterbrecher öffnen. Die für die Suzuki-Dreizylindermotoren gewählte Methode ist ein typisches Beispiel. Die Meßuhr wird ins Kerzenloch des ersten Zylinders eingeschraubt und alle anderen Kerzen herausgedreht. Wenn der Kolben im Zylinder Nr. 1 akkurat im oberen Totpunkt steht, wird die Meßuhr auf Null gestellt. Dann muß der Motor annähernd eine volle Umdrehung in seinem normalen Drehsinn gedreht und der Kolben langsam in Richtung OT bewegt werden, bis die Meßuhr das vorgeschriebene Maß für die Kolbenstellung vor OT anzeigt. Bei der

Manche elektronische Zündanlagen besitzen eine verstellbare Grundplatte wie diese hier.

GT 380 M beträgt es z. B. 2,30 mm vor OT. Bei den Yamaha Twins, bei denen die gleiche Methode angewendet wird, wird für die RD 200 ein Maß von 1,81 mm Kolbenstellung vor OT vorgeschrieben; diese Werte müssen mit einer Genauigkeit von plus oder minus 0,1 mm eingehalten werden. Das ist der Grund, weshalb man hier nicht ohne Meßuhr auskommt und warum sorgfältiges Kontrollieren der Einstellung – bis alles einwandfrei ist – so lebenswichtig ist, ehe man die Zündung verstellt.

Die korrekten Einstelldaten *müssen* in jedem Fall dem betreffenden Handbuch entnommen werden; möglicherweise sind sogar verschiedene Einstellmaße für verschiedene Zylinder des gleichen Fahrzeugs vorgeschrieben. Die Nachstellung des Unterbrecherabstands bei jedem Zylinder nicht vergessen, bevor der Zündzeitpunkt verstellt wird; dabei folgt man der Anleitung, die bereits für die Viertaktmotoren gegeben wurde. Achtung bei Motoren mit Fliehkraftversteller: eventuell müssen die Fliehgewichte auf volle Frühzündung gebracht werden, um den Zündzeitpunkt einzustellen; zumeist müssen dazu durch Bohrungen in den Fliehgewichten Stifte durchgesteckt werden, um sie zu fixieren. Auch sollte man nicht automatisch annehmen, daß der Unterbrechernocken die gleiche Drehrichtung wie die Kurbelwelle hat. Bei der Suzuki 380 sitzt er beispielsweise auf einem Zahnrad und dreht sich gegenläufig.

Kontaktlose Zündanlagen

Hochspannungs-Kondensator-Zündanlagen (HKZ-Anlagen) eliminieren eine Quelle möglicher Scherereien am Motorrad: das Einstellen der Unterbrecherkontakte entfällt. Tatsächlich wird man in manchen Fällen – wie bei der Honda CX 500 – sogar *sämtlicher* Wartungsprobleme an der Zündanlage enthoben, weil nicht einmal mehr der Zündzeitpunkt nachjustiert werden kann. Letzteres gilt jedoch nicht für alle HKZ-Anlagen. Die Kawasaki-Zweitakt-Dreizylindermodelle besitzen z. B. eine verstellbare Grundplatte. Typisch für diese Bauweise ist die Anlage an der KH 400-Serie, wo die Zündeinstellung folgendermaßen korrigierbar ist: zuerst die Übereinstimmung der Markierungen auf der Statorplatte und dem Kurbelgehäuse überprüfen und – falls notwendig – nachstellen; abschließend kontrolliert man mit der Stroboskoplampe. Hierfür wird die Lampe am Zündkabel der linken Kerze angeschlossen und dann bei einer Motordrehzahl von 4000 1/min auf die Zündmarkierungen gerichtet. Die beiden Marken müssen dann noch übereinstimmen. Falls nicht, löst man die drei Befestigungsschrauben der Statorplatte gerade so weit, daß sie verschiebbar ist. Dann wird sie so weit verdreht, bis die Markierungen fluchten, und die Einstellung durch Festziehen der Schrauben wieder fixiert. Beim HKZ-System der Yamahas ist die Verstellung auf ähnliche Weise möglich: die Hochspannungsspule wird gegenüber dem Stator verschoben.

Lichtanlage

Die elektrische Anlage an einem Motorrad ist heutzutage bei angemessener Pflege sehr zuverlässig. Das Schlimmste, was daran passieren kann, ist das Durchbrennen der Hauptsicherung, was zum Ausfallen sowohl der Beleuchtung als auch des Motors führen würde. Dies ist einer der guten Gründe, die Anlage ständig im Auge zu behalten.

Batteriepflege

Das Herz der Anlage ist die Batterie. Sie verlangt nicht viel mehr als eine wöchentliche Sichtkontrolle, um sich zu überzeugen, daß der Säurestand in Ordnung ist. Die meisten Maschinen sind heute mit Batterien ausgestattet, deren durchsichtige Gehäuse mit Maximum- und Minimum-Säurestandsmarkierungen versehen sind, was die Kontrolle erleichtert. Es gibt zwar auch einige unpraktische Ausführungen, jedoch sollte die Batterie niemals ›aus den Augen – aus dem Sinn‹ kommen.

Batterien dürfen nur mit destilliertem Wasser aufgefüllt werden. Während des Ladevorgangs wird der Wasseranteil des Elektrolyts verdampft, nicht der Säureanteil. Deshalb muß auch nur das Wasser ersetzt werden. Für diesen Zweck ist nur destilliertes Wasser rein genug. Leitungswasser enthält jede Art von Fremdkörpern, die zwar für den Menschen unschädlich sind, die jedoch in einer Batterie Ablagerungen hinterlassen können, welche einen Kurzschluß zwischen den Platten erzeugen. Als annehmbaren Ersatz kann man auch das Wasser verwenden, das beim Abtauen des Kühlschranks aus dem Gefrierfach abläuft; es ist in der Tat destilliertes Wasser.

Des weiteren ist es notwendig, Batterien in einwandfreiem Ladezustand

Eine typische elektrische Anlage

1. Drehzahlmesser
2. Tachometer
3. Steckkontakte für den Hauptscheinwerfer
4. Blinkerkontrolle
5. Ladekontrolleuchte
6. Hupe
7. Hauptscheinwerfer
8. Deckel für Sicherungskasten
9. Lichtschalter
10. Anschlußkasten
11. Generatorwicklung
12. Elektrischer Benzinhahn
13. Zündspule für Zylinder 1
14. Zündspule für Zylinder 2
15. Zündkerze für Zylinder 1
16. Zündkerze für Zylinder 2
17. Geber der elektronischen Zündanlage
18. Polrad
19. Zündschloß
20. Sicherungskasten
21. Regler
22. Batterie
23. Bremslichtschalter
24. Rückleuchte
25. Blinkgeber
26. Massekabel

27., 28., 29. und 30. Blinkleuchten

31. kleiner Steckverbinder
32. großer Steckverbinder

7
27
28
1
2
5
12
9
3
10
31
6
26
32
18
11
17
14
13
22
23
16
15
19
26
21
8
20
25
29
30
24

Die meisten Batterien haben ein durchscheinendes Gehäuse, auf dem Markierungen für den maximalen und minimalen Säurestand angebracht sind.

zu halten. Eine entladene Batterie ist eine sterbende Batterie, da die empfindlichen Platten schnell sulfatieren (Bildung eines Überzugs aus nicht mehr zu beseitigendem Bleisulfat). Mindestens einmal im Monat sollte die Säuredichte mit Hilfe eines Batterieprüfers gemessen werden. Das ist nichts weiter als eine durchsichtige Röhre mit einem Schwimmer (Meßspindel); das Mundstück wird in die Säure eingetaucht und mit Hilfe des Gummiballs am anderen Ende etwas davon eingesaugt.

Auf diese Weise wird eine Stichprobe entnommen; nun hält man den Batterieprüfer in Augenhöhe, um festzustellen, wie tief die Spindel eintaucht. Ein Ablesewert von 1,13 oder weniger signalisiert eine völlig entladene Batterie, während 1,14 bis 1,16 eine nahezu entladene Batterie bedeutet. Bei 1,17 bis 1,19 ist die Batterie bestenfalls zu einem Viertel und bei 1,20 bis 1,22 halbvoll geladen. Ein Wert von 1,23 bis 1,25 entspricht einer dreiviertel vollen und 1,26 bis 1,28 einer voll geladenen Batterie.

Eine leicht entladene Batterie kann über Nacht mit geringem Ladestrom nachgeladen werden. Es ist ratsam, die Batteriekabel abzunehmen, andernfalls kann der mit Transistor versehene Spannungsbegrenzer durch den Ladestrom beschädigt werden. Auch den Batterie-Entlüftungsschlauch überprüfen. Falls er verknotet ist, kann durch Gasbildung das Gehäuse aufplatzen. Nicht mit offenem Licht – oder irgendwelchen elektri-

Batteriepole mit Polfett oder Vaseline gegen Korrosion behandeln.

schen Geräten, an denen Funkenbildung auftreten kann – in die Nähe der Batterie kommen, während sie aufgeladen wird. Bei diesem Vorgang entweicht nämlich hochexplosives Knallgas (Wasserstoff + Sauerstoff), das bei Entzündung die Batterie sprengen und Säure umherspritzen kann.

Ob Nachladen notwendig ist oder nicht: die Batteriekabel sollten von Zeit zu Zeit gelöst und die Pole bis aufs blanke Metall gereinigt werden; anschließend schmiert man sie mit Polfett – oder ersatzweise Vaseline ein, um künftiger Korrosion vorzubeugen. Die gleiche Behandlung sollte man der Kontaktstelle zwischen Masseband und Rahmen zugute kommen lassen. Jede Korrosionsbildung an irgendeiner Verbindungsstelle der Batterie verursacht einen Spannungsabfall und verringert damit die Effizienz der Elektrik.

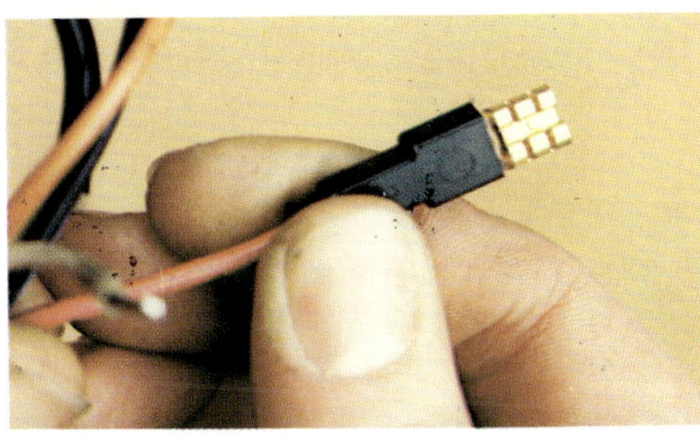

Oben: Zum Abisolieren der Kabelenden benutzt man am besten eine spezielle Abisolierzange.
Darunter: Flachstecker sollten mit Isoliermanschetten versehen werden.

Anschlüsse

Beim Arbeiten an der elektrischen Anlage sollte man immer das Ziel vor Augen haben, hohe Übergangswiderstände zu vermeiden. Alle Anschlüsse und Steckverbindungen der Reihe nach prüfen und sicherstellen, daß die Kontaktflächen metallisch blank sind. Sind sie es nicht, werden sie einfach saubergekratzt, im anderen Fall blankpoliert.

Wenn man es mit losen oder defekten Anschlüssen zu tun hat, ist es am besten, sie zu erneuern. Mit den Schneidklauen einer Zange knipst man den alten Anschluß ab, zieht die Isolierung außen ab, um den Leiterdraht freizulegen und montiert einen neuen Anschluß. Er wird eventuell mit einer Quetschzange aufgequetscht. Eine andere Möglichkeit ist das Verlöten des Anschlusses, wobei man anschließend noch zwei Quetschfahnen mit einer Zange über der Isolierung zusammenbiegen muß.

Beim Erneuern eines Kabelverbinders stets eine Isoliermanschette überziehen. Offenliegende Stecker bringen immer die Gefahr eines Kurzschlusses mit sich; dabei können Leitungen durchbrennen. Isoliermanschetten sind in Fachgeschäfften für Autoelektrik erhältlich; falls notwendig, kann man den Kabelverbinder stattdessen auch ein- bis zweimal mit Isolierband umwickeln.

Das gleiche Verfahren sollte beim Verbinden zweier Kabelenden angewendet werden – vielleicht wenn ein Kabelbruch repariert werden muß. Die Isolierung auf jeder Seite etwa auf 10 mm abziehen. Zuerst reinigt man die Leitungsdrähte in Spiritus, trocknet sie ab und dreht sie sorgfältig zusammen. Um die Verbindungsstelle zu sichern, verlötet man sie und umwickelt sie mit Isolierband. Auf solche Verbindungen sollte man sich niemals verlassen, wenn sie nur zusammengedreht sind. Wenn eventuell dort Korrosion einsetzt, entsteht eine weitere Stelle mit hohem Übergangswiderstand, der die Leistungsfähigkeit der Anlage verringert. Da ist es sogar besser, man benutzt einen aufgelöteten Flachstecker zur Reparatur eines Kabelbruchs.

Zustand der Glühlampen

Moderne Scheinwerfer besitzen Halogen-Lampen, die ein brillantes, helles Licht erzeugen. Sie neigen jedoch sehr zur Überhitzung. Wenn man eine Halogen-Lampe auswechseln muß, sollte man sorgfältig aufpassen, daß man sie nicht am Glaskolben anfaßt. Man mag vielleicht annehmen, daß man absolut saubere Hände hat, aber tatsächlich genügt ein leichtes Berühren der Lampe, um einen Fingerabdruck zu hinterlassen, der, obwohl unsichtbar, fettig ist. Wenn die Lampe sich aufheizt, bildet das Fett eine heiße Stelle, und der Glaskolben wird sich schnell und unwiderruflich verfärben. Dann muß man eine neue, teure Lampe einbauen.

Falls man aus Versehen das Glas der Lampe angefaßt hat, wäscht man sie gründlich mit Spiritus ab und läßt sie anschließend gut abtropfen. Wenn man will, kann man sie stattdessen auch mit einem weichen, sauberen Lappen abwischen – aber das Abspülen in Spiritus ist unerläßlich.

Reflektoren

Ein weiteres Teil am Motorrad, das man nicht anfassen sollte, ist der Scheinwerferreflektor. Heutzutage ist er zumeist mit der Streuscheibe als Einheit zusammengefaßt, aber bei den älteren Scheinwerfern mit abnehmbarer Streuscheibe kann es noch passieren, daß man auf der Versilberung Fingerabdrücke hinterläßt. In diesem Fall mit Spiritus abwaschen und *ganz* leicht mit einem weichen Lappen abwischen. Falls ein Reflektor durch Witterungseinflüsse angegriffen ist, gibt es außer erneutem Versilbern kein anderes wirksames Mittel, obwohl man eventuell mit Polierrot und einem speziellen Silberputztuch eine zeitweilige Verbesserung erzielen kann. Dies bringt nicht mehr als eine Linderung, aber es kann die Lebensdauer des beschädigten Reflektors noch um ein paar Wochen verlängern, während man sich in dieser Zeit einen neuen besorgt.

Lampenfassungen

Fast immer haben Lampenfassungen – ausgenommen solche mit Steckkontakt – eine federnde Kontaktscheibe oder -zunge, die auf den Kontakten der Lampe aufliegt. Zusätzlich dienen Metallfassung und der aus Metall bestehende Lampenfuß als Masserückführung. Bei der Kontrolle von Glühlampen immer darauf achten, daß die Kontakte sowohl der Lampe als auch der Anschlüsse metallisch blank sind. Auch sollte geprüft werden, daß der Federdruck unter den Kontakten in der Fassung ausreichend stark ist, damit sie fest gegen die Lampe gedrückt werden.

Um festzustellen, welche Lebenserwartung eine normale Glühlampe noch hat, schaut man sich den Glaskolben genau an und suspendiert jede Lampe, deren Kolben dunkel geworden ist. Das ist nämlich ein sicheres Zeichen dafür, daß bald ein Glühfaden durchbrennen wird. Als nächstes nimmt man die Lampe in die Hand und schnipst mit dem Fingernagel gegen den Glaskolben. *Möglich,* daß der Glühfaden dann reißt, aber in diesem Fall wäre er sowieso bald fällig gewesen, und es ist besser, er geht beim Test in der Garage kaputt, als später während der Fahrt.

Kontrollieren der Streuscheibe

Eine zerkratzte Streuscheibe ist nicht genügend lichtdurchlässig. Jeder Kratzer streut mit seinen Flächen das Licht in einem bestimmten Winkel; das Scheinwerferglas ist jedoch dazu da, den Lichtstrahl zu bündeln. Alle Scheiben sollten sehr gründlich auf derartige Oberflächenbeschädigungen überprüft werden; jede, die übermäßig zerkratzt ist, sollte man ausrangieren.

Ebenso sollte jede gesprungene Streuscheibe – weil sie Feuchtigkeit eindringen läßt, die dann den Reflektor angreifen kann – und auch jede ausgebleichte erneuert werden. Das ist eine besondere Schwäche von Rücklicht-Streuscheiben; die rote Färbung hat die Tendenz, sich nach einigen Jahren Lichteinwirkung zu verlieren. Die Kontrolle sollte im Dunkeln bei eingeschaltetem Licht stattfinden. Falls das Rücklicht auf ein paar Meter Entfernung eine weißliche Tönung zeigt, ist der Austausch der Streuscheibe fällig. Es ist nicht nur ungesetzlich, mit einem weißen Rücklicht zu fahren, sondern vor allem sehr gefährlich.

Immer, wenn die Streuscheibe zur Überprüfung von Glühlampe und Reflektor abgenommen werden muß, schaut man sich auch den Gummidichtring an. Da er zum Teil dem Licht ausgesetzt ist, kann er porös und brüchig werden. Ist dies der Fall und er verzieht sich, kann Wasser ins Lampengehäuse eindringen. Es ist durchaus nicht ungewöhnlich, daß man an einer Maschine, die zeitlebens im Freien steht, teilweise mit Wasser angefüllte Lampen vorfindet. Das führt letztendlich zum Ausfall der Lampen.

Schalter

Mit wenigen Ausnahmen sind moderne Schalter geschlossen, nicht zerlegbar, daher kann man sie auch nicht reparieren. Das einzige Heilmittel für einen defekten Schalter besteht darin, ihn abzuschrauben und einen neuen zu montieren. Eine Behandlung mit wasserverdrängendem Sprühmittel ein- bis zweimal jeden Winter hilft, die Schalter funktionsfähig zu erhalten.

Um die beweglichen Kontakte im Zündschalter zu schmieren, träufelt man in regelmäßigen Abständen etwas dünnflüssiges Öl am Zündschlüssel hinein. Im Winter, wenn der Schalter zum Einfrieren neigt, sollte man eines jener Sprays verwenden, die zum Schmieren von Schlössern angeboten werden. Falls das nicht hilft, sprüht man den Zündschlüssel leicht mit Auto-Defrosterspray ein und beugt damit dem Einfrieren des Zündschlosses vor. Vorsicht, daß die Lackierung kein Defrosterspray abbekommt, sonst können beträchtliche Lackschäden entstehen. Auch wird man den mit Schmiermittel behandelten Zündschlüssel nicht dreckig in die Tasche stecken, sondern ihn vorher abwischen.

Fahrwerk, Räder und Bremsen

Für einen ›Do-it-yourself‹-Mechaniker bleiben die Reparaturmöglichkeiten am Fahrwerk beschränkt auf die Bremsen, Lenkkopflager, die Vorderrad-Gabel, die Schwingenlager der Hinterradschwinge, Radlager, Stoßdämpfer-Austausch und auf untergeordnete Zusatzaggregate. Größere Reparaturen wie Rahmenrichten oder Räder einspeichen müssen dem Fachmann überlassen bleiben.

Überholung von Scheibenbremsen

Obwohl die Motorräder auf dem deutschen Markt gegenwärtig größtenteils mit japanischen Scheibenbremsen ausgerüstet sind, stammen diese Bremsen eigentlich ursprünglich von der britischen Firma Girling und werden unter Girling-Lizenz hergestellt. Die heute gebräuchlichsten Haupttypen haben – ausgenommen solche an Maschinen aus europäischer Produktion – Bremssättel mit nur einem Bremskolben; einer der beiden Bremsbeläge (Bremsklötze) wird durch den Druck des Kolbens gegen die Bremsscheibe gepreßt, während der andere Bremsbelag durch das Ausweichen des schwimmend oder drehbar gelagerten Bremssattels als indirekte Folge des Kolbendrucks an die Scheibe gebracht wird. Einige leichte Motorräder besitzen Scheibenbremsen, die über Seilzug betätigt werden.

Es gibt keinen Grund, für Arbeiten an den Bremsen vorher das hydraulische System zu entleeren, es sei denn, der Bremskolben muß zwecks Montage eines neuen Dichtrings ausgebaut werden. Wenn man den Kolben jedoch herausnehmen will, muß die Bremsflüssigkeit vorher herausgepumpt werden; dabei geht man genauso vor, wie es weiter oben schon für den Austausch der Bremsflüssigkeit beschrieben wurde.

Für alle praktischen Zwecke bedeutet ›Bremsen-Service‹ nichts weiter als das Auswechseln der Bremsklötze. Hierfür wird der Bremssattel vom Fahrzeug abgeschraubt – sofern es sich um Schwimmsättel handelt – und, falls man es mit einer Schwenksattelbremse zu tun hat, das Rad ausgebaut. Dann wird das Sattelgehäuse geteilt, und der fest montierte Bremsklotz kann herausgezogen werden.

Beim Schwimmsattel der Suzukis beispielsweise ist der feste Bremsbelag mit einer einzigen Kreuzschlitzschraube befestigt, die von der Innenseite des Sattels (Radnabe) her zugänglich ist. Wenn man diese Schraube herausdreht, kann man den festen Bremsbelag herausziehen. Der verschiebbare Bremsklotzhalter wird nun

Herausziehen eines Sicherungsstiftes für den Bremsbelag. Der Pfeil zeigt auf das Entlüfterventil.

Der Hauptbremszylinder mit dem Ausgleichsbehälter. Achtgeben, damit kein Schmutz hineingelangt.

ganz nach innen geschoben, und man gewinnt genügend Platz, um den äußeren, beweglichen Bremsklotz herauszuziehen.

Falls der Kolben ausgebaut werden muß, wird zuerst das Hydrauliksystem entleert und der Leitungsanschluß des flexiblen Bremsschlauchs abgeschraubt, so daß die komplette Bremse vom Fahrzeug abgenommen werden kann. Dann werden die Bremsklötze demontiert. Als nächstes werden die beiden Führungsbolzen gelöst, auf denen der verschiebbare Bremsbelaghalter sitzt; der Halter wird nun verschoben, um Platz für den Zugang zur Kolben-Staubkappe zu gewinnen. Da der Kolben ringsum genutet ist, kann man ihn mit zwei Schraubendrehern aus dem Zylinder heraushebeln. Zuletzt wird der Bremsbelaghalter abgenommen. Falls sich ein Kolben als hartnäckig erweist, kann man auch die Hydraulikleitung wieder anschließen und ihn einfach herauspumpen.

Die Yamaha-Viertakter besitzen im allgemeinen eine Bremse mit keilförmigen Bremsklötzen, im Gegensatz zu den runden der Suzuki. Auch an dieser Bremse ist der innere, feste Bremsklotz mit einer Kreuzschlitzschraube befestigt; um jedoch die Klötze herausnehmen zu können, muß zuerst noch die Schraube, mit der der Deckel auf dem Bremssattelgehäuse fixiert ist, gelöst werden. Dann kann man den Deckel abnehmen, und die Klötze liegen frei für den Ausbau. Wiederum sind das auch hier die Arbeitsschritte, die ohne Ablassen der gesamten

Bremsflüssigkeit und ohne Abschrauben des kompletten Bremssattels möglich sind. Nachdem dies geschehen ist, kann man auch den Kolben ausbauen: Die Staubkappe abnehmen, die mit einem Drahtsprengring befestigt ist, und dann den Kolben heraushebeln.

An den jüngsten Honda-Modellen wird eine recht ähnliche Bremse verwendet. Hier ist der Deckel mit zwei Schrauben gehalten, und das Gehäuse gleitet auf Führungsstiften, die mit Gummimanschetten geschützt sind. Die Bremsklötze sitzen, in einer Nut geführt, im Gehäuse und sind keilförmig.

Die früheren Honda-Schwenksattelbremsen hatten runde Bremsklötze. Diese Klötze werden im Gehäuse durch einen Splint gehalten. Zum Austauschen dieser Beläge müssen die beiden Schrauben, mit denen die äußere (mit Bremszylinder versehene) Hälfte des Bremssattelgehäuses am Bremssattelträger verschraubt ist, gelöst und die innere Hälfte abgenommen werden. Der Bremsbelag kann herausgezogen werden, wenn man den Splint gelöst hat. Der äußere Belag läßt sich entweder bei ausgebautem Rad und ausgebauter innerer Bremssattelhälfte herausziehen, oder man löst den Bremssattelträger vom Gabelholm, indem man die zugehörige Schwenkachse und die Einstellschrauben ausbaut. Die weitere Demontage ist ähnlich wie bei den anderen in diesem Kapitel beschriebenen Bremsen.

Wenn man einen Kolben ausgebaut hat, muß er gründlich in Spiritus oder frischer Bremsflüssigkeit gewaschen werden. Ebenso muß man mit der entsprechenden Bohrung des Bremszylinders verfahren. Beim Wiedereinsetzen eines Kolbens und der Dichtungen muß beides auch mit sauberer Bremsflüssigkeit geschmiert werden. Es darf kein anderes Schmiermittel verwendet werden.

Um festzustellen, ob die Teile weiterhin verwendungsfähig sind oder nicht, sollten sie mit Hilfe von Mikrometern vermessen werden. Hier sind die Toleranzen sehr eng. Der Suzuki-Bremszylinder hat beispielsweise einen Nenndurchmesser von 42,85 mm; die Verschleißgrenze liegt bei 42,89 mm. Der Standarddurchmesser des Kolbens ist 42,82 mm, seine Verschleißgrenze liegt bei 42,77 mm.

Falls der Kolben im Zylinder belassen wurde, aber neue Bremsklötze eingesetzt werden sollen, muß man ihn in die Zylinderbohrung zurückdrücken, damit man genügend Platz für die neuen Beläge erhält. Dadurch wird Bremsflüssigkeit in den Ausgleichsbehälter zurückgedrängt, der, wenn man nicht aufpaßt, dann überlaufen kann. Der Trick besteht darin, den Kolben nur zum Teil hineinzuschieben und etwas Bremsflüssigkeit aus dem Behälter abzusaugen. Das geht am einfachsten mit einem kurzen Stück Plastikschlauch, den man mit dem einen Ende in die Bremsflüssigkeit eintaucht. Wenn man oben den Daumen drauf hält, wird eine Flüssigkeitssäule im Schlauch festgehalten, die man dann leicht umfüllen kann. Falls notwendig, wiederholt man das so oft, bis der Kolben auf dem Grund des Bremszylinders sitzt. An einer Doppelscheibenbremsanlage muß währenddessen der zweite Kolben mit einem Keil gesichert werden, der anstelle der Bremsscheibe zwischengelegt wird, weil der Kolben sonst herausgedrückt wird.

Es ist üblich, die neuen Bremsbeläge vor dem Einsetzen an ihren Grundplatten mit weißem Bremsschlüsselfett leicht einzufetten, und zwar an den Stellen, mit denen sie am Bremssattelgehäuse und am Kolben anliegen. Dies soll Quietschgeräusche verhindern. Mit diesem Fett muß sparsam umgegangen werden und es ist streng darauf zu achten, daß die Reibflächen der Bremsbeläge damit keinesfalls in Berührung kommen. Bei den Suzukis muß nur der feste Bremsbelag gefettet werden.

Danach werden die Bremsen entlüftet. An den Honda-Schwenksattelbremsen muß die Einstellung so vorgenommen werden, daß zwischen Bremsscheibe und innerem Bremsklotz 0,15 mm Spiel bleibt.

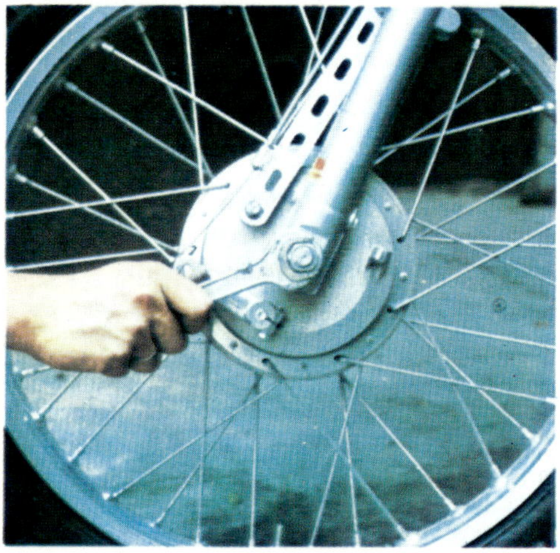

Zum Überholen von Trommelbremsen muß zuvor das Vorderrad ausgebaut werden.

Hauptbremszylinder

Normalerweise ist die Demontage des Hauptbremszylinders im ›Do-it-yourself‹-Verfahren nicht zu empfehlen. Gewöhnlich braucht man dazu eine rechtwinklig gebogene Sicherungsringzange mit langen Spitzen, und die Toleranzen für die Passungen der Teile sind sogar noch enger als die des Radbremszylinders.

Die Arbeitsweise beim Zerlegen, Prüfen und Wiederzusammenbauen ist bei den meisten Hauptbremszylindern ähnlich. Ein Innen-Sicherungsring, der nach Ausbauen des Handbremshebels zugänglich ist, muß zuerst herausgezogen werden. Dann können der Kolben, das Bodenventil, die Druckfeder und die Primärmanschette herausgenommen werden, oder – falls sie hängen – mit einem Weichholzstift vorsichtig von der anderen Seite her herausgedrückt werden.

Nun kann die Zylinderbohrung überprüft werden – bei der Suzuki GS 400 beträgt der Nenndurchmesser 14 mm; die Verschleißgrenze ist bei 14,05mm erreicht. Die Toleranzen für den Kolben sind sogar noch enger – Nenndurchmesser ist 13,96 mm und das Verschleißmaß ist 13,94 mm. Solche Werte machen deutlich, warum es so wichtig ist, die Paßflächen der Hydraulikteile auch vor dem kleinsten Kratzer zu bewahren. Beim Umgang mit der Hydraulik braucht man eigentlich Arbeitsbedingungen, die denen eines Laboratoriums ähnlicher sind als denen einer Werkstatt.

Zur Montage müssen die Teile gründlich mit frischer Bremsflüssigkeit geschmiert werden; zur Einführung in den Zylinder muß der Kolben unter Verwendung einer – selbstverständlich neuen – Primärmanschette vormontiert werden. Wenn die gesamte Einheit in ihre endgültige Lage gebracht ist, wird der Sicherungsring eingesetzt und nachgeprüft, ob er in seiner Nut auch richtig sitzt, indem man ihn einige Male hin und her dreht. Wie bei allen Sicherungs- und Sprengringen muß hier ein neuer verwendet werden.

Die Bremsbacken müssen zuerst auseinander gezogen werden, bevor man sie abnehmen kann.

Überholen von Trommelbremsen

Im Vergleich mit hydraulischen Scheibenbremsen sind mechanisch betätigte Trommelbremsen einfach zu überholen. Die Demontage ist leicht – wenn man das Rad herausnimmt, läßt sich die Bremsträgerplatte zumeist ungehindert abnehmen. Allerdings gibt es auch welche, die mit Schrauben an einer Hilfsachse befestigt sind.

Um die Bremsbacken zu wechseln, braucht man sie nur – gegen den Zug der Rückholfedern – auseinanderzuziehen, bis sie sich vom Bremsnocken auf der einen Seite und vom Lagerbolzen auf der anderen Seite lösen lassen.

Sobald die Bremsbacken abgenommen sind, sollte man nicht die Gelegenheit versäumen, die Bremsnockenwelle zu fetten. Einfach die Verschraubung des Bremsnockenhebels lösen – er ist gewöhnlich geschlitzt und mit einer Klemmschraube versehen – und die Welle auspressen. Der Hebel ist eventuell mit Scheiben unterlegt – in

Bei Modellen mit Kugellagern aufpassen, daß keine der Lagerkugeln bei der Demontage verlorengeht.

Der obere Lagerring muß aus seinem Sitz ausgetrieben werden.

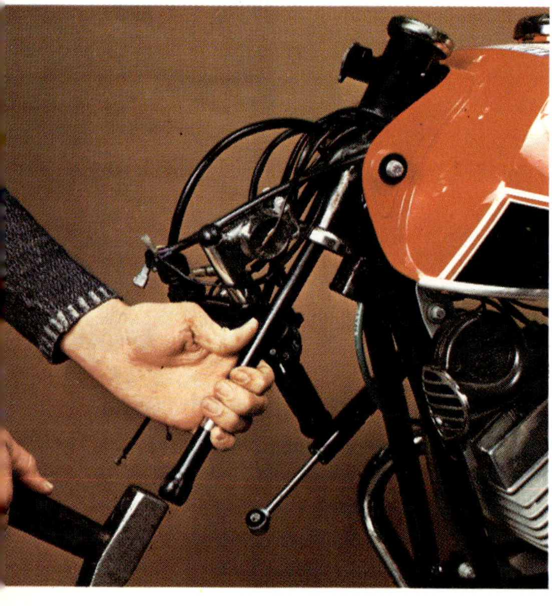

Beim Wiederzusammenbau sollten die Lagerkugeln in ein Fettpolster eingelegt werden.

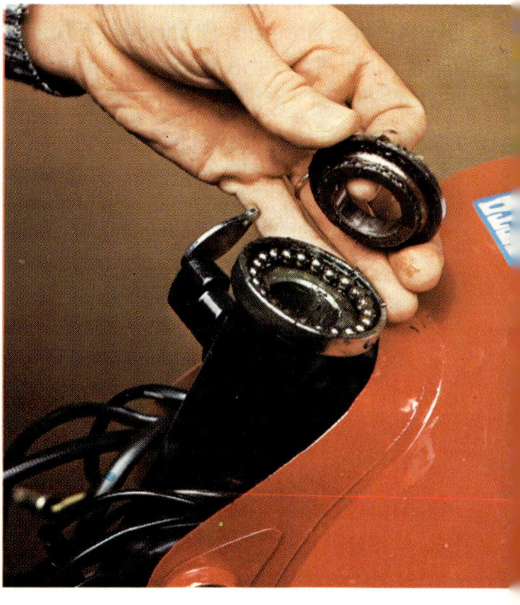

ben. Bei Kugellagern sitzt ein unterer Lagerring auf der unteren Gabelbrükke. Wo Kegelrollenlager verwendet werden, trägt die untere Gabelbrücke stattdessen den Lagerinnenring und die käfiggeführten Kegelrollen. In beiden Fällen kann dieser Teil des Lagers gewöhnlich von seinem Sitz abgehebelt und am Lenkrohr nach oben geschoben werden. Ein Paar Reifen-Montierhebel eignen sich am besten als Abzieher.

Zum Einbauen eines Kugellagers überzieht man die Lagerringe dick mit Fett und klebt die Kugeln in dieses Fettpolster hinein. So bleiben sie an ihrem Platz hängen, während die Gabel in den Lenkkopf eingeführt wird. Danach können die Lager auf die übliche Weise eingestellt werden.

Aufschrauben einer Klemmfaust und der Hutmutter oben vor dem Ausbauen eines Lenkkopflagers.

Gabelholme

Zur Inspektion der Vorderradgabel ist es sinnvoller, die beiden Gabelholme jeweils separat zu behandeln, anstatt die komplette Gabel auf einmal auszubauen. Das Vorgehen bei den Suzukis ist hierfür charakteristisch. Die Klemmfäuste der Rad-Steckachse und die Tachowelle müssen gelockert bzw. gelöst werden, um das Rad auszubauen. Dabei müssen – was sehr wichtig ist – zwischen den Bremsklötzen der Scheibenbremse passende Holzstreifen eingelegt werden, um zu verhindern, daß man durch unbeabsichtigtes Betätigen der Handbremse die Kolben aus den Bremszylindern herausdrückt.

Als nächstes sollten die Bremssättel von den Gabelholmen abgenommen – in diesem Fall sind zwei Schrauben pro Sattel zu lösen – und irgendwo festgebunden werden, wo sie nicht stören. Nicht einfach an den Schläuchen hängen lassen – das kann zu Schäden führen.

Wenn das Vorderradschutzblech abgenommen ist, müssen nur noch die Klemmfäuste gelockert werden, um die Gabelholme herausziehen zu können. Zuerst werden die Klemmschrauben der oberen Gabelbrücke gelöst, dann die der unteren. Mit stetigem Zug müßte sich der Gabelholm nach unten herausziehen lassen; der Scheinwerfer bleibt dabei in seiner Halterung. Falls die Scheinwerferhalterung mit der Gabelrohrverkleidung (Hülsen) kombiniert ist, lassen sich die Gabelholme ebensogut herausziehen; die Verkleidungshülsen bleiben dabei zwi-

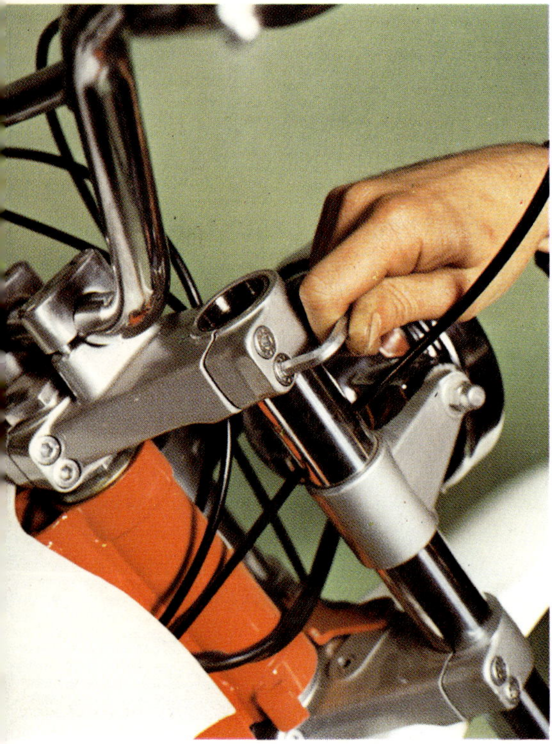

Die Gabelholme werden herausrutschen, sobald die Klemmschrauben der Gabelbrükken gelöst sind.

schen den beiden Gabelbrücken eingeklemmt.

Will man einen Gabelholm zerlegen, muß zuvor das Dämpferöl abgelassen werden. Die Suzukis haben dafür eine Ablaßschraube direkt oberhalb der Steckachse. Honda verzichtet im allgemeinen auf eine besondere Ablaßbohrung; stattdessen wird die obere Einfüllöffnung des Gabelholms zum Ausgießen der Dämpferflüssigkeit verwendet. Allerdings gibt es noch die zweite Möglichkeit, das Öl durch die Bohrung der tief versenkten Innensechskantschraube abzulassen, die im unteren Ende des Gabeltauchrohrs sitzt, etwas oberhalb der Steckachse. Hier muß man jedoch aufpassen, da diese Schraube das komplette Tauchrohr festhält. Um das Öl abzulassen, genügt es, die Schraube nur zu lockern.

Demontage der Gabelholme

Auch hier kann Suzuki wieder als Beispiel dienen, obgleich das Zerlegen der Gabelholme, ebenso wie bei den Kawasakis, Spezialwerkzeuge erfordert. Aus dem ausgebauten und entleerten Gabelholm wird die Feder herausgezogen und dann der Innensechskantschlüssel zum Ausdrehen der im unteren Teil des Tauchrohrs (oder Gleitrohrs) sitzenden Schraube angesetzt. Letztere sitzt tief versenkt; man braucht eine lange Verlängerung und ein Spezialwerkzeug. Sobald die Innensechskantschraube gelöst ist, läßt sich die Dichtmanschette oben am Gleitrohr aus ihrer Nut herausziehen und Standrohr und Gleitrohr können voneinander getrennt werden.

Einige der Kawasaki-Gabeln erfordern nahezu die gleichen Arbeitsgänge; bei anderen ist das Gleitrohr mit einer am oberen Ende sitzenden Bundmutter gesichert. Solche Gabeln werden folgendermaßen zerlegt: das Gabelgleitrohr wird mit dem unteren Ende in einen Schraubstock – gut durch Beilagen geschützt – eingespannt und dann zum Aufdrehen der Bundmutter ein Kettenschlüssel angesetzt.

Eine Telegabel wird man normalerweise nur zerlegen, wenn die Montage neuer Gleitbuchsen oder der Austausch der empfindlichen Öl-Dichtringe fällig ist. Diese Dichtringe sind zumeist mit einem Drahtsprengring gesichert, der sich mit einem Schraubendreher heraushebeln läßt. Dann kann der Dichtring herausgezogen werden. Für diesen Zweck benutzen Profis oft ein speziell dafür konzipiertes Werkzeug, aber da der Dichtring sowieso erneuert werden muß, kann man ihn ohne Bedenken auch mit dem Schraubendreher herausstemmen. Allerdings muß man gebührende Sorgfalt walten lassen, um keine Kratzer in das Leichtmetall-Gleitrohr zu machen. Nachdem der Dichtring abgezogen ist, kann die Gleitbuchse zumeist ohne Schwierigkeiten herausgenommen werden; in hartnäckigen Fällen hilft leichtes Er-

Es kann notwendig sein, die Klemmfäuste leicht aufzustemmen, um die Holme freizubekommen.

An der Gabel dieses Modells wird das Dämpferöl durch die Ablaßbohrung oberhalb der Steckachse entleert.

Bei den Suzukis muß zum Auseinandernehmen von Standrohr und Gleitrohr eine tiefsitzende Schraube mit einem Innensechskantschlüssel gelöst werden.

Dichtringe, die ersetzt werden müssen, können mit einem Schraubendreher herausgehebelt werden; dennoch muß man dabei vorsichtig sein.

wärmen an den betreffenden Stellen. Nun die neue Buchse einsetzen und zum leichteren Einpressen den neuen Öl-Dichtring mit Öl schmieren. Sofern man darauf achtet, daß der Dichtring rechtwinklig zum Gleitrohr angesetzt wird, läßt er sich ohne weiteres mit einem Klotz aus Weichholz in seinen Sitz klopfen.

Den Teil des Standrohrs, auf dem der Dichtring läuft, sollte man überprüfen. Falls der ursprünglich montierte Dichtring an irgend etwas anderem als reiner Altersschwäche gelitten hat, werden als wahrscheinliche Folge davon Spuren auf der Standrohroberfläche zurückgeblieben sein. Unter Umständen ist es möglich, geringfügige Schäden herauszupolieren, andernfalls muß das Standrohr erneuert werden. Der neue Dichtring wird sich sonst an solchen Stellen abschaben und bald tritt wieder Öl aus.

Dieses Standrohr ist zu sehr zerkratzt; es ist durch simples Nachpolieren nicht zu retten.

Gabelfedern

Beim Ausbauen der Federn notiert man sich ihre Einbaulage für den Wiederzusammenbau. Einige Federn haben eine progressive Kennung, um beim tieferen Eintauchen der Gabel ein entsprechend steileres Ansteigen der Federwirkung zu erreichen. Bei solchen Federn liegen die Wicklungen am unteren Ende weiter auseinander und am oberen Ende enger zusammen. An einigen Maschinen sind die Federn stattdessen konisch gewickelt. In diesem Fall gehört der kleinere Durchmesser ans untere Ende. Bei noch anderen ist ein Federnpaar eingesetzt, abgeteilt durch einen Zwischenring. Dadurch entsteht die Wirkung einer progressiven Wicklung. Die kleinere Feder von beiden gehört gewöhnlich nach oben.

Gabelfedern können mit der Zeit erlahmen; die Wicklungen drücken sich zusammen, so daß sich die ungespannte Länge verändert. Man wird also die tatsächliche Länge der Feder messen und mit dem Nennmaß aus dem Werkstatthandbuch vergleichen. Ein Austausch ist üblicherweise dann fällig, wenn die gebrauchte Feder ungefähr drei Prozent weniger ungespannte Länge aufweist als eine neue.

Die Federbeine der Hinterradschwinge

Abgesehen vom Ausbau der Federn und dem Erneuern der Silentblocs in den Stoßdämpferaugen bieten die hinteren Federbeine keine Möglichkeit für ›Do-it-yourself‹-Reparaturen. Um die Federn ausbauen zu können, müssen sie mit Feder-Vorspannern zusammengedrückt werden – diese Werkzeuge haben Ähnlichkeit mit großen Ventilfeder-Spannzwingen. Dann können die oberen Halbschalen, die den

Bevor man die Hinterradschwinge kontrolliert, sollte man die Federbeine ausbauen.

Mit einem abgesetzten Dorn läßt sich die Lagerbuchse herausschlagen

Der Gabelholm in ›explodierter‹ Darstellung ▶

Federteller halten, abgenommen und der Vorspanner langsam entspannt werden, um die Feder freizugeben. Manchmal haben solche Federn eine enorme Vorspannung und können daher mit einer tödlichen Wucht abspringen, wenn man nicht korrekt arbeitet.

Es reicht, wenn man die Stoßdämpfer auf undichte Stellen untersucht. Falls irgendwo Dämpferöl herausgedrückt wird, muß man sie wegwerfen – und die problematische Arbeit der Federmontage bleibt dann dem Händler überlassen, der die neuen Dämpfer liefert.

Hinterrad-Schwingenlager

In früheren Zeiten, aber auch noch an einigen kardangetriebenen Maschinen von heute, war das Schwingenlager als gigantisches Kegelrollenlager ausgebildet. Heute besteht es zumeist aus nichts anderem als einer Achse und Gleitlagerbuchsen. In jedem Fall hat es jedoch eine der wichtigsten Aufgaben zu erfüllen: wenn das Hinterrad-Schwingenlager Spiel hat, übernimmt das Hinterrad die Führung der Maschine – ein entnervendes Fahrerlebnis!

Ein Hinterradfederbein, explodiert dargestellt. In der Praxis ist es jedoch meist unmöglich, ein solches Teil so weit wie hier zu zerlegen. Als Heimwerker baut man nur die Feder aus und montiert sie an einem neuen oder einem als Austauschteil beschafften Stoßdämpfer. ▶

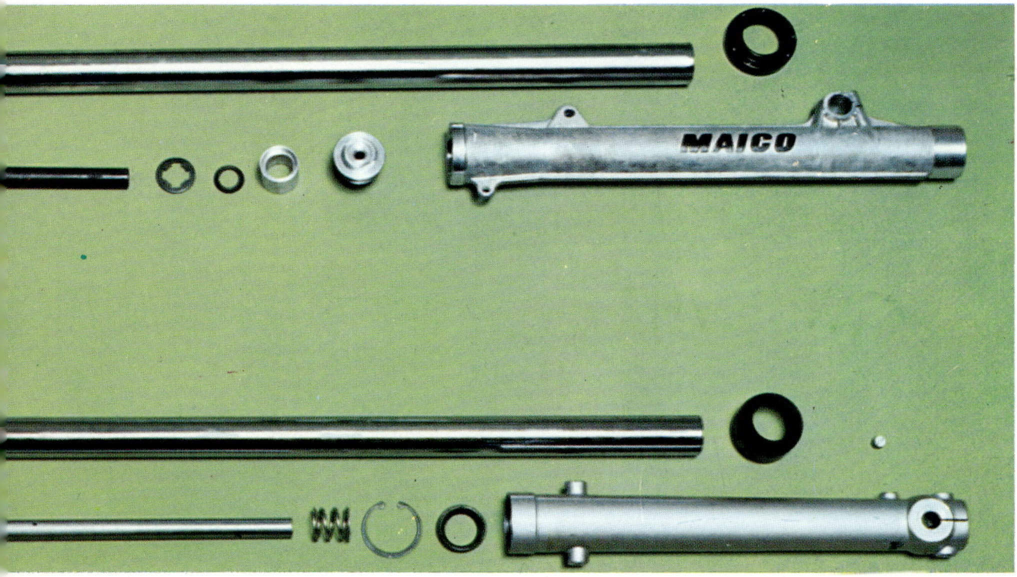
MAICO

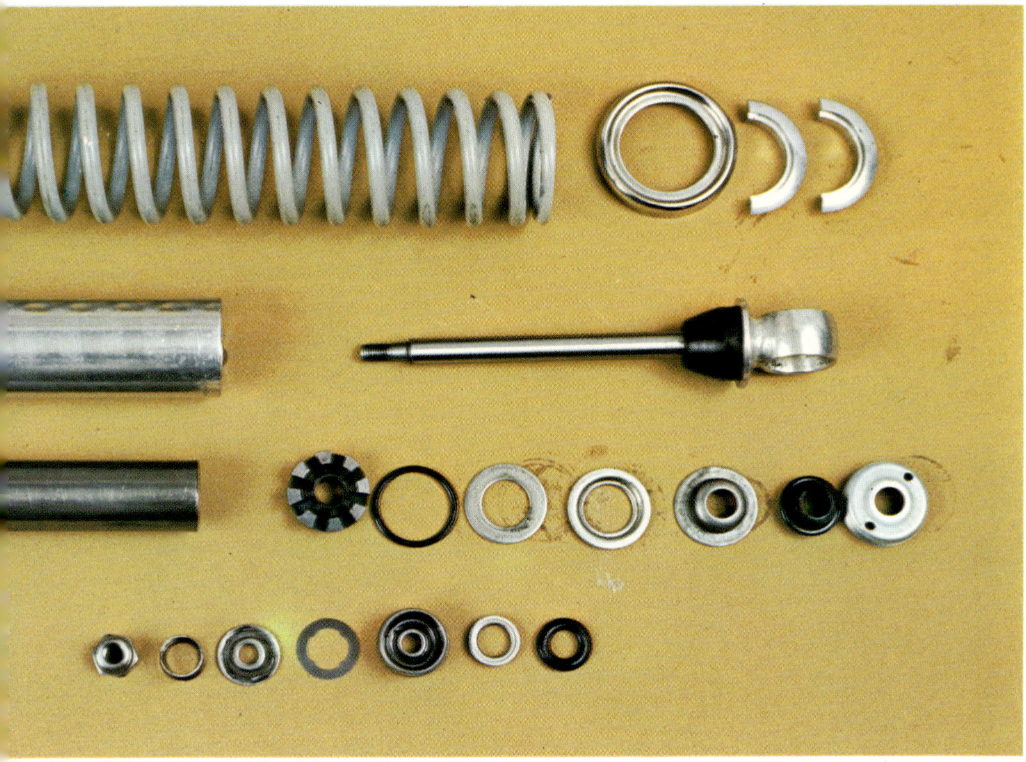

Nachdem die Achse herausgezogen wurde, läßt sich die Schwinge abnehmen.

Hier werden neue Buchsen eingetrieben – eventuell ist Aufreiben erforderlich.

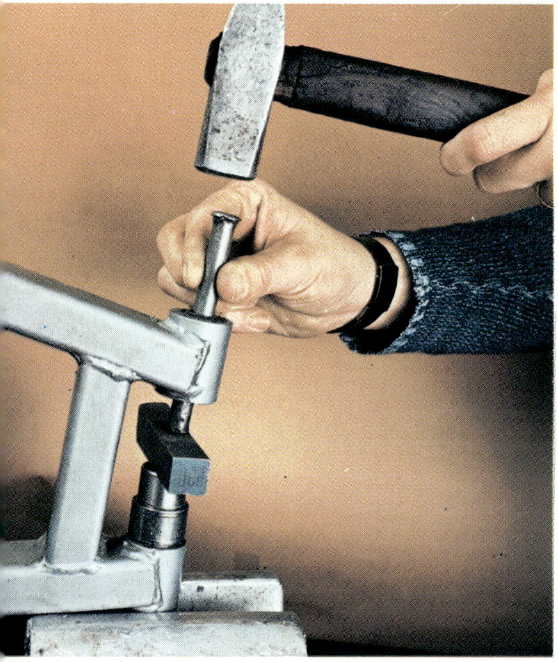

Um diesem Problem vorzubeugen, baut man das Hinterrad, die Federbeine und jedes Teil von der Schwinge ab, das irgendwie hinderlich ist. Nun die Achsmutter lösen und die Schwingenachse mit einem Treibdorn aus Weichmetall herausschlagen.

Die Lagerbuchsen lassen sich mit einem abgesetzten Treibdorn austreiben; man kann sie auch auspressen, und zwar mit einer Unterlegscheibe, einer langen Schraube, einer Mutter und einer Hülse, womit man in einem Arbeitsgang die alte Buchse herausdrückt und die neue einführt. Diese Methode ist anderen vorzuziehen.

Nachdem die neuen Buchsen eingesetzt sind, müssen sie eventuell aufgerieben werden – allerdings gilt dies nicht generell. Außerdem muß die Achse auf Verzug kontrolliert werden; vorzugsweise zwischen Zentrierspitzen und mit Hilfe einer Meßuhr. Als Alternative kann man die Achse aber auch auf einer ebenen Abrichtplatte auflegen und an mehreren Punkten mit einer Fühlerlehre messen. Ein typisches Verschleißmaß für jede Art von Verbiegung oder Verzug ist 0,5 mm.

Reifenwechsel

Aus irgendwelchen Gründen scheint Reifenwechsel eine Arbeit zu sein, die auf einen ›Amateur‹ abschreckend wirkt; und doch ist sie im Grunde ganz einfach. Um einen Reifen abzunehmen, baut man das Rad aus und legt es flach auf den Boden. Nun schraubt man den Ventileinsatz heraus und stellt sich mit dem ganzen Gewicht seitlich auf den Reifen. Dann tritt man den Reifenwulst ringsherum vom Felgenhorn los und stößt ihn regelrecht nach unten ins Felgenbett hinein.

Jetzt die Ringmutter am Ventil losdrehen und etwas Seifenwasser rings um die gegenüberliegende Seite des Reifens verteilen, damit sie sich später leichter lösen läßt. Nun beginnt man, den bereits losgetretenen Reifenwulst mit Montierhebeln hochzustemmen. Man fängt direkt am Ventil an und schiebt die beiden Montierhebel im Abstand von etwa 300 mm unter. Wenn man nun beide Hebel zugleich herunterdrückt, wird ein Stück Wulst über die Felge rutschen. Jetzt nimmt man einen der Hebel heraus, schiebt ihn ungefähr 150 mm weiter und setzt ihn erneut an. Damit stemmt man nun das nächste Stück Wulst über die Felge, hält ihn fest und zieht den anderen Hebel heraus. Diesen setzt man nun seinerseits um 150 mm in der anderen Richtung neu an, drückt ihn nieder und arbeitet sich immer in gleichen Abständen abwechselnd vor. Auf diese Weise werden die beiden Hebel nach beiden Seiten jeweils ›auf Überschlagen‹ immer wieder neu angesetzt, bis man den Reifenwulst zur Hälfte über die Felge gezogen hat. Nun sollte sich der Reifen von Hand abziehen lassen.

Den Schlauch nun so weit herausziehen, bis er nur noch am Ventil hängt, dann das Ventil ins Loch drükken, bis es frei ist.

Die bis hier beschriebene Prozedur reicht für die Reparatur eines ›Plattens‹ aus, aber für einen Reifenwechsel muß man natürlich den ganzen Reifen abnehmen, wofür man erneut die Montierhebel zur Hand nehmen muß. Wie oben beschrieben tritt man auch den zweiten Reifenwulst los, schiebt die beiden Hebel von innen her darunter und stützt sie auf dem gegen-

Durch Draufstellen löst sich der Reifenwulst von der Felge.

Reifenmontierhebel sollten im Abstand von etwa 300 mm angesetzt werden.

überliegenden Felgenhorn ab. Mit einigen herzhaften Stößen auf die Hebel müßte sich ein Stück von etwa 400 mm Wulst hochstemmen und über die andere Seite abziehen lassen. Ein wiederholtes Ansetzen jedes Hebels jeweils 100 mm weiter sollte den Reifen weit genug lösen, um auch den Rest abziehen zu können. Mit einer Hand packt man den Reifen dort, wo er bereits vom Rad gelöst ist. Mit der anderen Hand faßt man das Rad und zieht es zu sich hin, während man den Reifen vom Körper wegdrückt.

Den Zustand des Felgenbandes kontrollieren – heute zumeist in Form eines Gummirings – und das Band zwecks Reinigung der Felgeninnenseite abnehmen. Losen Rost abbürsten und auf überstehende Speichenenden achten. Solche Speichenenden lieber abschleifen, bevor sie Löcher im Schlauch verursachen können. Das Felgenband wieder einlegen, wenn es in gutem Zustand ist; es ist riskant, ein eingerissenes Band wiederverwenden zu wollen. Man bedenke, daß einzig das Felgenband ein Eindringen der Speichenenden in den Schlauch verhindern kann.

Zur Montage des neuen Reifens zuerst die Reifenwülste gründlich einschmieren. Das macht man am besten mit Seifenwasser, obgleich man auch reines Geschirrspülmittel oder ein handelsübliches Reifenschmiermittel verwenden kann. Aufpassen, in welcher Laufrichtung der Reifen aufgezogen werden muß. Mit Sicherheit hat er einen eingeprägten Pfeil, der die Drehrichtung angibt, und das kann je nach Verwendung des Reifens für das Hinter- oder Vorderrad differieren. Der Richtungspfeil dient dazu, zu zeigen, wie herum der Reifen am längsten hält, da ja die Wirkung des Profils in beiden Richtungen gleich gut ist.

Den Reifen zieht man wiederum auf das flach auf dem Boden liegende Rad auf. Jene Stelle des Reifens, die unmittelbar am Ventil plaziert werden muß, ist üblicherweise mit einem Farbfleck markiert; dieser wird genau mit dem Ventil in Übereinstimmung gebracht, um die Unwucht auszugleichen.

Nun pumpt man den Schlauch gerade so stark auf, daß er seine erkennbare Form annimmt und führt das Ventil in seine Bohrung ein. Die Felgenmutter dreht man nur einige Gewindegänge drauf, so daß das Ventil nicht wieder zurückrutschen kann, und fädelt dann den Schlauch ringsherum unter den Reifen, Stück für Stück abwechselnd in jeder Richtung. Nachprüfen, ob er auch nirgends verdreht ist oder zusammengeknüllt liegt.

Jetzt beginnt man, den Reifen gänzlich über die Felge zu ziehen. An dem immer noch flachliegenden Rad fängt man genau an der dem Ventil gegenüberliegenden Seite an, den Reifenwulst ins Felgenbett zu ziehen. Dazu nimmt man beide Hände, aber keine Reifenmontierhebel. Zeigt sich der Reifen widerspenstig, gibt man ihm etwas mehr Schmiermitttel.

Nun geht man wieder abschnittweise, immer in 150 mm Abständen vor und fährt damit fort, die Reifenwülste über das Felgenhorn zu drücken. Wenn man sich dabei wieder akkurat nach beiden Seiten hin abwechselnd vorarbeitet, wird zum Schluß ein vielleicht 600 mm langes Wulststück übrigbleiben, das im Bereich des Ventils quer über das Rad hinweg straff gespannt liegt.

Manche Mechaniker sind in der Lage, auch dieses letzte Stück von Hand hinüberzuziehen, aber es ist durchaus erlaubt, stattdessen zwei Montierhebel zu benutzen, vorausgesetzt, es wird ordentlich gemacht. Nachdem man dem Wulst eine wirklich großzügige Portion Schmiermittel – mit einem Lappen aufgetragen, damit wirklich der ganze Wulst bedeckt wird – spendiert hat, setzt man an jeder Seite einen Hebel an. Dann drückt man das Ventil nach innen, bis es an der Felgenmutter anschlägt. Dadurch wird der Schlauch gänzlich von der Felge abgehoben. Nun das Ventil in dieser Stellung festhalten und einen der Montierhebel anheben. So müßte ein weiteres Stück Wulst über die Felge rutschen. Dann den zweiten Hebel hochziehen, und es bleiben nur noch 300 mm Wulst übrig. Jetzt die Hebel herausnehmen, den Reifen von der anderen Seite her fassen und ruckartig zum eigenen Körper hin ziehen. Er müßte nun hineinrutschen. Andernfalls setzt man nochmal einen Hebel an und zieht ihn hoch, während das Ventil immer noch eingedrückt bleibt.

Nun zieht man das Ventil heraus, dreht die Felgenmutter fest und pumpt den Reifen auf ungefähr 3,5 bar (45 – 50 psi) auf, damit der Reifen fest

Hier wird der Schlauch herausgezogen, wobei das Ventil bis zuletzt drinbleibt.

angepreßt wird. Darauf achten, daß die ringsum im Reifen eingeprägte Kennlinie konzentrisch zur Felge liegt. Falls das nicht hinhaut, kriegt man ein ovales statt ein rundes Rad. Man kann das jedoch leicht korrigieren, indem man die Luft noch einmal abläßt, die Felgenmutter nochmals bis oben zur Ventilöffnung losdreht, das Ventil so weit wie möglich hineindrückt und den Reifenwulst erneut einschmiert. Durch nochmaliges Aufpumpen auf 3,5 bar müßte sich der Reifen richtig ›setzen‹.

Wenn die Kennlinien auf beiden Seiten konzentrisch liegen, reduziert man den Reifendruck auf den vorgeschriebenen Wert. Die Felgenmutter festziehen und die Kappe aufschrauben. Sie ist mehr als nur ein Staubschutz; man erinnere sich: sie dient auch als Dichtung für den Notfall, falls der Ventileinsatz versagen sollte.

Bei der Wiedermontage des Reifens muß man aufpassen, daß der Schlauch nicht eingeklemmt wird.

Schlauchlose Reifen

Bei schlauchlosen Reifen braucht man sich um das Ventil keine großen Gedanken zu machen; es gibt keinen Schlauch, den man vor dem Eingeklemmtwerden bewahren müßte. Allerdings bringen sie ihre besonderen Probleme mit sich in Form eines außerordentlich festen und dichten Sitzes auf Felgen, die ihrerseits hochempfindlich gegen Beschädigung sind.

Man geht genauso vor wie oben dargestellt, muß aber sorgsam darauf achten, daß die Reifenwülste gründlich geschmiert werden. Die Sitzflächen auf der Felge müssen sehr gewissenhaft gereinigt werden, bevor man einen neuen Reifen aufzieht. Reifen-Montierhebel sollten zurückhaltend verwendet werden – am besten überhaupt nicht; wahrscheinlich ist das jedoch eine unerfüllbare Forderung.

Ein schlauchloser Reifen verlangt am Anfang auch ein sehr kräftiges Aufpumpen, damit er sich fest genug gegen die Felge preßt, um Druck aufbauen zu können; das bedeutet, die Reifenwülste müssen mit Hilfe einer Werkstatt-Preßluftleitung auseinandergespreizt werden. Eine traditionelle Selbsthilfemethode besteht darin, ein Seil entlang des Reifenumfangs zu legen und mit Hilfe eines eingeschobenen Knebels wie eine Abbindschlinge (ähnlich wie bei der Ersten Hilfe) zu benutzen. Damit werden nun die Wülste seitlich angepreßt, während man – hoffentlich – mit einer PKW-Fußluftpumpe genügend Druck erzeugen kann.

Fachbegriffe

Alternator. Im allgemeinen ›Wechselstromlichtmaschine‹ genannt. Er erzeugt Wechselstrom, der zum Aufladen der Batterie zu Gleichstrom gleichgerichtet werden muß.

Anker. Der Rotor, der bei Lichtmaschine oder Anlasser (herkömmlicher Bauart) die Wicklungen trägt. In einem Relais ist der Anker das Teil, welches vom Magneten angezogen wird und den Kontakt schließt.

Anlaufscheibe. Eine maschinell präzise gefertigte Scheibe aus unterschiedlichen Werkstoffen; soll an axial belasteten rotierenden Teilen die Reibung herabsetzen.

Antriebsstoßdämpfer. In die Kraftübertragung eingebautes System, bestehend aus metallenen Mitnehmerrippen und Gummielementen, zur Dämpfung von Lastwechselstößen unter geringer Belastung. An wellengetriebenen Maschinen häufig ergänzt durch einen Knaggen-Stoßdämpfer (zwei axial ineinandergreifende, durch Federkraft gegeneinandergepreßte Kurvenscheiben).

Arbeitsbühne. Erhöhte Arbeitsfläche, auf welche das Fahrzeug für Wartungsarbeiten über eine Rampe hinaufgeschoben werden kann.

Axialspiel. Das in Achsrichtung gemessene seitliche Spiel einer im Gehäuse eingebauten Welle, z. B. der Kurbelwelle oder einer Getriebewelle.

Bar. Maßeinheit für atmosphärischen Druck im ›Système Internationale‹.

Bohrung. Innere Lauffläche eines Zylinders. Üblicherweise bezogen auf den Zylinder des Motors, beispielsweise aber auch auf den Hauptbremszylinder. Wird auch zur Bezeichnung des Nenndurchmessers (in mm) des Zylinders verwendet.

Buchse. Teil eines Gleitlagers, gewöhnlich aus einem Weichmetall wie Phosphorbronze. ›Blinde‹ Buchsen sind an einer Seite geschlossen (Büchsen).

›ccm‹ oder ›cm³‹. Abkürzung für Kubikzentimeter; die Maßeinheit, in der – ausgenommen in den USA – das Hubvolumen eines Zylinders angegeben wird.

Dämpfer. Hydraulische Vorrichtung in Verbindung mit einer Federung, ermöglicht leichtes Ansprechen der Feder auf Stöße, verlangsamt aber das Zurückfedern und verhindert damit, daß das Federungssystem in Schwingungen gerät. Die Bezeichnung ›Dämpfer‹ kann sich aber auch auf den Antriebsstoßdämpfer beziehen (s. o.).

Dichteprüfer. Meßgerät zur Ermittlung der Dichte von Flüssigkeiten. Am Motorrad meist nur zur Messung der Säuredichte der Batterie verwendet; wird jedoch auch zur Feststellung der Frostschutzmittelkonzentration im Kühlmittel von wassergekühlten Maschinen benötigt.

Drahtspeichenrad. Rad, dessen Felge mit Drahtspeichen und Nippeln mit der Radnabe verbunden ist.

Drehmomentschlüssel. Eine Art Steckschlüssel, an welchem das anliegende Anzugsmoment entweder per Zeiger angezeigt wird, oder bei dem das Moment an einer Ratsche vorgewählt wird, die bei Überschreitung durchdreht.

Drehschiebereinlaß. Eine zumeist dünne Scheibe aus Federstahl oder Kunststoff an Zweitaktmotoren, die mit der Kurbelwelle rotiert. Sie öffnet und schließt den Einlaßkanal am Kurbelgehäuse.

Elektrode. Bei der Zündkerze entweder die Mittelelektrode, oder aber die seitlich angebrachte Masseelektrode, auf die der Zündfunke überspringt.

Elektrolyt. Die mit destilliertem Wasser verdünnte Schwefelsäure einer Motorrad-Bleibatterie.

Endrohr. Das Endstück einer Auspuffanlage, aus dem die Abgase austreten. Es ist häufig abnehmbar, damit Ökohleablagerungen besser beseitigt werden können.

Entkoken. Andere Bezeichnung für Entkohlen; die in regelmäßigen Abständen notwendige Entfernung von Ölkohle von Kolbenboden, Brennraum, Auslaßkanälen und Auspuffanlage.

Entlüftungsventil. Kleines Ventil in einem hydraulischen System, durch welches Luft oder Flüssigkeit per Hebel- oder Pedaldruck ausgepumpt werden kann.

Filter. Als Ölfilter zumeist in Form einer auswechselbaren Patrone; dient dazu, Schmutzstoffe im Schmiermittel aufzufangen. In manchen Maschinen erfolgt die Ölfilterung mit Hilfe einer Schleudervorrichtung, die die Schmutzteilchen in Auffangkammern abschleudert. Als Luftfilter besteht das Filter entweder aus einem trockenen Papier- oder Kunststoffeinsatz oder aus einem ölgetränkten Drahtsieb, mit welchem Staubpartikel festgehalten werden sollen.
Als Benzinfilter: ein Sieb, welches größere, feste Schmutzteilchen am Durchfluß hindern soll; manchmal auch mit einem Schwerkraftabscheider versehen, in dem das durchfließende Benzin die festen Schmutzteilchen zurückläßt.

Gabelbrücke. Das Verbindungsteil an der Telegabel, welches die Gabelholme und das Gabelschaftrohr aufnimmt. Es wird jeweils eine obere und eine untere Gabelbrücke verwendet.

Gabeljoch. Siehe ›Gabelbrücke‹.

Gabelkopf. Ein U-förmiges Verbindungsstück, mit dem ein Betätigungshebel o. ä. gefaßt werden kann. Als Befestigungs- und Drehpunkt dient ein Gabelkopfbolzen. Typische Beispiele sind die Gelenkverbindungen am Bremsgestänge bzw. -seilzug und der Kupplungs-Ausrückhebel.

Gabel-Ringschlüssel. Schraubenschlüssel mit einem gabel- und einem ringförmigen Ende.

Gabelschlüssel, Maulschlüssel. Schraubenschlüssel mit abgewinkeltem, offenem Greifmaul.

Getriebehauptwelle. Die Welle im Getriebe, die entweder direkt von der Kurbelwelle oder über eine Zwischenwelle angetrieben wird.

Gleitlager. Lager, welches entweder aus einschichtigem, weichem Buntmetall maschinell gefertigt ist, oder aber in Schalenform aus mehreren Schichten besteht, z. B. mit einer weichen Lagermetall-Lauffläche auf einer Stahlschicht. Bei einigen Maschinen laufen die Lagerzapfen der Welle in schalenlosen Lagerstellen.

Gleitrohr. Der untere, bewegliche Teil einer Teleskopgabel.

Graphit. Fester Schmierstoff; läßt sich provisorisch herstellen, indem man eine Bleistiftmine abreibt. In Pulverform erhältlich.

Hakenschlüssel. Schlüssel für Ringmuttern oder Gewinderinge, die seitlich keine Sechskant-Schlüsselflächen haben, sondern genutet sind.

Halbschalen-Gleitlager. Besteht aus Lagerschalen mit einer Basis aus Stahl, auf welche Weißmetall als Lagerlauffläche aufgetragen ist. Als Lagerung für Kurbelzapfen und Pleuelzapfen weitverbreitet, für Zweitaktmotoren jedoch aufgrund der spezifischen Schmierungsprobleme ungeeignet.

Hilfsrahmen. Der hintere Teil des Motorradrahmens, der zumeist die Halterung bildet für die Sitzbank und das Hinterradschutzblech und darüberhinaus die obere Abstützung für die Federbeine übernimmt.

HKZ-Zündung. Hochspannungs-Kondensatorzündung; elektronisches Zündsystem, welches ohne Unterbrecherkontakte auskommt und stattdessen mit Halbleiterbauteilen (z. B. Thyristoren) arbeitet.

Innensechskantschlüssel. Ein kleiner, gebogener Stiftschlüssel mit sechseckigem Querschnitt zur Verwendung an Innensechskantschrauben.

Innensechskantschraube. Schraube, deren Kopf ein Loch mit Sechskantprofil trägt.

Kabeltülle. Ring aus Neopren oder ähnlichen Materialien zum Schutz von Kabeln oder Bowdenzügen an Stellen wo sie durch die Wandung eines Gehäuses o. ä. durchgeführt werden.

Kanäle. Die Öffnungen, durch die das Kraftstoff/Luft-Gemisch überströmt, bzw. angesaugt oder – nach Verbrennung – ausgestoßen wird.

Kegelradantrieb. Wird zur rechtwinkligen Umlenkung einer Kraftübertragung verwendet. Ein konisches Antriebskegelrad steht mit einem größeren, flachen Tellerrad im Eingriff, beide mit gleichen Zahnprofilen. Bildet bei wellengetriebenen Motorrädern den Endantrieb.

Kettenrad. Zahnrad, auf welches die Kraft über eine Kette übertragen wird.

Kettenspannschrauben. Die beiden Zugschrauben, mit deren Hilfe die Hinterradachse nach hinten gezogen wird, um die Spannung der Hinterradkette zu regulieren. Sie sind mit Kontermuttern versehen.

Kolbenboden. Die Oberfläche des Kolbens, die zusammen mit der Innenfläche des Zylinderkopfs den Brennraum bildet.

Kolbenbolzen. Meist hohlgebohrter, glatter Bolzen zur Verbindung des Kolbens mit der Pleuelstange; seitlich durch Kolben und Pleuelauge durchgesteckt.

Kolbenhemd. Der untere, zylindrische Teil des Kolbens.

Kompressionsring. Ein einseitig offener Ring, der in einer ringsum in den Kolben gefrästen Nut eingelegt ist. Er dient zum gasdichten Abschluß zwischen Kolben und Brennraum. Bei Zweitaktern wird er durch einen kleinen Steg in der Nut gegen Verdrehen gesichert, damit er mit den Enden nicht in die Kanäle geraten und hängenbleiben kann.

Kondensator. Eine Art elektrischer ›Stoßdämpfer‹, der die Funkenbildung an den Unterbrecherkontakten auf ein Minimum reduziert. Wird auch in HKZ-Zündanlagen zur Speicherung einer elektrischen Ladung verwendet.

Kreuzschlitzschraube. Schraube mit kreuzweise genutetem Kopf. Kann mit dem entsprechenden Kreuzschlitzschraubendreher ein- und ausgeschraubt werden.

Kronenmutter. Auf ihrer Stirnseite mehrfach geschlitzte Mutter. Nach Festziehen der Mutter wird durch einen der Schlitze (der mit einer Bohrung in der Schraube fluchten muß) ein Splint oder Federsplint durchgesteckt, welcher Lockern der Mutter verhindern soll.

Kriechöl. Sehr dünne Schmierflüssigkeit, die Rost durchdringen kann und beispielsweise angerostete Gewindeteile lösen hilft.

Kugellager. Ein reibungsarmes Wälzlager, in dem eine Reihe von Kugeln zwischen einem inneren und einem äußeren Laufring meist von einem ›Käfig‹ geführt laufen.

Kupplungsscheibe. Eine entweder glatte oder mit Reibbelag versehene Scheibe. Beide unterscheiden sich noch in ihrer Antriebsverzahnung, je nach dem, ob sie in der Kupplungsnabe oder der Kupplungstrommel eingreifen. Wenn sie durch die Federn zusammengepreßt werden, werden sie kraftschlüssig. Wenn sie entlastet werden, drehen sich die innen auf der Nabe sitzenden Scheiben zwar immer noch, übertragen jedoch keine Kraft.

Kupplungstrommel. Die Haupttrommel der Kupplung, welche die glatten Kupplungsscheiben, die Reibscheiben und die Kupplungsnabe enthält. Trägt zumeist auch das Primärzahnrad bzw. -ritzel.

Lagerkugel. Einzelne, nicht in einem Käfig gefaßte Stahlkugel.

Lagerzapfen. Der Bereich an einer Welle, der von einem Lager umschlossen wird.

Laufflächenprofil. Das in die Reifenlauffläche eingeschnittene Muster; es dient u. a. zur Wasserableitung.

Lenkkopf. Der zylindrische Teil des Rahmens, der das Gabelschaftrohr und das Lenkkopflager aufnimmt.

Madenschraube. Schraube ohne Kopf mit Gewinde über die ganze Länge, oben mit Schlitz versehen. Zumeist zum Sichern anderer Teile verwendet.

Membran-Einlaß. Einweg-Membranventil, das aus einer dünnen Federstahlzunge besteht; öffnet und schließt sich aufgrund der Differenz zwischen innerem und äußerem Druck und steuert dadurch den Einlaßvorgang beim Zweitaktmotor.

mkp. Maßeinheit für Drehmoment, beispielsweise beim Anziehen einer Schraube o. ä. (Anzugsmoment). Entspricht einer im Radius von einem Meter angreifenden Kraft von einem Kilopond. Für praktische Zwecke kann es mit der Einheit daNm (Deka-Newtonmeter) des internationalen Maßsystems gleichgesetzt werden (1 mkp = 9,81 Nm).

Nadellager. Besteht aus sehr dünnen, langen Rollen, die zumeist in einem Käfig geführt werden. Anwendungsbeispiele: in einigen Fällen als Lagerung des Kolbenbolzens im Pleuelauge; in Getrieben oder Kupplungen.

Nebenwelle. Die von der Getriebehauptwelle angetriebene Welle eines Getriebes; von ihr erfolgt zumeist der Abtrieb auf das Hinterrad.

Ölabstreifring. Der am tiefsten sitzende Kolbenring. Er ist geschlitzt und mit Durchlaßöffnungen zum Kolbeninneren hin versehen, die zur Rückführung überschüssigen Öls von der Zylinderlaufbahn in den Ölsumpf bestimmt sind.

OT. Oberer Totpunkt = höchster Punkt des Kolbenweges im Zylinder.

Paßstift. Kleiner zylindrischer Stift, manchmal hohlgebohrt, der in einer Paßbohrung sitzt, um zusammengepaßte Teile gegen Verschieben zu sichern.

Ringschlüssel. Schraubenschlüssel, welcher den Schraubenkopf ringförmig mit einem Sechskant- oder Zwölfkantprofil umfaßt.

Ritzel. Zumeist die Bezeichnung für das kleinere Kettenrad am Getriebeausgang.

Rollenlager. Ein reibungsarmes Wälzlager, in dem käfiggeführte Rollen zwischen einem inneren und einem äußeren Laufring laufen.

Sägezahnbildung. Durch Verschleiß hervorgerufene Beschädigung an einem Kettenrad bzw. -ritzel. Die Zahnspitze ähnelt der Form eines Sägezahns.

Schaltklaue. Auf der Stirnseite eines Zahnrades oder einer Schaltmuffe vorstehende Mitnehmerklaue, die in eine entsprechende Vertiefung einer angrenzenden Nabe eingerückt werden kann, um es formschlüssig mit einer Welle zu verbinden.

Scheibenfeder. Kleines halbmondförmiges Metallstück, welches fest eingepaßt in einer Wellennut sitzt und zur kraftschlüssigen Verbindung von Welle und Nabe dient. Zu diesem Zweck ist die Innenseite der Nabe mit einer entsprechenden Nut versehen, in die der überstehende Teil der Feder eingreift (›Nut- und Feder-Verbindung‹). Beispiel: Lichtmaschinenrotor oder Zahnräder.

Schieblehre. Meßwerkzeug mit einer festen und einer beweglichen Skala; die bewegliche Skala ermöglicht eine weitere Unterteilung der festen Skala und damit eine Ablesung in Millimeterbruchteilen.

Schlag. Bezeichnung für den unrunden Lauf eines rotierenden Teils.

Schlagschraubendreher. Schraubendreher, dessen Einsatz mit Hilfe von Hammerschlägen auf das Schaftende erfolgt. Dadurch werden in einem Arbeitsgang die Gewindegänge der zu lösenden Schraube entlastet und gleichzeitig gedreht. Unerläßlich zum Öffnen sehr fest sitzender Schrauben.

Schleifpaste. Siliziumkarbid-Schleifstaub in einem Öl-Bindemittel für Oberflächenbearbeitung. Erhältlich in gröberer Körnung für gröbere (Vor-) Arbeiten und in feiner Körnung für Feinarbeiten.

Spannrolle. Freilaufendes Zahnrad oder Ritzel, wie es in einigen Fällen zur Spannung der Steuerkette verwendet wird.

Sperrklinke. Drehbare Klinke, z. B. in einer Ratsche, die auf einer Verzahnung in einer Richtung sperrt und damit Kraft überträgt, in der anderen Richtung aus der Verzahnung ausklinkt. Auf diese Weise ist die Ratsche nur nach einer Seite wirksam.

Sprengring, Sicherungsring. Ein kreisförmiger, an einer Seite offener Drahtring, bzw. hufeisenförmig ausgestanzter Blechring aus Federstahl, u. a. als Kolbenbolzensicherung verwendet. Weitere Anwendungsbeispiele: Fixieren von Bauteilen wie Kupplungstrommeln oder zur Sitzführung von Zahnrädern auf Wellen.

Stahldrahtkern. Das Stahlseil, das dem Reifenwulst die Stabilität verleiht, die für einen engen Kontakt zwischen Wulst und Felgenhorn bzw. -schulter notwendig ist.

Standrohr. Der obere, feste Teil einer Teleskopgabel, welcher das Gleitrohr trägt.

Stirnlochschlüssel. Schlüssel zum Drehen von gelochten Ringmuttern. Der Schlüssel besitzt zwei oder mehr runde Stifte, die in entsprechende Bohrungen der Mutter eingreifen.

Stroboskoplampe. Blitzlampe zum Einstellen des Zündzeitpunkts; kann bei laufendem Motor eingesetzt werden und läßt die Zündmarkierungen stillstehend erscheinen, wodurch eine sehr exakte Einstellung ermöglicht wird.

Tassenstößel. Kleine, an einer Seite geschlossene Hülse, die normalerweise in Motoren mit zwei obenliegenden Nockenwellen (DOHC-Motoren) als Ventilstößel dient. Der Nocken liegt direkt auf der harten Tellerfläche des Stößels auf. Der Stößel überträgt die Bewegung über eine zwischengelegte Ausgleichsscheibe auf den Ventilschaft.

Thermostatventil. Ein automatisches temperaturabhängiges Ventil in einem Flüssigkeits-Kühlsystem; es soll schnelles Anwärmen und danach eine konstante Betriebstemperatur gewährleisten.

Überschneidung. Bei der Ventilsteuerung: der Zeitraum, in dem sowohl das Einlaß- als auch das Auslaßventil geöffnet sind.

Vakuum-Meßuhr. Meßinstrument zum Abgleichen des Unterdrucks im Ansaugtrakt eines Motors.

Ventil. Im Viertaktmotor: die Tellerventile, die den Gaswechsel (Einlaß und Auslaß) steuern. Im Reifen: das Einweg-Ventil, durch welches die Luft in den Reifen gelangt. Im Zweitaktmotor: der Drehschieber, bzw. das Membranventil zur Steuerung des angesaugten Gemischs.

Ventilkeilchen. Sie werden überwiegend, aber nicht ausschließlich, zur Befestigung des Ventilfedertellers am Ventilschaft verwendet. Halbschalenförmig und mit konischem Profil verkeilen sie sich mit der Außenfläche in der konischen Bohrung des Federtellers und sitzen mit der Innenseite in einem entsprechenden Einstich des Ventilschaftes.

Ventilsitz. Die Dichtfläche, auf welcher der Ventilteller aufliegt, um den Ein- oder Auslaßkanal abzudichten.

Zahnflankenspiel. Spiel zwischen den Zähnen zweier im Eingriff befindlichen Zahnräder.

Zahnradpumpe. Eine Ölpumpe, in der die Förderung des Schmiermittels über zwei in einem engen Gehäuse gegeneinander kämmenden Zahnrädern erfolgt.

Zentrierdorn. Stift oder Bolzen, der zum Zentrieren von Teilen zueinander vor dem Zusammenbau dient.

Zündspannung. Die von der Zündanlage erzeugte Hochspannung von ca. 15–18 kV.

Zwischenwelle. Eine zusätzliche, in der Kraftübertragung zwischengeschaltete Welle.